古代歷史文化研究輯刊

四 編

王 明 蓀 主編

第 35 冊

中國近代史學觀念的演變
——關於儒化、進化、實證化史學的分析

楊 志 遠 著

國家圖書館出版品預行編目資料

中國近代史學觀念的演變——關於儒化、進化、實證化史學的
分析／楊志遠 著 — 初版 — 台北縣永和市：花木蘭文化出版
社，2010〔民99〕
目 2+190 面；19×26 公分
（古代歷史文化研究輯刊 四編：第 35 冊）
ISBN：978-986-254-255-2（精裝）
1. 近代史　2. 中國史　3. 史學評論
627.6　　　　　　　　　　　　　　　　　　　　99013229

ISBN - 978-986-254-255-2

9 789862 542552

古代歷史文化研究輯刊
四　編　第三五冊　　　　　　　ISBN：978-986-254-255-2

中國近代史學觀念的演變
——關於儒化、進化、實證化史學的分析

作　　者　楊志遠
主　　編　王明蓀
總 編 輯　杜潔祥
印　　刷　普羅文化出版廣告事業
出　　版　花木蘭文化出版社
發 行 所　花木蘭文化出版社
發 行 人　高小娟
聯絡地址　台北縣永和市中正路五九五號七樓之三
　　　　　電話：02-2923-1455／傳真：02-2923-1452
電子信箱　sut81518@ms59.hinet.net
初　　版　2010 年 9 月
定　　價　四編 35 冊（精裝）新台幣 55,000 元

中國近代史學觀念的演變
——關於儒化、進化、實證化史學的分析

楊志遠　著

作者簡介

楊志遠，1965 年生於臺灣高雄，東海大學歷史系所學士、碩士，中正大學歷史所博士，現任教於吳鳳技術學院通識中心專任副教授。幼承庭訓，性好文史，及其漸長，始知學海無涯，於是歸返史學，並經業師呂士朋、杜維運先生指導完成碩士論文《章實齋史學思想之研究》，其後入伍服役於海軍陸戰隊。退役後，師事中正雷家驥先生攻讀史學史專業，以《中國近代史學觀念的演變——關於儒化、進化、實證化史學的分析》取得博士學位。近年學術研究多集中在史學史與學術思想史方面，已發表學術論文：〈章學誠的史論及其影響〉、〈蘭克的史學及其影響〉、〈儒家思想觀照下的中國近代史學觀念〉、〈中國近代史學中的歷史進化史學觀念〉、〈實錄抑或擬真——唐代史家劉知幾對於史學求真的理解與認知〉等十餘篇論文。

提 要

　　中國近百年來史學的發展，經歷了一個從否定到肯定的過程，然而促成此一發展的重要因子，即是史學觀念的演變。構成「史學觀念」的要項有：歷史意識、歷史知識、歷史解釋，三者間有著極為複雜的網絡。因此在中國近代史學觀念中，延伸出三個頗具代表的類型：儒化史觀、進化史觀、實證化史觀，以此三類型做為代表，並不表示中國近代史學觀念中，只能抽離與分析出這三者。無疑的，這是一種「理念型」的呈現。

　　本文在章節的安排上，共分五章：第一章為「緒論」，分四個小節，分別為研究動機，問題意識的形成，文獻回顧與方法以及研究的理論架構與預期成果。第二章「儒化史觀的形成與演變」，首先「儒化史觀」做為傳統史學觀念的一種代表，主要表現在「變易」史學觀和「義理化」史學觀上，變易史觀則可顯現中國傳統史學對時間變化的理解；義理化史觀所具有的倫理化傾向，是中國傳統史學的特徵之一，這兩種史觀在中國近代史學演進中佔有一席之地，近代諸多史家均隱含了這兩類史學觀念。第三章「進化史觀的引進與影響」，這無疑是受到近代西方「進化論」學說的影響所產生的史學。在「進化」的概念中隱含了「進步」的價值觀，歷史的進程是指向美麗的未來，這和傳統「變易論」中往復循環的美好古代形成強烈對比，可是不論「過去」與「未來」都指向無限的時間，兩種皆線性化的思考，究竟誰是進步／退步呢？第四章「實證化史觀的興起與發揚」，是針對科學化史學觀念的反應，中國近代史學對「科學」的迷戀，演生出對史學實證化的追求，「新考據史學」研究團隊的形成，和視歷史為科學的「馬克思史學」，均陷於科學至上論的泥淖中。第五章則為「結論」。另有附錄三篇，分別為：〈晚清公羊學者的歷史解釋〉、〈德國歷史主義的發展及其對中國近代史學的影響〉、〈蘭克的史學及其影響〉，可作為本書的修正與補充。

　　整體而言，本書撰寫所關懷的重點，仍是史學如何從傳統過渡到現代其間的流變，透過「史學觀念」建立起解釋的理論架構，來說明中國近代史學是否為新的可能性。

目次

第一章 緒 論

第一節 研究動機

　　晚清至民初，雖然在政治上屬於前後兩個不同的時代，但基本上在文化的發展和傳承，卻是一個「連續體」。因此，從清末至民初究竟呈現出什麼樣的歷史圖像呢？這裏借用「圖像」一詞，並非吾人所見的真實歷史圖像文獻，而是在歷史時間長流下，吾人所積累的「歷史記憶」。可是記憶會欺人，雖說只是百來年前的事，在不同世代人中，「史事」卻早已成為眾說紛云的「流言」。的確，晚清至民初此一波瀾壯闊的歷史圖像，在不同的史家描繪下倒不像是古典的寫實主義，反而像印象派的畫作，充滿了史家主觀的熱情與筆觸。「過往」隨時間的推移宛如「異域」，〔註1〕可是對於史家而言，如何解釋此一「異域」呢？任何歷史解釋都必須賦予時間某種「意義」，這是一種「歷史意識」的呈現。〔註2〕中國近代史學中的歷史意識不同於「傳統的」，可它又滲入了

〔註1〕　關於「歷史記憶」諸問題，可參考 David Lowenthal, *The Past is A Foreign Country*（New York: Cambridge University Press, 1985 年），Paul Connerton, *How Societies remember*（London: Cambridge University Press, 1989 年），莫里斯‧哈布瓦赫（Maurice Halbwachs），《論集體記憶》（上海：上海人民，2002 年）。

〔註2〕　何謂「歷史意識」？根據胡昌智師的定義：「知道人類的社會行為以及為共同生活所創建出來的一切制度、器物都和時間有關：它們不是超乎時間，而是在時間之流中的。……歷史意識泛指對一切人事制度所具有的時間意識。」見胡昌智，〈什麼是歷史意識〉，《思與言》，第 21 卷第 1 期，1983 年，頁 2。另見 Jörn Rüsen, "*Making Sense of Time: Towards a Universal Typology of Conceptual Foundations of Historical Consciousness*"一文，載於《台大歷史學報》（台北：台大歷史系，2002 年），第 29 期，頁 189～205。余琛（呂森）認為「歷史意識」

多少「現代的」呢？傳統／現代，舊／新，退步／進步等一組組對立對照的觀點，充斥在當時的知識階層中，可又有誰能說清楚講明白自己的史學觀點是不可易的原封呢？「半新不舊」吧！如果真要下個定義的話。

　　中國近代史是充滿「危機」的歷史，然而危機構成了「歷史意識」。〔註3〕梁啓超（1873～1929）將自己的文集取名爲《飲冰室》，乃借用《莊子·人間世》中的一句話：「今吾朝受命而夕飲冰，我其內熱與。」〔註4〕梁氏因危機而生的焦慮感，溢於言表。不獨梁氏，晚清以降，爲因應此一千年未有之變局，士人間早已激起變革的呼聲，不論是自強運動（洋務運動）、戊戌變法、辛丑新政，皆爲此間危機中的變革。知識階層的「自覺」，首先表現在「存亡的自覺」上，亡國滅種之憂，不斷喚起國人奮起，保種、保教、保國的危機意識，這正是一種「創傷」的表現，一種帶有「災難性」的危機的創傷。〔註5〕問題是我們如何克服這種創傷，「歷史化」不失爲一種文化的策略，即通過賦予事件某種「歷史的」價值和意義，藉由造成創傷的歷史事件安置在歷史語境之中來彌合創傷，〔註6〕不論在歷史的研究中採取何種「歷史化」的方式，都足以說明此一過程

　　的形成首先來自時間的「體驗」（experience），其次是賦予它某種「維度」（diemensions），在這些維度中，時間和意向（intentions）聯係起來獲得某種「意義」（sense），而此一意義的產生「方式」（modes）可進一步區分，當一個特殊問題產生後，在不同文化的長時段變化時間中，是否仍有一種「發展」（developments）的邏輯存在，最後是人在面對時間變化的原則時，所感覺的「侷限性」（limits）。

〔註3〕 余琛（Jörn Rüsen）在〈危機、創傷與認同〉一文中指出：「歷史建立在一種特定的時間體驗上。它就是對"危機"的回應，即"危機"必須通過解釋來處理。這種觀點也可能從別的方向來理解：如果想要理解歷史思維的某種表徵，我們就必須找到危機，以及它遭遇的"危急的"時間體驗。」見《中國學術》（北京：商務，2002年），第9輯，頁17。

〔註4〕 語見《莊子·人間世》：「今吾朝受命而夕飲冰，我其內熱與。吾未至乎事之情，而既有陰陽之患矣。事若不成，必有人道之患，是兩也。爲人臣者，不足以任之，子其有以語我來。」（上海：上海古籍，2003年），頁5～6。

〔註5〕 同註3，頁18～22。余森認爲危機可區分爲三種類型，它們構成了歷史感知發生的不同模式。此三種類型爲：1.正常的危機（normal crisis），2.危急性的危機（critical crisis），3.災難性的危機（catastrophic crisis）。我以爲晚清的歷史圖像正是此一災難性的危機呈現，當它發生時，歷史感知運用的語言陷入沈默，我們喪失了與不同文明文化間對話的可能性，進入了一個整體民族"失語"的開始。

〔註6〕 「歷史化」的具體表現，可從幾項方式來說明，1.隱匿化：將歷史事件裏負面的行爲，代之以中性的字辭。2.範疇化：將一些特定的術語融入一種有意義的時間發展中，如「悲劇」一詞的使用。3.正常化：消解所發生事件的破壞性，

是一種消解創傷的文化實踐。

　　清末民初因時間的急迫性所帶來的壓力，亦在此一圖像中得到充份印證。革命黨人陳天華曾讚歎西方「二三百年來，發明無數」，在技術方面，其「所出的物件神鬼不如，真是巧奪天工，妙參造化……火車、輪船、電燈、電話、電汽車，一切機器極遠的不過百年，極近的不過一二十年，尤其這十年的進步，真不可思議……。」〔註7〕胡昌智分析此段文字後認為：「愈靠近現代，發展的時間單位愈小；這正是對發展之加速進行的表達。……它的使用象徵著陳天華在同時存在的兩種不同發展速度對比之下所產生的內心焦慮。」〔註8〕其實，近代中西間兩種不同歷史時間的對比，是以西方歷史時間做為參照，以西方近代線性化歷史時間來說明世界歷史的進程，本質上時間壓力來自「進步時間」這一概念。清末至民初絕大多數知識階層均接受這個概念，而且認為中國呈現出靜態、非發展的時間印象，形於外的表現，則出現在變革者認定改革必須是急劇而迅速的，故變、變、變，求速變矣！

　　要勾勒出中國近代歷史的整體圖像，是十分複雜的挑戰，不論從什麼角度切入，都難窺全貌，但這並不表示無法可行，如現代物理學中的「混沌理論」，是一種確定性的非線性動力系統中的一種複雜的隨機行為，這種隨機性並非由外界隨機因素所驅動，而是非線性系統自身固有的。〔註9〕一種亂中求

代之以「人性」或「人類罪惡」的反復性。4.道德化：將歷史的創傷馴化，以記念的形式警惕人們。5.審美化：將創傷性體驗呈現給感知，以嬉笑怒罵的方式，消解令人不安的焦慮。6.目的化：將創傷性的過去與現在的生活形式調和，以避免現實生活重返過去。7.專業化：用一種純學術的方法，使創傷體驗的無意識狀態被控制。8.後現代史學式的反省：極端的論者將使創傷性事件變成如鏡花水月般的虛無縹緲。參見註3，頁32～36。

〔註7〕黃季陸主編，〈民報〉，《中華民國史料叢編》（台北：黨史會，1969年），頁0464。

〔註8〕胡昌智，〈時間壓力──「民報」（1905～1908）試讀〉，《台大歷史學報》（台北：台大歷史系，1990），第15期，頁198。這種「內心焦慮」導因於中西間「時間觀」的不同，一種粗淺的看法，過去西方學者總認為中國傳統的時間觀念為一種「往復循環」，因此中國沒有「逝去不復」的時間觀念；另一種看法是大部份中國古代思想家所思考的是具體特殊的事物，故未曾提出「無限超越，永久不變」的概念，關於此一問題可參考陳啟雲，〈中國古代歷史意識中的人與時〉，《開放時代》，第3期，2003年，頁51～66，黃俊傑，〈傳統中國歷史思想中的「時間」與「超時間」概念〉，《現代哲學》，第1期，2002年，頁59～68，以及李約瑟，〈中西時間觀與變化觀的比較〉，《思與言》，第21卷第5期，1984年，頁542～556。

〔註9〕關於「混沌理論」可參考吳自勤等主編，〈混沌：未來世界可預測嗎？〉，《物

序的方式，或許是我們在面對此一階段歷史過程所當有的態度。做為中國近代危機的歷史性創傷，造就了近代歷史意識的出現，然而歷史意識不是孤立的存在，它深受歷史知識的影響，而歷史知識又受到歷史解釋的驅使，使得歷史意識（historical consciousness）、歷史知識（historical knowledge）、歷史解釋（historical interpretation）形成相互影響的網絡。〔註10〕此一「網絡」構成了「史學觀念」（ideas of historiography），它是一個複數的觀念集合體（complex of ideas），在歷史進程中存在著不同的史學觀念，並影響著人們對歷史闡釋的根本看法。

第二節　問題意識的形成

任何一種觀念的產生，有其特定的過程，從經驗（experience）／理解（understanding）／判斷（judgement）／抉擇（decision）／視域（horizon），經過這一連串的變化，當視域形成後，某種觀點也隨之成型。「史學觀念」的形成亦然，從廣義的角度看，「史學觀念」的研究屬於「觀念史」研究整體範疇的一部份，彼此有重疊，卻也有不同的側重。「觀念史」（history of ideas）的研究，它側重單位觀念（unit-ideas）的演變，與傳統「學案式」研究的方法不同。〔註11〕雷家驥在《中古史學觀念史》一書中對「觀念史」的定義為：「余

理學與社會學》（新竹：凡異，1994 年），頁 112～125，葛雷易克（James Gleick），《混沌──不測風雲的背後》（台北：天下文化，1995 年），John Briggs and F. David Peat，《渾沌魔鏡》（台北：牛頓，1993 年）。

〔註10〕 楊志遠，〈泛歷史認識網絡試論〉，《吳鳳學報》（嘉義：吳鳳技術學院，1999年），頁 370～376。另見胡昌智，《歷史知識與社會變遷》（台北：聯經，1988年），頁 1～93。

〔註11〕 「觀念史」研究的主要學者洛夫喬伊（A. O. Lovejoy, 1873～1962）首創「單位觀念」（unit-ideas），提出觀念可以從歷史時空中分離出來，而無須考量其時代背景與作者意圖，關於洛夫喬伊氏的論點可參考其鉅著 A. O. Lovejoy, *The Great Chain of being──A study of the History of an idea*（Cambridge：Harvard University Press，1964 年）的第 1 章導論。約在 20 世紀 60、70 年代，觀念史研究有被邊緣化的傾向，史學界開始批判「觀念史」研究的侷限性，認為它只關注抽象的概念及少數精英的思想，忽略了觀念的社會背景及大眾的思想狀態，繼之而起的是對觀念史研究的修正，如「知識份子史」（history of intellectuals）、「心態史」（history of mentelites）、「觀念的社會史（the social history of ideas）的研究，都屬於「精神史」（intellectual history）研究的範疇。關於當代西方精神史的研究，可參見孫有中，〈當代西方精神史研究探析〉，《史學理論研究》，第 2 期，2002 年，頁 31～37。至於「學案式」的研究特點，

論述史公以後，知幾以前，史學思想觀念與史學發展，蓋由此出發。至於所謂史觀也者，乃指廣義言，凡精神意識、思想觀念諸心靈活動者皆屬之；雖下潛意識，如能從其言行推考以知者，亦在論究之列。」〔註12〕雷氏的說法擴大了「觀念史」研究的範疇，更傾向於「精神史」研究的方向。一般我們習慣以「某某史觀」來說明人們對歷史整體進程的一個看法，比如說「唯物史觀」、「唯心史觀」或「文化形態史觀」等，但這些都是所謂的「歷史觀」。我們也可以將「史學觀念」簡稱爲「史觀」，其涵義卻與「歷史觀」有別。首先歷史觀爲一有「目的論」的心靈活動，是一種對世界整體的看法；其次它以一種哲學的觀點去理解歷史，闡明歷史過程中的動力、條件與規律。〔註13〕有人認爲歷史觀即「歷史哲學」（philosophy of history），但史學觀念不是歷史哲學，因爲它並無某種鮮明的目的論，也未尋求某種特定的歷史規律。史學觀念亦不同於思想史或哲學史的研究，某某史學觀是以「觀念本身」在時代的演變做爲主軸，旁及同時代產生此觀念的種種背景因素，師承或學派的淵源非主要的關懷重心；思想史或哲學史則著重以人物爲中心，探討其思想淵源及師承系統，或求某人、某學派的思想體系，其實這種研究方法仍是走學案、學術史研究的路數。吾人以爲「史學觀念」在方法上必須是各學科的整合，某種史學觀念也必然是對某某史學書寫「文本」（text）的闡釋，捨此便無史學，當某某史學觀念形成後，並不是一種孤立的現象，而是要消解歷史內、外部（external or internal）的緊張。

要理解中國近代史學觀念的形成與轉化，自然不能忽略近百年來史學研究的轉向。嚴格區分，中國古代學術並無西方近代意義的學科分類，經、史、子、集是圖書分類，而非學術分類。〔註14〕然而今天我們要回過頭去瞭解，

可參考王明蓀，〈從學術史著作之淵源看學案體裁〉，《中西史學史討會論文集》（台中：中興歷史系，1986 年），頁 121～140。另見陳祖武，《中國學案史》（台北：文津，1994 年）一書。

〔註12〕綜觀雷家驥師全書，其爲「觀念史」所下之定義，早已超越西方觀念史原初設定的研究範疇，尤其是在某種觀念史形成的背景上著墨甚力。見雷家驥，《中古史學觀念史》（台北：學生，1990），頁 9。

〔註13〕王育傑、王伯偉，〈歷史觀的涵義與派別〉，《南開學報》（台中：南開技術學院，1996 年），第 1 期，頁 389～404。

〔註14〕「通家大儒」的觀點影響中國古代學術甚深，章學誠主張「學貴專門」，頗含近代以來學術的風向，但硬要說四部分類合於近代學術分類，恐怕是想當然的思考。無疑的，中國近代學術學科的分類是從西方引進的，其中史學這一門，也是透過西方近代對歷史研究所下的定義來分門別類。汪榮祖先生認爲

卻又不免帶有我們所熟知的西方分類法去思考，在這一來一往中，如何去釐清傳統史學與近代西方歷史學間的「差異性」，也只有從此一差異性中才能看出文化多元的可貴性。中西史學的歷程並不是站在同一基點展開的，傳統史學在經歷西方史學的洗禮下，開始蛻變，但這是一廂情願式的輸入，非一種平行式的文化交流。西方近代史學的展開，是對史學中史料的批判開始，其中十九世紀德國史家蘭克（Leopold von Ranke，1795～1886）可做爲代表，不過蘭克本人並未直接對中國近代史學家產生影響，其影響是間接的，其中介是明治維新後日本史學界，而中國近代史學的徹底轉型則晚至 1920～30 年代，當史學逐步學院化、專業化後才得以展開。〔註 15〕中國近代史學從一開始便不是對西方史學簡單的模倣與移植，它呈現出一種「嫁接」的現象。中國究竟有無「歷史」？或者是說有無「史學」？此類問題的思考在近代不斷反復刺激著史學工作者，不過種種的反思往往深受西方學者的引導，少有從傳統出發做深層的批判，比如黑格爾（George Wilhelm Friedrich Hegel，1770～1831）對中國歷史的斷言：「中國很早就已經進展到它今日的情狀，但是因爲它客觀的存在和主觀運動之間仍然缺少一種對峙，所以無從發生任何變化，一種終古如此的固定東西代替了一種真正的歷史的東西。中國和印度可以說還在世界歷史的局外，而只是預期著，等待著若干因素的結合，然後才

近代史學的昌明光大，有三個要素，即學院化、專業化與獨立化，此「三化」是中國近代史學能否成立的關鍵，參見汪榮祖，〈五四與民國史學之發展〉，《五四研究論文集》（台北：聯經，1985 年），頁 221。另外圍繞在此一命題而進一步深化研究的有陳以愛，《中國現代學術研究機構的興起——以北京大學研究所國學門爲中心的探討（1922～1927）》（台北：政大史學，1999 年），劉龍心，《學術與制度——學科體制與現代中國史學的建立》（台北：遠流，2002年），以及周文玖，《中國史學史學科的產生和發展》（北京：北京師大，2002年）。論文則有黃晏妤，〈四部分類是圖書分類而非學術分類〉，《四川大學學報（哲學社會科學版）》，第 2 期，2000 年，頁 104～112，羅志田，〈西方學術分類與民初國學的學科定位〉，《四川大學學報（哲學社會科學版）》，第 5期，2001 年，頁 75～82。

〔註 15〕關於蘭克的史學可參考汪榮祖，〈回顧近代史學之父蘭克的史學〉，《史學九章》（台北：麥田，2002 年），楊志遠，〈蘭克的史學及其影響〉，《吳鳳學報》，第11 期，2003 年，頁 35～42。至於西方史學輸入對中國史學的影響則參閱杜維運師，〈西方史學輸入中國考〉，《聽濤集》（台北：弘文館，1985 年），頁 137～192，俞旦初，〈二十世紀初年中國的新史學〉，《愛國主義與中國近代史學》（北京：中國社科，1996 年），頁 44～105，鮑紹霖編，〈西方史學東行歷程及其在中國的反響〉，《西方史學的東方回響》（北京：社會科學，2001 年），頁 1～34。

能夠得到活潑生動的進步。」〔註16〕黑格爾的說法正是西方史學中心主義至上的代表之一，其它或出於無知；或本身帶有某種偏見，直至20世紀中後期仍維持著黑格爾的一貫論調。事實上，中國不但有歷史，更有令人稱羨的史學（當然這裏指稱的史學，是具有中國傳統史學所包含的事、文、義的意涵），如果回過頭以中國傳統對史學的闡釋來理解西方的史學，不知近代以前西方的史學能否成立？杜維運曾對西方正統史家對中國史學所下的評論臚列出八大項原因，〔註17〕其中有厚誣者，有誤解者，凡此種種不能不說是一種憾事，然而值得欣慰的是這種情況於近年稍有變化，侯格睿（Grant Hardy）在《歷史與理論》發表了一篇名為〈一個中國古代的歷史學家能對現代西方理論有所貢獻嗎？──論司馬遷的多重敘事〉的專文，則認為司馬遷特有的歷史觀念，是承認史家和證據的侷限，提出多重解釋的可能，並集中於道德的省察。對西方人而言，這種混合體是陌生的，但卻又清楚的描繪出司馬遷史學方法論的圖景，並且提供了某些企求逃避傳統史學著作模式的現代歷史學者，一個可能關注的樣本。〔註18〕類似的觀點有助於我們在面對西方史學時的反思。

〔註16〕黑格爾，王造時譯，《歷史哲學》（上海：上海書店，1999年），頁123。

〔註17〕見杜維運，《與西方史家論中國史學》（台北：東大，1981年），頁47～50。這八項分別為：1.認為產生史學最基本的重視歷史的態度與觀念為西方文化所獨有，而中國則極度缺乏，差不多是一致的論調。2.中國史學的發展，永遠沒有突破通往真歷史的最後障礙──希望窺探往事的真相，永遠沒有發展批判史學，永遠沒有意思視歷史為客觀的瞭解。3.中國的考據學沒有到達西方的境界，未能對證據作科學的評價與分析；中國歷史永遠沒有發展自我批評與發現的方法，無情的考驗通則，有目的的蒐求文獻以證明假設。4.中國史學未能到達西方「綜合」的境界，也沒有發展歷史解釋的藝術。5.中國有「一切確定」的觀念，相信凡屬歷史記載，皆完全客觀。6.中國的修史制度，太官方化；中國歷史太有特徵被稱為「資治歷史」。7.中國史學精細，中國史學重視文獻，中國歷史資料浩繁。8.中國史學與歐洲1450至1750年間史學，蓋在伯仲之間。另見汪榮祖，〈西方史家對中國傳統史學的理解與誤解〉，《史學九章》（台北：麥田，2002年），頁136～161。

〔註18〕Grand Hardy, *"Can an ancient Chinese Historian contribute to modern western Theory ? The multiple narratives of Ssu-Ma Chien"*, History and Theory, vol.33, no.1, 1994, pp.20～38。侯格睿氏在另外一篇名為〈文本中的世界：司馬遷的「史記」〉的文章中提到「西方讀者看來，《史記》可能像一部沒有完成、未經整理、有點失控的史書：司馬遷似乎像一個沒有頭腦的抄寫者，它不加區別地亂抄寫、自相矛盾，缺少編修史書所要求的一致性和控制力的感覺。」（見該書頁99）汪榮祖先生在〈西方史家對中國傳統史學的理解與誤解〉引文中省略了「可能」二字（見該書頁153），如此一來侯格睿氏似乎並不認同司馬遷的史學，然而前文所論卻非如此，不知是否為「誤讀」？我比較傾向侯格

　　中國近代史學觀念的形成是一種中西雜揉的呈現，在不同的史家身上會有不同的比重，另外在時間的跨度上，時間愈後，西方史學的影響便愈深，但傳統史學並未因此消亡，反而出現一種新形態的表敘方法。如果說傳統史學是一種「史官史學」，那近代則是「史家史學」，史學書寫過程中官方色彩趨淡，逐步邁向史學「獨立化」的理想。我以為中國近代史學觀念中有三大觀念必須提及，首先是儒家化的史學觀念；其次是進化論的史學觀念；最後是實證化的史學觀念，此三大史學觀念在時間上有先後，但在觀念的呈現上卻是重疊的，不論是「儒化史觀」、「進化史觀」、「實證化史觀」，都有前者位於不同時間進程的殘留，似乎沒有一種全新概念的轉變，反而是一種自傳統出發的「創造性轉化」。以「史學觀念」做為此一時期，研究命題的論文，並不多見。較多的論文多集中在「史學現代化」的議題上，如 1999 年出版陳以愛的《中國現代學術研究機構的興起——以北京大學研究所國學門為中心的探討（1922～1927）》一書，主要是從史學專業化的角度切入，來說明中國近代史學的發展。另一本在 2002 年出版的專著，劉龍心的《學術與制度——學科體制與現代中國史學的建立》則側重於史學學院化及職業化的影響。北京師範大學周文玖的《中國史學史學科的產生和發展》一書，更進一步深化專業化史學的內部分支學科「史學史」的建立。這三本專著有著共同的特點，即皆從近代史學的「制度面」來掌握史學的發展，偏向史學的外部結構說明與分析，我以為這個方向與視角是正確的，但不免有些遺憾，畢竟史學的核心是史家、史學與時代的互動，何者能代表並凸顯此一互動過程呢?當然是貫穿時代的「史學觀念」，故有本文之作。

第三節　文獻回顧與方法

　　本文在時間的跨度上，基本以鴉片戰爭起，迄於 1930 年，做為時間下限的二十世紀 30 年代是中國近代史學轉變可能的「思考點」。我基於三個理由，首先是各大學史學系及研究院所的普遍設置；〔註 19〕其次是史學學會的設立及各

　　　睿氏對司馬遷的理解，即不能以西方的史學來界定司馬遷的史學觀點。侯格
　　　睿氏的文章收錄在魏格林、施耐德主編，《中國史學史研討會：從比較觀點出
　　　發論文集》（台北：稻香，1999 年），頁 85～112。

〔註 19〕1913 年 1 月教育部公佈的《大學規程》，確定了文科分哲學、文學、歷史學和
　　　地理學四門，其中歷史學門分設中國史及東洋史、西洋史二類。1917 年北京

類史學期刊的刊行；〔註20〕最後是中央研究院歷史語言研究所的成立。〔註21〕
葛兆光認爲1929年是一個斷限，其主要論點有二：一是西方歷史學理論和方法
於此時早已大量引入中國，史家所關注的領域已經從漢族擴展到四裔或世界；
一是在歷史學界對「新史學」的界說。〔註22〕我認爲不論是1929年，或是1930
年，似乎可以視爲史學發展的「轉折點」。前一節曾提到以「史學觀念」做爲研
究主題的論文並不多見，即使有冠以「史學觀念」的論文，其對「史學觀念」

〔註20〕　桑兵，〈二十世紀前半期的中國史學會〉，《歷史研究》，第5期，2004年，頁
116～139。該文分析認爲史界雖多次嘗試以學會組織的形成，來帶動史學研
究，但與其它學科相比，史學會在組織的穩固與影響程度上都顯遜色，其中
史學界的「派分（派系）」難以協調，是最主要的因素。至於史學學術期刊的
出現，1920年有《史地叢刊》（北京高等師範學校），1921年《史地學報》（東
南大學史地研究會），1926年《史學與地學》（中國史地學會），1929年《史
學雜誌》（南京中國史學會）《史學年報》（燕京大學史學年），《成大史學雜誌》
（成都大學史學研究會），此外如《國學季刊》（北京大學，1923年），《清華
學報》（清華學校，1924年），《中央研究院歷史語言研究所集刊》（中央研究
院歷史語言研究所，1929年）都享有較高的學術聲譽。這一時期史學學術期
刊的變化可參見張越、葉建，〈近代學術期刊的出現與史學的變化〉，《史學史
研究》，第3期，2002年，頁57～63，李春雷，〈史學期刊與中國史學的現代
轉型——以20世紀二三十年代爲例〉，《史學理論研究》，第1期，2005年，
頁97～109。

大學校長蔡元培在文科學門中，增設了中國史學門，並開設中國通史、歷史
學原理，民族史、宗教史、法制史等課程，此外清華大學史學系、燕京大學
歷史系，北京高等師範史地部，河南大學歷史系均有開設類似的課程。1921
年，北京大學成立了研究所國學門，並招研究生，1925年，清華大學國學研
究院設立，1928年，燕京大學國學研究所，1931年，中山大學文史研究所，
1932年，北京大學研究院，1935年，輔仁大學歷史研究所，這一波研究院所
的設置對中國近代史學專業人才的培育有著深遠的影響。參閱胡逢祥，〈中國
現代史學的制度建設及其運作〉，《鄭州大學學報（哲社版）》，第2期，2004
年，頁66～72，桑兵，〈教學需求與學風轉變——近代大學史學教育的社會科
學化〉，《中國社會科學》，第4期，2001年，頁169～180。

〔註21〕　中央研究院歷史語言研究所於1928年10月22日成立，其所標示的意義，不
單是中國近代史學「職業化」的群體出現，而且關係著國家／社會權力兩者
間的互動，在治史的方法上首創學科的整合，並利用新技術及新工具在歷史
的研究。關於中研院的設立及與國家的互動可參考陳時偉，〈中央研究院與中
國近代學術體制的職業化（1927～1937）〉（北京：商務，2003年），《中國學
術》，第15輯，頁173～213。另有三篇回顧省思的論文，杜正勝，〈舊傳統與
新典範〉，王汎森，〈歷史研究的新視野〉，邢義田，〈變與不變〉，均收錄在《當
代》（台北：當代雜誌，2004、4年），頁24～69。

〔註22〕　葛兆光，〈「新史學」之後——1929年的中國歷史學界〉，《歷史研究》，第1
期，2003年，頁82～97。

的定義，與我的定義並不契合，故只有割捨，但對於史學發展的通論性文章和專著則爲數甚多，如顧頡剛（1893～1980）的《當代中國史學》一書，雖是通論性的編著，卻對 20 世紀前半中國史學的研究提供相當程度的看法。〔註23〕劉龍心，〈七十年來對於「現代中國史學史」的研究回顧與評析（1902～1949）〉一文，可以說是比較全面的分析了近代以來史學的流變。〔註24〕此外朱仲玉〈中國史學史書錄〉、〈中國史學史書錄續篇〉兩篇文章則評介了自30年代起較有影響力的中國史學史講義、史學通論、史學概要等書，以及 80 年代以來以「史學史」爲書名的 16 種著作。〔註25〕晚近則有羅志田主編的《20 世紀的中國：學術與社會（史學卷上、下）》，則爲史學不同專業領域的合作，〔註26〕以及吳懷祺主編多卷本的《中國史學思想通史》，其中陳鵬鳴的《近代前卷（1840～1919）》，及洪認清的《近代後卷（1919～1949）》，在書寫的方式則採傳統思想史的寫作形式。〔註27〕許冠三所著《新史學九十年，1900～》（上、下），是一部令人激賞的評論性著作，自梁啓超起，「新史學」諸家的史學流變，皆能娓娓敘述分明。〔註28〕至於個別史家較近的研究如唐小兵對梁啓超史學的研究，《Global Space and the Nationalist Discourse of Modernity──The Historical Thinking of Liang Qichao》一書，則圍繞在梁氏闡揚民族主義的現代文明論述和其歷史思考這兩個主題上。〔註29〕王汎森對傅斯年的研究，《Fu Ssu-nien-A Life in Chinese History and Politics》，都突破了前人的理解而有新意。〔註30〕

本文欲分析的史家，除前述的梁啓超，傅斯年外，還有夏曾佑、嚴復、

〔註23〕顧頡剛，《當代中國史學》（香港：龍門書店，未印出版年）。

〔註24〕劉龍心，〈七十年來對於「現代中國史學史」的研究回顧與評析（1902～1949）〉，《民國以來的史料與史學》（台北：國史館，1998 年），第 1 冊，頁 1～37。

〔註25〕朱仲玉，〈中國史學史書錄〉，《史學史研究》，第 2 期，1981 年，頁 62～67；〈中國史學史書錄續篇〉，《史學史研究》，第 4 期，1997 年，頁 21～28。

〔註26〕羅志田主編，《20 世紀的中國──學術與社會（上、下）》（濟南：山東人民，2001 年）。

〔註27〕吳懷祺主編、陳鵬鳴，《中國史學思想通史──近代前卷（1840～1919）》（合肥：黃山書社，2002 年），洪認清，《中國史學思想通史──近代後卷（1919～1949）》（合肥：黃山書社，2002 年）。

〔註28〕許冠三，《新史學九十年（上、下），1900～》（香港：中文大學，1989 年）。

〔註29〕Xiaobing Tang, *Global Space and the Nationalist Discourse of Modernity──The Historical Thinking of Liang Qichao*（Stanford: Stanford University Press, 1996 年）。

〔註30〕Wang Fan-Sen, *Fu Ssu-nien──A Life in Chinese History and Politics*（Cambridge: Cambridge University Press, 2000）。

章太炎、劉師培、顧頡剛和胡適，其它論及的尚有龔自珍、魏源、王韜、王國維。在文獻資料的運用上，主要以前述諸學者的主要史著和相關的史學文章，做爲主要分析的脈絡，並參考晚近諸學人對個別史家的研究成果。在方法的運用上，則採用一種「倒放電影」（regressive method）的方式，〔註31〕從已知的結局，回溯過往，企圖發現過去研究者或當事人未能注意的事項，尤其是在對立觀點下被迫放棄自身觀點的「失語人」。任何的史學研究均有方法上的運用，杜維運在《史學方法論》一書，例舉史學常用的幾種方法，如歸納法、比較法、綜合法、分析法，〔註32〕但不論是那一種史學方法，都只是運用史料，辨別史實的一種手段，其目的是探究「歷史事實」的眞實性。然而吾人在面對浩瀚如海的史料時，如何解釋？在西方詮釋學的影響下，「歷史解釋」很難達到我們所要追求的「客觀性」，沒有了客觀性，歷史的眞實性是否仍能存否？在當前諸多的理論中，伽達默耳（高達美 Hans-George Gadamer，1900～2002）所提出的「效果歷史」（Wirkungsgeschichte／effective-history）可說明此一現象。何謂「效果歷史」，即在解釋學（詮釋學）中，認爲理解具有一定的「歷史的有效性」，歷史研究的對象既非主體；亦非客體，而是兩者相統一。人類在面對歷史時，最難克服的便是「時間間距」（Zeitenabstand／temporal distance），它包含了過去、現在與未來，此一時間性的距離，成爲我們理解古代文物或文獻的障礙，要克服便要採用一種「視界融合」（Horizontverschmelzung／fusion of horizons）的方式，將過去與現在，主體與客體，自我與他者均融爲一體，並構成一無限的統一整體，如此歷史就在視界不斷運動和相互融合中成爲「效果歷史」。〔註33〕其實伽達默耳對方法論解釋學把「理解」作爲重建文本的原意是反對的，他認爲文本的意義並不是客觀的存在，文本的意義是不斷生成的而非重建的，所以「理解」是人的存在方式，而「人」則居於來自傳統的「成見」（Vorurteil／prejudice）之中，〔註34〕理解者和文本都各有其自己的「成見」，即「視域」，文本的意義就在

〔註31〕王汎森，〈中國近代思想文化史研究的若干思考〉，《新史學》，第 14 卷第 4 期，2003 年，頁 182～184。

〔註32〕見杜維運，《史學方法論（增訂新版）》（台北：三民，1999 年），頁 67～139。

〔註33〕關於此一說法，可見高達美著，洪漢鼎譯，《眞理與方法──哲學詮釋學的基本特徵（上）》（上海：上海譯文，1999 年），頁 385～394。另可參考嚴平，《高達美》（台北：東大，1997 年），頁 125～150，陳榮華，《葛達瑪詮釋學與中國哲學的詮釋》（台北：明文，1998 年），頁 91～144。

〔註34〕這裏所謂的「成見」（vorurteil）並非負面含義的「偏見」，而是高達美認爲人

這兩種「視域」不斷融合中得以生成。其實,「史學觀念」的形成也是在某種「成見」下所產生之「視域」。

本文在章節的安排上,共分五章:第一章爲緒論,分四個小節,分別爲研究動機,問題意識的形成,文獻回顧與方法以及研究的理論架構與預期成果。第二章「儒化史觀的形成與演變」,首先「儒化史觀」做爲傳統史學觀念的一種代表,主要表現在「變易」史學觀和「義理化」史學觀上,變易史觀則可顯出中國傳統史學對時間變化的理解;義理化史觀所具有的倫理化傾向是中國傳統史學的特徵之一,這兩種史觀在中國近代史學演進中佔有一席之地,近代諸多史家均隱含了這兩類史學觀念。第三章「進化史觀的引進與影響」,這無疑是受到近代西方「進化論」學說的影響所產生的史學。在「進化」的概念中隱含了「進步」的價值觀,歷史的進程是指向美麗的未來,這和傳統「變易論」中往復循環的美好古代形成強烈對比,可是不論「過去」與「未來」都指向無限的時間,兩種皆線性化的思考,究竟誰是進步／退步呢?第四章「實證化史觀的興起與發揚」,是針對科學化史學觀念的反應,中國近代史學對「科學」的迷戀,演生出對史學實證化的追求,「新考據史學」研究團隊的形成,和視歷史爲科學的「馬克思史學」,均陷於科學至上論的泥淖中。第五章則爲結論。整體而言,本文撰寫所關懷的重點,仍是史學如何從傳統過渡到現代其間的流變,透過「史學觀念」建立起解釋的理論架構,來說明中國近代史學是否爲新的可能性。

第四節　研究的理論架構與預期成果

無論何種史學理論的建構,都指向更合理的「歷史解釋」〔註35〕(historical

總是受到過往的限制,是歷史的存有,人早已在歷史中,故總有某些既成的意見限制了人,毫無「成見」的理性是不存在的。

〔註35〕關於用「歷史解釋」(historical interpretation)說法,而不用「歷史解釋」(historical explanation)一詞,是我對兩者間不同的理解所致。當代西方「批判和分析的歷史哲學」(Critical and Analytical Philosophy of History)對於「歷史解釋」的思考,始終存在著分歧,其中有波普爾(Karl R. Popper, 1902～),韓培爾(Carl G. Hempel, 1905～)等主張的關於歷史解釋的「覆蓋律模型」(Covering Law Model)和以柯林武德(Robin G. Collingwood, 1889～1993)爲代表的「合理性解釋模型」(Rational Explanation Model)二者間的方法論模式之爭。雙方各有不同的支持者,内格爾(Ernest Nagel)、加德納(Patrick Gardiner)在不同程度上認同和支持前一模型;後一模型的主要代表人則爲德雷(William Dray)。韓

interpretation）。就本體論的意義上說，歷史是過去發生事情的總和，但從認識
論的角度看，歷史事實只是我們對過去發生的事情的歷史性詮釋。歷史眞理
並非不證自明的，任何歷史的敘述，都是一種再現的過程，即對史事的再理
解，也唯有歷史性地理解，歷史才有意義。不過也有人主張以「歷史闡釋」
替代「歷史解釋」，汪榮祖先生在一篇〈論歷史闡釋之循環〉的文章中提到：
「"歷史闡釋"爲史學之重鎭，未經闡釋的歷史僅僅是年譜、日誌，或大事
記，不足以稱之爲史書，更難發現代史學著作之林。……能將個別史事與整
個歷史趨勢相互循環，則不至於見樹不見林，也不至於見林不見樹；能通古
今之循環，則可避免以古惑今，或以今強古；得悉史實與理論間之循環，始
能不斷以史實來修正理論，而理論也得以照亮而非扭曲史事。」〔註 36〕「歷
史闡釋」的說法，是汪先生在分析錢鍾書對詮釋學（Hermeneutics）的看法後，
更進一步推演所得。〔註 37〕其實我不反對以「歷史闡釋」來替代「歷史解釋」

培爾在提及「歷史解釋」時，所使用的英文術語爲「historical explanation」，則
體現了歷史解釋爲「置具體事例於一般規律之下」的科學解釋方法的歷史版，
傾向於科學實證論。柯林武德則強調歷史解釋的區別不同於科學，這種觀點與
歐陸思想家有内在的淵源，如狄爾泰（Wilhelm Dilthey, 1833～1911）、克羅齊
（Benedetto Croce, 1866～1952）、李凱爾特（H. Rickert, 1863～1936）等，他們
皆有一共同的思考，即歷史研究的目標在探討思想、精神或文化的問題，不同
於自然科學。史學家要窺探歷史眞理，則要善用直覺（intuition）、想像
（imagination）、移情（empathy）或重演（re-enactment），這是一種「觀念論」
（idealism）的知識論，在史學的研究上便是一種「觀念論的史學」（idealist
history）。我對歷史解釋的界定偏向「合理性解釋模型」，故採「historical
interpretation」說明「歷史解釋」。關於上述的說明可參考何兆武、陳啓能主編，
《當代西方史學理論》（北京：中國社會科學，1996 年），韓震、孟鳴岐，《歷
史哲學——關於歷史性概念的哲學闡釋》（昆明：雲南人民，2002 年），張文杰
編，《歷史的話語——現代西方歷史哲學譯文集》（桂林：廣西師範大學，2002
年），W. H. Walsh, *Philosophy of History: An Introduction*（New York: Harper
Torchbooks, 1960），William H. Dray, *Philosophy of History*（New Jersey: Prentice
Hall, 1964 年），Patrick Gardiner, *The Nature of Historical Explanation*（New York:
Oxford University Press, 1961 年）。另可參考周樑楷，《歷史學的思維》（台北：
正中，1993 年），頁 61～79，以及王曾才，〈歷史的解釋〉，《王任光教授七秩
嵩慶論文集》（台北：文史哲，1988 年），頁 13～27。

〔註 36〕見汪榮祖，〈論歷史闡釋之循環〉，《燕京學報》（北京：北京大學，1999 年），
新 7 期，頁 9。

〔註 37〕關於錢鍾書的論述可參見氏著《管錐篇》（北京：中華，1990），第 1 冊，頁
170～171。錢氏提到「闡釋之循環」的概念是西方詮釋學中的重點，從施萊
馬赫（F. Schleiermacher, 1768～1834 年）、狄爾泰（W. Dilthey, 1833～1911）
到伽達默爾（Hans-Georg Gadamer, 1900～2002），此一概念有一演進過程。施

的用法，因爲如果歷史解釋只是一種主體對客體的認識與敘述的話，歷史的真實性是很難被掌握的，加之所謂「主體」存在於研究者、被研究者以及研究者與被研究者互動所產生的「互爲主體」（intersubjectivity）之中，所以過去以追求歷史客觀性爲目標的史家，似乎很難擺脫史家主觀的限制。在「人文科學」（human science）的領域中幾乎沒有一種絕對化的判準，來說明某種解釋是不可易的眞理，任何「大理論」（grand theory）的創生只能說是對某種現象的可能解釋。我不是一個「理論至上主義」（theoreticism）者，未經驗證的理論，都隱含了某種「危機」——即某種「自圓其說」，但弔詭的是此一說法，卻又是吾人必須面對解釋時的可能性嘗試。

孔恩（Thomas Kuhn，1922～1996）在《科學革命的結構》一書中提出一個概念——「典範」（Paradigm），其原意爲一種可重複套用的範例。孔恩則定義爲一種公認的科學成就，它代表由某一科學社群成員共有的信仰、價值、技術等所構成的整體，能夠爲這個整體中的某一部份，提供問題解答，或作爲常態科學研究中，解答謎題的基礎。〔註 38〕不過孔恩的說法引來許多學者

萊馬赫和狄爾泰均認爲要理解某件事，不可能在一個完全孤立、絕對與別的事物毫無關係的情況下來進行，相反的，透過文字／句子／文脈（contxtual）這一過程來理解，先理解部份，再理解整體，然後回過頭來由理解整體，再理解部份，如此則構成所謂的「詮釋的循環」。然而施、狄兩氏在詮釋循環的過程中，仍難擺脫主客二元的對立，即主觀的因素如何進入一客觀的心靈之中，尤其是該文獻作者的內在生命裡。伽達默爾則認爲詮釋的循環，根植於詮釋者自身的傳統，依此傳統去詮釋歷史文獻，當詮釋的過程完成後，歷史文獻不再是過去的反射，反而呈現出新的意義，故每一次的詮釋循環，都是一種新生成的意義。另可參閱陳榮華，《葛達瑪詮釋學與中國哲學的詮釋》（台北：明文，1998 年），頁 1～12，117～122，洪漢鼎，《詮釋學——它的歷史和當代發展》（北京：人民，2001 年）。至於錢鍾書與詮釋學的關係，可參考季進，《錢鍾書與現代西學》（上海：上海三聯，2002 年），頁 60～93。季進認爲錢氏對西方詮釋學的理解，體現在兩個方面，一是將傳統訓詁學與現代闡釋學相溝通；二是圓覽周照，將闡釋之循環推向了極致，並借用佛學「一切解即是一解，一解即是一切解」的說法，對「闡釋之循環」的內涵做出了獨特的闡發（見該書頁 93）。不過與本論文有關的則另有錢氏與洛夫喬伊（A. O. Lovejoy）氏治學方法上的「親近性」，尤其是「單位觀念」的引用，可參考李貴生，〈錢鍾書與洛夫喬伊——兼論錢著引文的特色〉，《漢學研究》（台北：漢學研究，2004 年），第 22 卷第 1 期，頁 357～389。

〔註38〕王道還編譯，《科學革命的結構（修訂新版）》（台北：遠流，1989 年）。孔恩在提出「典範」概念後認爲科學發展的歷史可以分爲：1.前典範期，2.典範樹立期，3.危機階段，4.典範轉移，其中「典範轉移」是一種革命式的轉變，典範間的轉移要麼一成不變，要麼徹底改變，其間有著「不可通約」（或不可共

批評他爲「相對主義」（relativism）者，極端的相對主義論調，易導致解釋上的虛無，這是不可不謹愼以對的。如果說孔恩的「科學革命」概念帶有某種「非理性」的激進思維，那麼在此之前以標榜「理性」爲要的韋伯（Max Weber，1864～1920）是否能帶給我們另一種反思呢？任何以一種「理論」企圖一網打盡人文社會科學研究領域的想法，在韋伯看來是不可行的。韋伯在方法論上有兩點創見，首先是補充與規範因果解析的「感通理論」（Verstehen）；其次是結合因果解析與感通理解，而導出的「理念型」（ideal-type）概念。透過對「理念型」的運用，達到理想中「客觀的」歷史敘述，但韋伯似乎從未對此概念作出系統的說明，他始終將它看成某種純粹思考的推演，而此一概念具有三個特色：即內在的一致性，邏輯的推演及片面性。〔註39〕從韋伯的經驗研究中，經由理念型概念的建構，能使「客觀性」問題有一實質的定位，因爲個體的主觀或與外在制度間的某種「親近」可進而消解主、客觀二元的對立，因此「理念型」是將某概念統攝在某種問題意識之下，然後進行分析。不過也有人批評「理念型」具有某種「套套邏輯」的性格，但就韋伯而言，這是一種歷史概念的建構，如果不運用理念型的概念，就難以進行解釋。

　　本文研究的理論架構，基於對上述人文社會科學的諸多反省後，以「史學觀念」作爲切入點，這是因爲「史學觀念」在歷史研究中具有關鍵的地位。我以爲構成「史學觀念」有三個要項：「歷史意識」、「歷史知識」、「歷史解釋」，此三要項彼此間形成一巨大迴路，存在著訊息的正反饋過程。當歷史意識萌生後，透過對歷史知識的學習，進而展開歷史解釋，由內而外，由外而內，構築成一張綿密的網絡。西方學界對觀念史的研究，對我具有深刻的啓發作用，那種以某種單元觀念去分析歷史思想的可能性尤令人折服，不過我無法擺脫我學習過程中「傳統」的部份，因此我對「史學觀念」的定義也不全合於西方的界定。我認爲「史學觀念」是探討史家在進行歷史解釋時所採的某

量性）」（incommensurability）。孔恩以心理學上「格式塔轉換」（gestalt switch）或是宗教上的「皈依」（conversion）經驗，來說明科學革命中沒有繼承的可能性，當轉移完成，「革命」立即成立，見王巍，《相對主義：從典範、語言和理性的觀點看》（北京：清華大學，2003年），頁15～41。另見傅大爲、朱元鴻主編，《孔恩評論集》（台北：巨流，2001年）一書，則有較多論文集中討論「典範」的運用與侷限。

〔註39〕見胡昌智，〈韋伯論歷史學的客觀性及其檢討〉，《東海學報》，第25卷，1984年，頁145。另可參考陳介英，〈從韋伯實質研究的角度論其理念類型（ideal type）在知識建構上的意義〉，《思與言》，第31卷第4期，1993年，頁29～59。

種「視域」，此「視域」依不同背景史家理解時所潛藏的「成見」而有所歧異，然而此種「歧異」正是史家歷史意識的主觀呈現，正因為有差異，才有溝通的可能。任何逐漸定型的歷史解釋，都會產生某種特定的歷史知識，但歷史知識的來源一旦僵化，則形成帶有某類「意識形態」（ideology）的結果。中國近代史學觀念的形成與轉化，除了構成史學觀念的三要項外，另有三種類型，即「儒化史觀」、「進化史觀」、「實證化史觀」，這三類型可以說是某種「理念型」的組合。首先是「儒化史觀」，它是在一種廣義的關照下對傳統史學的統稱，當然這並不表示中國史學傳統中只存在著儒家思想籠罩下的歷史解釋。〔註40〕在儒化史觀下有兩個觀念被凸顯，即「變易觀」和「義理觀」。「變易觀」則是傳統史學的另一項特點，視歷史為一變動的過程。「義理觀」是一種道德化的歷史解釋，自宋代起至近代，影響了無數世代對史學的認識。這兩種觀念恰好形成一組對比，直至近代史學的解釋仍不離此二類觀念的闡釋。其次是「進化史觀」，中國傳統史學觀念中並無對應於西方近代「進化論」觀念的思考，前述的「變易觀」有演進推移的思維，卻沒有「進步觀」（progress）的觀念涵義，雖說歷史解釋中「進步」的指稱在 20 世紀已受到史家的質疑，但此一觀念對中國近代史學的影響卻是極為深刻的。最後為「實證化史觀」，則是一種「科學觀」的展現，嚴格的說，即運用西方近代所謂科學的方法──一種以自然科學法則為聖經的實證論。傳統以考據方法為基礎的史學研究，在與西方的科學方法「格義」、〔註41〕「比附」後呈現出複雜多歧的內涵，

〔註40〕 道家對歷史解釋的看法，可以例舉老子與莊子作為代表。老子認為歷史進程並不是朝一個更美好的世界前行，反而具有某種衰退的過程，莊子則以順從歷史的必然性來看待歷史。可參考蔣重躍，〈試論道法兩家歷史觀的異同〉，《文史哲》，第 4 期，2004 年，頁 73～80。釋家對歷史的解釋，則滲入了佛教教理的觀點，如宋代僧人志磐的《佛祖統紀》，將本跡論、末法論、天台正統論融入史學研究之中，以本跡論說明佛法之由來；以末法論，說明佛法興衰之軌；以天台正統論言中國佛教之正統。其它如對歷史人物評價的問題，也不全合於儒家的評價。參見藍吉富，〈從《佛祖統紀》一書對隋煬帝之評價談志磐的佛教史觀問題〉，《中國佛教史學史論集》（台北：大乘，1978 年），頁 293～298，曹仕邦，〈論《佛祖統紀》對紀傳體裁的運用〉，《中國佛教史學史論集》（台北：大乘，1978 年），頁 233～292，宋道發，〈試論南宋志磐的佛教史觀──以《佛祖統紀》為中心〉，《普門學報》，第 11 期，2002 年，頁 157～198。

〔註41〕 「格義」一詞，最初為傳統學者企圖融合印度佛教和中國思想的一種方法，盛行於魏晉時期，最初是用來對弟子的教學方法，或是將中國的觀念比對佛教的觀念，以中國自有熟悉的觀念去充分理解印度的佛學，這是一種本土的／外來的觀念比配。中國近代史學，透過「格義」的方法，企圖調合中西史

有人稱之爲「新考據」的方法論。對西方近代科學的迷戀，似乎並不是一個健康的走向，中國近代史學的「科學化」努力，不知是否走進了歧路？

　　所有的論文總有個起迄，本論文之作在時間的跨度上雖以 1840 年以後爲主要的分析時段，不過既涉及史學觀念的「流變」（becoming），自然無法純就時間來限制思考的可能，畢竟觀念的產生自有其時間上的變化。在時間之流底下潛藏了無數錯縱複雜的觀念彼此交織，如何釐清呢？我嘗試建立起一組「理論」，去解釋吾人所面對的歷史圖像，此即我提出的「史學觀念」的分析，構成「史學觀念」的三要項：歷史意識、歷史知識、歷史解釋，形成了中國近代史學觀念中的三類型：儒化史觀、進化史觀、實證化史觀，而此三類型另包含了四種觀念：變易觀、義理觀、進步觀和科學觀。所謂的「三要項、三類型、四觀念」雖不能完全涵蓋此一時期史學變化的整體，卻具有相當的代表性。在空間的分佈上，「史學觀念」早已不是單一地域的特殊形態，尤其是中國近代史學的發展，東西之間的地理差異正逐漸縮小，這是近百年來史學發展的趨勢之一，什麼中學／西學，本土／外來，從原先各自的堅持中，逐步擴散成你泥中有我，我泥中有你的形式。百來年前我們史學的前輩從西方盜來了「史學革命」的聖火，卻也開啓了「潘多拉盒」中史學的災難。〔註42〕究竟我們該如何面對此一景況呢？我的論文期望能釐清三個問題，第一是從傳統過渡到現代的歷程中，中國史學的傳統，特別是史學觀念是否仍持續發揮著自身的影響力。第二是如果傳統史學觀念仍持續發揮自身的影響，那麼，近代西方史學觀念的引入其意義到底爲何？難道西方史學觀念只是做爲轉化的某種「觸媒」嗎？第三是究竟中國近代史學觀念的形成與轉化，代表了何種意義的呈現？是否只是簡單的新舊史學的轉化，可是「新舊」的表述，是又由誰來判準呢？當代史學的研究已進入百家爭鳴的時代，不論是現代化的敘述，還是後現代、後殖民的爭論，似乎在今天許多人認爲「全球化」（globalization）時代已來臨的時刻，我們需要

　　　學差異的努力，是很明顯的。參閱湯用彤，〈論「格義」──最早一種融合印度佛教和中國思想的方法〉，《理學、佛學、玄學》（台北：淑馨，1992 年），頁 273～285，阮忠仁，〈中國近代思想史上的「格義」──以譚嗣同《仁學》中的佛學爲例〉，《嘉義師院學報》，第 11 期，1997 年，頁 363～390。

〔註42〕這裏我借用了希臘神話中普羅米修斯（Promethus）爲人類向宙斯（Zeus）盜取天火的故事，來說明中國近代史學歷程的艱辛，但隨之而來受詛咒的報復，如同「潘多拉的盒子」（Pandora's Box）一發不可收拾。這好像西方近代各種制度理論一般，如潮水般不斷湧入，在吸收之餘，還來不及消化便像泡沫般消失得無影無蹤，而此種現像，直至今日卻又不斷的重複上演著。

一種不一樣的「全球史觀」。但我們不能遺忘，尤其在史學研究的領域中，有多少人曾在此一過程中抗拒與調適，釐清這樣一個變化，有助於理解我們所生息的場域。

第二章 儒化史觀的形成與演變

第一節 儒家對「道」的求索

　　用「儒家化的史學觀念」來說明中國傳統史學，恐為一隅之見，其所面臨的問題，也不是三言兩語可以說得清楚的。在中國眾多的學術傳統中，絕非儒家學說可獨佔，但浸潤之深，影響之廣，卻又無出其右者。的確，儒家學說亦非一成不變，先秦之儒、秦漢魏晉之儒、宋儒等各有不同的內涵，〔註1〕將之視為不變的整體，則輕忽了儒學內在的生命力。可是不以「儒家」做為中國傳統學術的代表，又如何能有效的掌握中國史學的傳統呢？

〔註1〕 牟宗三、杜維明曾提出所謂「儒學三期」的說法，以心性論作「道統」來概括和理解儒學，並認為這是儒學的「神髓」與「命脈」。孔、孟為第一期，宋明理學為第二期，熊十力、牟宗三等為第三期（或稱為現代新儒學）。李澤厚不同意這種分法，他在一、二期間加入了「漢儒」成為第二期，宋明理學則成為第三期，至於現在或未來如要發展，則應為繼承第三期，卻又不同的第四期，故在第四期儒學若要復興，則要另闢蹊徑，另起爐灶。見氏著〈說儒學四期〉，《歷史本體論・己卯五說》（北京：三聯，2003 年），頁 130～155，同書另一篇〈初擬儒學深層結構說〉則將「儒學」或「儒」的內涵分為五種：1.「儒家」與「墨」、「道」、「法」、「陰陽」等思想，學派併稱。2.在「現代新儒家」的概念中，「儒學」、「儒家」主要是孔、孟、程、朱、陸、王這一思想傳承和理論，以「道問學」、「尊德性」的心性論為主的「內聖」哲學。3.「儒學」、「儒家」、「儒」這些概念，在不同學者身上常被含混的使用，並不時從佛、道中吸取思想的成份。4.19 世紀末，當「儒學」受到西方文化的衝擊後，對傳統的否定性批判，導致對「儒學」、「儒家」的重新定義。5.由於「儒」（家、學、教）的複雜性，使得它已化入成為漢民族某種文化心理結構，進而制約了人的思想、情感、行動。見同前書，頁 269～272。

儒化史觀最明顯的標記，便是對「道」的追求，章學誠（1738～1801）曾對「道」進行過深刻的分析，他說：

> 道之大原出於天，天固諄諄然命之乎？曰：天地之前則吾不得而知也；天地生人，斯有道矣，而未形也。三人居室，而道形矣，猶未著也。人有什伍而至百千，一室之所不能容，部別班分，而道著矣。
>
> 仁義忠孝之名，刑政永樂之制，皆其不得已而後起者也。〔註2〕

章氏將「道」視爲人倫日用之道，沒有一個超越人之上的「道」，是一種與時俱變的道，故章氏論道充滿一種「變化」的歷程，所謂：「人生有道，人不自知，則必朝暮啓開其門戶，饔飧取給於樵汲，既非一身，則必有分任者矣。或各司其事，或番易其班，所謂不得不然之勢也，而均平秩序之義出矣。又恐交委而互爭焉，則必推年之長者持其平，亦不得然之勢也，而長幼尊卑之別形矣。」〔註3〕章氏所說的「不得不然之勢」，就是說人類社會的演進，由簡而繁，日趨複雜，許多維繫社會秩序的方法，隨時因應而生，是出於一種自然需求的行爲，藉由此一過程，即可觀察出所謂的「道」。〔註4〕

然而促成「道」有此一變化歷程的思維，則是對時空變動的根本看法。孔子（551～479B.C.）曾說過這樣一句話：「子在川上曰：逝者如斯夫，不捨晝夜。」〔註5〕此話雖然只是孔子的喟嘆，卻涉及到對時間的認識和人生的體悟，正由於時間有變易，人才能感受到或認知到先後秩序的可能——此即時間的開展，如果沒有變易，也就不可能有先後秩序，更不可能有時間。在中國傳統學術經典中《易經》對時間的看法，是許多學者處理時間的主要方式，〔註6〕以朱熹（1130～1200）爲例，他曾說：「陰陽雖只是兩個字，然卻只是

〔註2〕《章學誠遺書·原道上》（北京：文物，1985年），頁10。

〔註3〕同前註，頁10。

〔註4〕章學誠對「道」的看法，可參考楊志遠，〈章學誠論「道」〉，《中國文化月刊》，第219期，1998年，頁36～48。另見戴景賢，〈章實齋「道」與「理」之觀念及其推衍〉，《清代學術研討會——思想與文學（第一屆）》（高雄：中山大學中文系，1989年），頁147～155，鄭吉雄，〈論章學誠的「道」與經世思想〉，《台大中文學報》，第5期，1992年，頁303～328，張光前，〈章學誠關於「道」的理論〉，《輔大中研所學刊》，第2期，1992年，頁81～106。

〔註5〕《論語·子罕》（台北：藝文，1997年），頁80。

〔註6〕有三篇文章可爲參考，梁乃崇，〈時間起於變易〉，《第四屆佛學與科學研討會論文集》（台北：圓覺文教基金會，1996年），頁13～29，楊向奎，〈再論時間與空間〉，《中國社會科學院研究生學報》，第3期，1994年，頁1～8，袁行霈，〈逝川之嘆——古代哲人和詩人對時間的思考〉，《中國文化研究》，秋

一氣之消息，一進一退，一消一長，進處便是陽，退處便是陰；長處便是陽，消處便是陰。只是這一氣之消長，做出古今天地間無限事來。」〔註7〕陰、陽的進退消長，即是一種變化，此一變化引出了古今天地間無限事來。此外，朱熹也以中國歷史的變化來說明變易的必然性。他說：

> 周末文極盛，故秦興必降殺了。周恁地柔弱，故秦必變爲強戾；周恁地纖悉周致，故秦興，一向簡易無情，直情徑行，皆事勢之必變。但秦變得過了，秦既恁地暴虐，漢興，定是寬大。故云：獨沛公素寬大長者。秦既鑒封建之弊，改爲郡縣，雖其宗族，一齊削弱。至漢，遂大封同姓，莫不過制。賈誼已慮其害，晁錯遂削一番，主父偃遂以誼之說施之武帝諸侯王，只管削弱。自武帝以下，直至魏末，無非劃削宗室，至此可謂極矣。晉武起，盡用宗室，皆是因其事勢，不得不然。〔註8〕

朱熹通過對秦漢至魏晉歷史大勢的變化來觀察，正是受《易經》中「窮變通久」的觀念所影響，將前朝的舊制在歷史的推移下轉化成新制或時制，不過朱熹的「變易史觀」帶有循環的一治一亂的概念，他曾借用《易經‧乾卦》中「元、亨、利、貞」來說明穀物生成的循環性，他說：「穀之生，萌芽是元。苗是亨，穗是利。成實是貞，穀之實又復能生，循環無窮。」〔註9〕推衍開來，應用在人類社會演進上，便形成了一治一亂的「歷史循環論」，但這種循環論之上，朱熹有一個更龐大的「不易」之論─即以「三綱五常」爲總體的歷史認識，歷史的變易雖在人事的變化上，可是天底下仍有一個「萬世不易」的「道」或「天理」存在，任何牴觸此一底線的論說，都不可行。〔註10〕

　　中國傳統史學在歷經漫長歲月的發展與演化後，早已淬鍊出屬於自家的特色。儒、法、道、墨、釋諸家，均有對歷史認識的不同見解，然而「儒家化」的史學觀念卻是最具代表性的，其特點爲：1、對於原始材料、文獻的掌

之卷，2002 年，頁 1〜5。

〔註7〕《朱子語類‧繫辭上》（台北：正中，1982 年），卷 74，頁 2988。

〔註8〕《朱子語類‧爲政下》，卷 24，頁 965。

〔註9〕《朱子語類‧乾上》，卷 68，頁 2686。

〔註10〕關於朱熹對《易》的歷史理解，可參考吳懷祺，《易學與史學》（北京：中國書店，2003 年），頁 158〜173，汪高鑫、董文武，〈朱熹的歷史觀及其易學思維特徵〉，《河北師範大學學報（哲社版）》，第 25 卷第 4 期，2002 年，頁 68〜71。另見陳啓雲，〈從東西文化、學術、思想看「易學」的意義和特色〉，《周易研究》，第 1 期，1994 年，頁 42〜51。

握和保存，下開歷朝公、私修史的風尚。2、對於時間、空間變動的敏銳觀察，產生歷史變易觀點的發揚。3、將屬於歷史變易過程中，形成的變化，提出特定的歷史解釋，做爲維繫社會秩序的合理模式。〔註 11〕此三點只能是概括，並不能完全說明「儒化史觀」，然而特定的歷史解釋，尤其是帶有目的論的「倫理道德主義」，發展到後世，往往形成中國史學的「意識形態化」的傳統，其結果是導致史學的、政治的、道德的相互糾纏，〔註 12〕這是我們在討論中國近代史學觀念的轉化時必須要有的理解，因此儒化史觀可以從「變易史觀」和「義理化史觀」兩個觀念來分析。

第二節　變易史觀在近代的展現

何謂「變易史觀」？我們可以先從司馬遷談起。中國上古史學在孔子那裡有了一次突破性的改造。此一過程到了漢代，司馬遷（145～87B.C.）的《史記》則開啓了中古時期「新史學」運動的先河。〔註 13〕欲理解太史公新史學

〔註11〕關於儒家，尤其是儒家倫理與社會秩序的關係，有人認爲儒家有「秩序情結」（complex of order），產生此一情結的最主要因素，是來自於快速的社會變遷所導致的失序或失範的社會，儒門諸子對於如何「回復」到有序的社會充滿焦慮，正是在此一歷史情境下，儒家有了強烈的「秩序情結」。見張德勝，《儒家倫理與秩序情結——中國思想的社會學詮釋》（台北：巨流，1989 年）。

〔註12〕此一論點，可以上溯到孔子對「義」的追求，下至近代科學主義的歷史決定論，無不與此觀念有關聯，參見顧昕，〈中國史學的意識形態化傳統——從道德主義的目的論到科學主義的歷史決定論〉，《當代》，第 80 期，1992 年，頁58～79。另見李淑珍，〈「經學式」、「科學式」與「理學式」的歷史詮釋學〉，《當代》，第 178 期，2002 年，頁 32～55，以及 George G. Iggers and Q. Edward Wang, "*Western Philosophy of History and Confucianism*"，《台大歷史學報》，第27 期，2001 年，頁 21～35。

〔註13〕雷家驥，《中古史學觀念史》（台北：學生，1990），頁 19～20。根據雷家驥師的說法，新史學運動約三百餘年，可分爲兩期，由司馬遷到班彪爲前期；班固至陳壽爲後期。「紀傳體」成爲此期的主要敘事體例，而且其觀念意識也帶動了兩晉以來史學的各方面發展。究其原因除時代的環境外，更有司馬遷主觀的創意。另見 Stephen W. Durrant, *The Cloudy Mirror: Tension and Conflict in the Writing's of Sima Qian*（Albany: State University of New York Press, 1995 年）。作者認爲司馬遷筆下的人物生動活潑，但滲入太多情感，導致在自我認知和歷史敘述間形成「緊張」（tension）和「衝突」（conflict），無法客觀的陳述歷史，故「司馬遷之鏡」非明鏡也，而是「雲鏡」（the cloudy mirror）。有關司馬遷在《史記》中是否放任個人情感，恐怕和司馬遷的美學觀點有關，在《史記》的許多篇章中，如《項羽本記》、《刺客列傳》、《游

本身的目的及其問題，不能不從〈報任少卿書〉談起，其書有言：

> 僕竊不遜，近自託於無能之辭，網羅天下放失舊聞，考之行事，稽
> 其成敗興壞之理，凡百三十篇，亦欲以究天人之際，通古今之變，
> 成一家之言。〔註14〕

末尾三句「究天人之際，通古今之變，成一家之言」，幾成中國史學「千古
未解之謎」？然而司馬遷的新史學——「史記」不是憑空出現，而是有所依
循的，他說：「先人有言，自周公卒五百歲而有孔子，孔子卒后，至於今五
百歲，有能紹明世者，正《易傳》，繼《春秋》，本《詩》、《書》、《禮》、《樂》
之際。」〔註15〕其中「正易傳」是針對歷史發展過程中「變」的本體來思考。
「繼春秋」則是接續孔子史學觀念的全面開展。《易》含有天道（宇宙觀）
的範疇，《春秋》則含有人道（歷史觀）的概念，有了天道與人道的結合，
在面對客觀世界時，人主觀的認識才可行，這是「究天人之際」的涵義。至
於「通古今之變」則是掌握歷史發展過程中時間與空間的變化，此一概念亦
非司馬遷所獨獲，先秦晉國的史墨曾說：「社稷無常奉，君臣無常位，自古
以然。故《詩》曰：高岸爲谷，深谷爲陵，三姓之後，於今爲庶。」〔註16〕
由此我們可以得知，司馬遷的《史記》擷取了《易經》中「變易」的觀點，
以孔子作《春秋》爲「典範」，配合「六經」爲文本（或文獻），進行了一場
「史學革命」。〔註17〕

　　然而從先秦到漢，除了孔子和司馬遷，吾人以爲孟子（372～289B.C.）和
荀子（313～238B.C.）所展現的史學觀念同樣值得注意，但兩者的出發點是不

俠列傳》、《屈原賈生列傳》、《伍子胥列傳》等，我們可以很清楚的看出司
馬遷筆下這些人物感情的眞實流露。李長之認爲司馬遷是「發憤以抒情」，
見氏書《司馬遷的人格與風格》（台北：開明，1995 年），頁 21。

〔註14〕《漢書・司馬遷傳》（台北：鼎文，1995 年），卷 62，頁 2735。

〔註15〕《史記・太史公自序》（台北：鼎文，1995 年），卷 130，頁 3296。

〔註16〕《左傳・昭公 32 年》（台北：藝文，1997 年），頁 933。

〔註17〕有關司馬遷史學與易的關係，可參考吳懷祺，《易學與史學》（北京：中國書
店，2003 年），頁 31～50，此外有關《易》的時間觀念，參見劉述先，〈從發
展觀點看《周易》時間哲學與歷史哲學之形成〉，《台大歷史學報》，第 27 期，
2001 年，頁 1～20。歷史研究有其時空的限制，中國史學也不例外，故司馬
遷的史學雖充份運用了「歷史想像」，可是對基本文獻或史料的掌握，仍要依
賴諸如《六經》等先秦的典籍，否則無以爲繼，關於此一問題可參閱朱本源，
〈司馬遷的史學原理本於《六經》〉，《陝西師範大學學報（哲社版）》，第 26
卷第 1 期，1997 年，頁 95～104。

同的，就人性論而言，一主性善；一主性惡。孟子認爲人生下來就有仁、義、禮、智等善良的本性，是一種先天既有的東西；荀子不同意孟子的道德觀點，強調人性都是天然生成的，不論是聖、愚、賢、不肖。荀子認爲「塗之人可以爲禹」與孟子的「人皆可以爲堯、舜」有一致的結論，可是孟子認爲人的道德是先天的，只要啓發人的「良知」、「良能」便可爲善、爲聖人；荀子在根本上否定「天生聖人」的說法，認爲人的道德須經外在環境的形塑。這種差異導致孟、荀在對過往歷史的判斷，有「先王」與「後王」的觀念，孟子所說的「先王」乃指堯、舜、禹、湯、文、武，故「言必稱堯、舜」，孟子曾引孔子的話來讚揚堯、舜：

> 大哉堯之爲君，惟天爲大，惟堯則法之，蕩蕩乎民無能名焉！君哉舜也，巍巍乎有天下而不與焉！〔註18〕

這種無以名之的稱頌，對於過往歷史樹一標準，是中國傳統史學的獨特觀點，故孟子又說：

> 離婁之明，公輸子之巧，不以規矩，不能成方圓；師曠之聰，不以六律，不能正五音；堯舜之道，不以仁政，不能平治天下。今有仁心仁聞而民不被其澤，不可法於後世者，不行先王之道也。故曰，徒善不足以爲政，徒法不能自行。《詩》云：不愆不忘，率由舊章，遵先王之法而過者，未有也。〔註19〕

孟子所謂的「先王」之道和他的政治理念是結合在一起的，即是行先王之「仁政」也。荀子在面對過往歷史時不主張將目光投射向「過去」，他說：

> 聖王有百，吾孰法焉？曰：文久而息，節族久而絕，守法數之有司極而褫。故曰：欲觀聖王之跡，則於其燦然矣，後王是也。彼後王者，天下之君也，舍後王而道上古，譬之是猶舍己之君而事人之君也。故曰：……欲知上世則審周道；欲知周道，則審其人所貴君子。〔註20〕

漫長的歷史中有幾百個王，要效法誰呢？荀子提出質疑，並認爲離我們愈近的「聖王」愈好，時間愈近，我們所能掌握和分析的能力便愈強，故曰「法後王」。孟子與荀子在歷史時間的看法上，一個是以過去時間做爲論述的方向；一個是

〔註18〕《孟子·滕文公上》（台北：藝文，1997年），頁98。
〔註19〕《孟子·離婁上》，頁123。
〔註20〕《荀子今註今譯·非相》（台北：商務，1988年），頁71。

以現在時間做為參考座標，所以造成他們對歷史解釋的差異，此一差異對後世的史學有著深遠的影響。中國傳統史學中「歷史循環論」和「以今知古論」可作為孟子、荀子史學觀念的代表。孟子把人類歷史的發展變化，看成是一種「治亂循環」，孟子說：「天下之生久矣，一治一亂。」〔註21〕又說：「由堯、舜至於湯，五百有餘歲；若禹、皋陶，則見而知之；若湯，則聞而知之。由湯至於文王，五百有餘歲，若伊尹、萊朱，則見而知之；若文王，則聞而知之。由文王至於孔子，五百有餘歲，若太公望、散宜生，則見而知之；若孔子，則聞而知之。由孔子而來至於今，百有餘歲，去聖人之世若此其未遠也，近聖人之居若此其甚也，然爾無有乎爾，則亦無有乎爾。」〔註22〕孟子認為這種「一治一亂」的歷史循環，以五百年為一周期，帶有一種預言式的史學觀念。荀子的「以今知古論」表達最為明白話是：「欲觀千歲，則數今日；欲知億萬，則審一二，……故曰：以近知遠，以一知萬，以微知明。」〔註23〕荀子這種「以近知遠」的歷史認識態度，為後世「改革論」提供了理論基礎。

　　變易史學觀念，可以從不同的史家身上看到因時間的流動而產生的變化。這種歷史變化的觀點，在《易經》中得到體現，所謂「窮則變，變則通，通則久」之說，可視為古代變易史觀的發軔。司馬遷的「通古今之變」，或杜佑（735～812）的「勢」與「理」，「變通」與「適時」的觀點，都涵蓋了變易史觀的基本特徵。無可諱言，司馬遷的變通思想受《易經》的影響很大，太史公曾說：「禮樂損益，律歷改易，兵權山川鬼神，天人之際，承敝通變，作八書。」〔註24〕此處所謂「承敝通變」是指「禮樂損益，律歷改易」的歷史變化而言。太史公在《史記》中曾多次提到「承敝易變」或「承敝通變」，主要是針對歷史發展過程中所形成的問題而言，一旦問題發展到了最後關鍵，必然產生變化，然後歷史的發展將持續下去，故由窮到通，再由通到能持久。太史公的這種想法帶有十分樂觀的主觀企盼，但不可否認的是，太史公對時間的掌握。從他的〈三代年表〉、〈十二諸侯年表〉、〈六國年表〉、〈秦楚之際月表〉來看，數千年間的歷史，透過時間順序的排列，貫通古今，則標識出他的某種通識。他在〈六國年表〉序中寫道：

〔註21〕　《孟子·滕文公下》，頁117。
〔註22〕　《孟子·盡心下》，頁264。
〔註23〕　《荀子今註今譯·非相》（台北：商務，1988年），頁71～72。
〔註24〕　《史記·太史公自序》，卷130，頁3319。

> 秦取天下多暴，然世異變，成功大。傳曰：「法後王」，何也？以其
> 近已俗變相類，議卑而易行也。學者牽於所聞，見秦在位日淺，不
> 察其終始，因舉而笑之，不敢道此與以耳食無異，悲夫！〔註25〕

秦之所以滅六國，除了武力的征服外，戰國以來「移風易俗」的風氣，已悄
然在進行中，這是歷史變化的大趨勢，非秦所獨佔。當然太史公也受到同時
代學者的影響，如董仲舒《公羊》學說的啟發，並接受董氏的夏、商、周「三
統說」。〔註26〕又他在〈高祖本紀〉贊中說：

> 夏之政忠，忠之敝，小人以野，故殷人承之以敬。敬之敝，小人以鬼，
> 故周人承之以文。文之敝，小人以僿，故救僿莫若以忠。三王之道若
> 循環，終而復始。周秦之間，可謂文敝矣。秦政不改，反酷刑罰，豈
> 不謬乎？故漢興，承敝易變，使人不倦，得天統矣。〔註27〕

如果說董仲舒的歷史循環論，是一種帶有封閉性的圓圈，那麼太史公的歷史
循環則是一種螺旋線的發展。至於杜佑的變易史觀，可以從這一段話來說明：

> 天生蒸人，樹君司牧。人既庶焉，牧之理得；人既寡焉，牧之理失。
> 庶則安所致，寡則危所出。漢、隋、大唐，海內統一，人戶滋殖，
> 三代莫儔。若以為人而置君，欲求既庶，誠宜政在列郡，然則主祚
> 或促矣。若以為君而生人，不病既寡，誠宜政在列國，然則主祚可
> 永矣。主祚雖永乃人鮮，主祚雖促則人繁。建國利一宗，列郡利萬
> 姓，損益之理，較然可知。〔註28〕

他以人口的繁衍多寡，政治的安危，以及「利萬姓」和「利一宗」等方面，
論證了以「列郡」代替「封國」的歷史發展趨勢，有著不得不然的變化。他
又說：「隨時立制，遇弊變通，不必因循，重難改作。」〔註29〕所以在杜佑的

〔註25〕 《史記・六國年表序》，卷15，頁686。
〔註26〕 董仲舒以〈天人三策〉為張目，發揮其陰陽災異之說。雷家驥師在《中古史
學觀念史》中言及，此〈天人三策〉之論，至為關鍵，是儒學或中國學術發
展的里程碑。在學術上，自此將經學扭曲為災異學，並有將儒家塑造成儒教
的神秘宗教化傾向。而「三統說」則以忠、敬、文做為夏、商、周三代制度
的文、質巨變，故「三統說」是一種歷史型態循環律。另有「五行說」的政
權轉移歷史循環律。雷師合稱為三統五行相包之說，又簡稱為「三五相包」
的歷史發展定律。見該書，頁62～65。
〔註27〕 《史記・高祖本紀》，卷8，頁393～394。
〔註28〕 《通典（一）・職官十三・王侯總敘》（北京：中華，1996年）卷31，頁849。
〔註29〕 《通典（一）・職官二十二》，卷40，頁1109。

變易史觀裡，無論立制，還是除弊，都要掌握時間的變化來進行。此處舉司馬遷和杜佑，主要是將太史公的「通古今之變」的思想和杜佑「理」與「勢」、「變通」與「適時」的觀點，作爲儒化史觀中變易史學觀念的代表。

十九世紀中國的史家，往往繼承了此一變易史觀而加以發揚，尤其是以治今文經學的學者，開始注意到歷史發展的階段性，以劉逢祿（1776～1829）爲例，他依古代今文經學區分歷史的方法，將歷史劃分爲「亂世」、「升平」、「太平」三階段，這也是公羊學說中所謂的「三世說」。〔註30〕雖說劉氏繼承了何休的「三世說」理論，但卻更強調歷史變化發展的觀點，他說：

> 傳曰：親親之殺，尊賢之等，禮所生也。《春秋》緣禮義以致太平，用坤乾之義以述殷道，用夏時之等以觀夏道，等之不著，義將安放？故分十二世以爲三等，有見三世，有聞四世，有傳聞五世，若是者有二義焉，於所見微其辭，於所聞痛其禍。於所傳聞殺其恩，此一義也。於所傳聞世見撥亂始治，於所聞世見治，廩廩進升平，於所見世見治太平，此又一義也。由是辨內外之治，明王化之漸，施詳略之文，魯愈微而《春秋》之化益廣，世愈亂而《春秋》之文益治。

〔註31〕

根據《春秋公羊傳》所載，春秋有所謂「所見異辭」、「所聞異辭」「所傳聞異辭」的說法，而孔子作《春秋》，則將魯國十二世分爲三等，哀、定、昭三代的歷史是爲孔子「所見」，襄、成、宣、文四代的歷史則爲孔子的「所聞」，

〔註30〕公羊學研究的核心，主要是以《春秋》的《公羊傳》爲主體，但受到清代今文經學者對《公羊傳》研究的影響，學者常以所謂的「三科九旨」來做爲探討西漢公羊學的核心。就上述的「三科」而言，西漢公羊學主要是以「三統」爲重心，並輔以「受命改制」、「五行生剋」、「符讖災異」等理論，晚清公羊學者則將重心放在「三世」及「內外」兩旨，有別西漢的公羊學。公羊學到了東漢何休的手裡，有了更深刻的哲學內涵，依何休的說法，孔子作《春秋》，其微言大義，便是「三科九旨」，前一科三旨是「新周故宋，以春秋當新王」，此即「通三統」；次一科三旨爲「張三世」之由來；末一科三旨是「內其國而外諸夏，內諸夏而外夷狄」，此即「異內外」。「通三統」係就新王而言，「張三世」係就時間而言，「異內外」則就空間而論，其中「張三世」的說法影響後世最大。見楊志遠，〈晚清公羊學者的歷史解釋〉，《吳鳳學報》，第 8 期，2000 年，頁 297～309。另有四本專書可爲參考。孫春在，《清末的公羊思想》（台北：商務，1985 年）；黃彰健，《經今古文學問題新論》（台北：史語所集刊 79，1982 年），王葆玹，《今古文經學新論》（北京：社會科學，1997 年），陳其泰，《清代公羊學》（北京：東方，1997 年）。

〔註31〕《皇清經解・春秋公羊何氏釋例敘》（台北：藝文，1960），卷 1280，頁 1728。

僖、閔、莊、桓、隱五代的歷史是為孔子的「所傳聞」，於是便有「所見、所聞、所傳聞」的「三世說」，其實，此一分法，具有時間先後的次序性，當人們在面對過往記憶時，詳今略遠，正是人類記憶的特性。東漢何休進一步闡述，將「傳聞世」視為「衰亂」，「所聞世」為「升平」，「所見世」為「太平」，故有「衰亂、升平、太平」的「三世說」。何休對於「三世說」的改造，有價值的判斷介入，一種由亂到治的循環，伴隨歷史時間的發展，不斷重複著。

　　龔自珍（1792～1841）早年亦接受漢代公羊學者對《春秋》的解釋，將歷史劃分為「治世」、「亂世」、「衰世」三個不同的階段，他說：

> 吾聞深於春秋者，其論史也，曰：書契以降，世有三等，三等之世，皆其才；才之差，治世為一等，亂世為一等，衰世為一等，衰世別為一等。衰世者，文類治世，名類治世，聲音笑貌類治世。黑白雜而五色可廢也，似治世之太素，宮羽清而五聲可鑠也，似治世之希聲；道路荒而畔岸隳也，　似治世之蕩蕩便便；人心混沌而無口過也，似治世之不議。〔註32〕

歷史發展的過程，不會都是古今皆同的，所以龔氏套用公羊學的「三世說」來說明與分析歷史發展的趨勢，而其中最終要掌握的，就是歷史變化的現象。後來，龔自珍接受了劉逢祿的「亂世、升平、太平」三世的說法，將歷史發展的階段分為「據亂、升平、太平」的三世說，並將《尚書·洪範》的「八政」，即食、貨、祀、司空、司徒、司寇、賓、師，視為先聖先賢治理三世的政典，進而將「八政」引申為社會歷史不同階段的發展，他說：

> 三世非徒《春秋》法也。《洪範》八政配三世，八政又各有三世。顧問八政配三世？曰：食貨者，據亂而作。祀也，司徒、司寇、司空也，治升平之事，賓師乃文致太平之事，孔子之法，箕子之法也。
> 〔註33〕

龔氏將食、貨視為據亂世而作，祀、司徒、司寇、司空是為升平世而作，而賓、師乃為太平世而作，這是以一種歷史發展的文明性質，來界定與判斷某個歷史階段的高低程度，而整個歷史的進程，有一定的變化，並產生相對適應的制度。龔自珍以「三世說」說史，不同於傳統經學家講「公羊三世」，其目非以經術干政干祿，而是用以解釋歷史文明的演進，有順逆，有興衰。

〔註32〕《龔自珍全集·乙丙之際著議第九》（台北：河洛，1975年），頁6。
〔註33〕《龔自珍全集·五經大義終始答問一》，頁46。

他曾說：「萬物之數括於三；初異中，中異終，終不異初。一匏三變，一棗
三變，一棗核亦三變。……萬物一而立，再而反，三而如初，天用順教，聖
人用逆教。逆猶往也，順猶來也。生民，順也；報本始，逆也。多夏，順也。
多不益冰，爲之裘，夏不益之火，爲之葛，逆也。亂，順也；治亂，逆也。」
〔註34〕龔氏的「三世說」與《春秋公羊》的「三世說」都屬於歷史循環論，
但卻有突破，是一種帶有螺旋上升的歷史循環論，而非封閉的圓圈。

　　龔自珍這種變易史觀的看法，正是他發揮所謂公羊三世說中「非常異義
可怪」之論的實踐，〔註35〕其主要目的，是要「探世變」，他說：

> 才者自度將見戮，則蚤夜號以求治，求治而不得，悖悍者則蚤夜號
> 以求亂。……是故智者受三千年史氏之書，則能以良史之憂憂天
> 下，……三代神聖，不忍薄謼。士勇夫，而厚蓁蓁嬴，探世變也，
> 聖之至也。〔註36〕

以「三千年史氏之書」來「探世變」，正是龔氏史學的依憑，也是他強調變革
的理論依據，他說：

> 拘一祖之法，憚於千夫之議，聽其自陊，以俟踵興者之改圖爾！一
> 祖之法無不敝，千夫之議無不靡，與其贈來者以勁改革，孰若自改
> 革？抑思我祖所以興，豈非革前代之敗耶？前代所以興，又非革前
> 代之敗耶？何若然其不一姓也？天何必不樂一姓耶？鬼何必不享一
> 姓耶？奮之奮之，將敗則豫師來姓，又將敗則豫來姓！《易》曰：
> 窮則變，變則通，通則久。〔註37〕

在龔自珍的觀念中無不變之法，若深知其弊而不求有以救，則有可能遭來者
的「勁改革」，與其被迫做出變化，不如「自改革」，主動、自覺地探求世變，
而做出改革的動作。

　　魏源（1795～1857）呢？魏氏早年的「三世說」仍以董仲舒、何休的說
法爲主，言三世升進與文質再復，並將公羊的「三世說」以「太古、中古、
末世」來說明，黃帝、堯、舜爲太古之世，夏、商、周三代爲中古之世，春
秋、戰國爲末世，且以太古爲「治世」，中古爲「亂世」，末世爲「衰世」，

〔註34〕《龔自珍全集・壬癸之際胎觀第五》，頁16～17。
〔註35〕《龔自珍全集・春秋決事比自序》，頁234。
〔註36〕《龔自珍全集・乙丙之際箸議第九》，頁7。
〔註37〕《龔自珍全集・乙丙之際箸議第七》，頁5。

然而衰世正是治世來臨的前兆,從漢開始歷史進入另一治世,漢到元爲一個
時代,明清又是另一個時代,到了鴉片戰爭後,道光之際,又重回衰世。此
外,在同一朝代裡,也有三世分,比如將清朝的歷史分成治平、升平、太平
三個時期,魏源這種大三世之內猶有小三世的思想,對康有爲的「三世三重」
說有直接的影響。對於歷史的變化,他說,「三代以上,天皆不同今日之天,
地皆不同今日之地,人皆不同今日之人,物皆不同今日之物。天官之書,古
有而今無者若干星,古無而今有者若干星;天差而西,歲差而東;是天皆不
同後世之天也。」〔註38〕魏源從時間、空間的變動中,理解到沒有不變的
天、地、人、物,所以他認爲歷史是從變化中產生的,他又說:

> 古今宇宙,其一大奕局乎?天時有從逆,地理有險易,人情有愛
> 惡,機事有利害,而攻取之局生焉。……故禪讓一局也;征誅一
> 局也;傳子傳賢一局也。君子小人互爲消長,否泰之變局也;始
> 放之而後反之,君臣之變局也;呂貫武之司辰,男女之變局也;
> 或倚之而伏,或伏之而不可倚,禍福之變局也;或中夏御之而亂,
> 或起自塞外而治,……華夷之變局也;……自三代之末至於元二
> 千年,所謂世事理亂,愛惡、利害、情僞、吉凶成之變,如奕變
> 局縱橫反覆,至百千萬局,而其變幾盡,而歷代君相深識遠慮之
> 士,載在史冊者,奕譜固已詳矣!〔註39〕

魏源視歷史如「奕局」,來說明歷史的變易特性,但魏源認爲歷史的變化,最
終是由歷史本身的「自變性」所驅策,他說:

> 其自生自息而已。自生自息,而氣運日趨於文,其間,苟無以鎮之,
> 則太古降爲三代,三代降爲後世,其誰止之?〔註40〕

在魏源看來歷史的發展變化,是一種自發的過程,不論是天地、聖人或祖宗
都不能阻止這種變化,他曾言:「惟王變而霸道,德變而功利,此運會所趨,
即祖宗亦不能不聽其自變。」〔註41〕又說:「夫子刪書始自唐虞,以人治不復
以天治,雖天地亦不能不聽其自變。」〔註42〕但是自變的動因爲何?魏源用

〔註38〕《魏源集(一)‧默觚下‧治篇五》(台北:漢京,1984年),頁47。

〔註39〕《魏源集(一)‧默觚下‧治篇十六》,頁78~79。

〔註40〕《老子本義》(台北:世界書局,1955年),第32章,頁30。

〔註41〕《皇清經解續編‧書古微(十一)‧甫刑發微》(台北:藝文,1965年),頁14589。

〔註42〕同前註,頁14590。

「氣運」去解釋歷史變化，他說：「三皇以後，秦以前，一氣運焉；漢以後，元以前，一氣運焉。」〔註43〕魏源所謂氣運的開始，往往是大一統局面形成之時，以拉長的歷史時間，來解釋歷史循環的現象，但魏源此句話說得有些欲言又止，令人納悶的是，明以後，那個朝代以前，又是一氣運呢？魏源打了一個啞謎。我以爲「氣運再造」的說法，有打破公羊三世的歷史循環變易史觀的可能性，因爲當西方近代的文明技術，開始對中國產生影響時，自變的動因便出現了，所以他說：

> 天地之氣，其至明而一變乎？滄海之運隨地圓體，其自西而東乎？
> 〔註44〕

此處，魏源解了這個謎底，新一輪的「氣運再造」運動，從明朝開始，至於終點，魏源恐有言外之意。

不過魏源這種見解，已擺脫過去在中國歷代中尋求變化的可能，吾人所理解的世界，已隨海通而擴大了地理認識的空間，中國不再是吾人所理解的中國，在開眼看世界後，從世界的角度反視中國，中國非變不可吧！〔註45〕無論龔自珍，還是魏源，他們的論述均有非純粹今文經學的內涵，但要龔、魏「非聖無君」是難以想像的。龔、魏在經學上繼承了今文學的某些特點，並加以發揚，但由於所處的時代環境的不同，他們講今文經學的同時，更注意周遭現實的世界問題，而使他們的學術，更傾向於實用或實踐，而其中魏源，較早逝的龔自珍，更能立於時代的風潮中，引領眾人趨新。龔自珍利用「三世說」的變易史觀，來說明清代統治下社會的隱憂；魏源則進一步將「三世說」的變易史觀，導向「更法」的革新道路，這已使他們擺脫純粹今文經學者的身份，而有更爲寬廣的理論視野，其流風所及，往往使人「受電」。〔註46〕的確，龔自珍於晚清，在理論上有開啓之功，而魏源有實踐之效。

〔註43〕《魏源集（一）‧默觚下‧治篇三》，頁43。

〔註44〕《海國圖志‧東南洋序》（台北：成文，1967年），卷3，頁274～275。

〔註45〕事實上，視魏源爲今文經學的一員，並不十分恰當。就經學而言，魏源曾師從常州學者劉逢祿，故承常州學派注重「微言大義」的傳統，於此，可視他爲其中的一份子，但就其整體的學術風格，卻不見得是源於常州學派。魏源曾作《老子本義》，發揚子學「通經致用」的學風，論者以爲這是晚清學風轉變的重要現象，見羅檢秋，〈從魏源《老子本義》看清代學術的轉變〉，《近代史研究》，第1期，1995年，頁75～88。另見齊思和，〈魏源與晚清學風〉《中國史探研》（北京：中華，1981年），頁314～339。

〔註46〕此語乃梁啓超所言：「晚清思想之解放，自珍確與有功焉。光緒間所謂新學家

龔、魏均言「三世」之說，但不強調「三統」，也都反對陰陽五行之說，不過龔自珍的表現較爲凸出，比如說，他認爲劉向（77～6B.C.）有大功，亦有大罪，所謂功在〈七略〉，罪在〈五行傳〉，而班固的《漢書》則不該作〈五行志〉，可是魏源則爲了達到某種現實的目的，卻不惜以幾近「讖緯」的方式來執行政務，比如他治黃河，要求以人工之力在黃河北岸改道大清河入海，爲了避免其他人反對，他以河工奏疏中常見的「黃強清弱，清不敵黃」等字句爲不吉利，如果將黃河改道大清河，則可使「黃流受大清河之約束，以大清爲會歸朝宗之地。」〔註47〕

此外，鬼神及因果報應之說，也出現在魏源的觀點中，比如武則天代唐，爲鞏固其統治地位，曾大殺李氏宗親，魏源以爲，女皇之殺李氏，即爲昔日唐太宗李世民「玄武門之變」，殺戮建成、元吉及其子孫的報應。〔註48〕甚至不惜以鬼神之說來輔助律法不足的地方，他說：「鬼神之說，其有益於人心，陰輔王教者甚大，王法顯誅所不及者，惟陰教足以攝之。……墨子明鬼，後儒遂主無鬼；無鬼非聖人宗廟祭祀之教，徒使小人爲惡無忌憚。」〔註49〕以因果報應和鬼神觀點，來說明歷史，這不免又去史學遠矣！那麼究竟龔自珍和魏源是何學也？不妨以龔自珍自己的詩，做爲註腳，其詩曰：「霜毫擲罷倚天寒，任作淋漓淡墨看。何敢自矜醫國手，藥方只販古時丹。」〔註50〕如果我們以今日的眼光苛責龔、魏，他們的確有不足的地方，好比未能放棄經學的觀點，純用史家的見解等，但人總受時代的制約，龔自珍有意識的認爲自己，仍只能以「古時丹」來救急，但此「丹藥」恐非同一付藥劑處方；魏源亦同，只是龔氏加重了原本丹藥的藥性，而魏氏則加入了「西藥」，但仍以「丹藥」的形式存在，中國近代史學觀念的轉化，在此刻已到達了臨界點。

受龔自珍、魏源思想影響甚深的康有爲（1858─1927），也傳承了龔、魏

者，大率人人皆經過崇拜龔氏之一時期。初讀《定庵文集》，若受電然。」見梁啓超，《清代學術概論》（台北：中華，1989年），頁54。
〔註47〕 《魏源集（一）・籌河篇下》，頁378。
〔註48〕 《魏源集（一）・默觚下・治篇十六》，頁80。原文如下：「唐太宗以秦王起兵有天下，貞觀之治幾於三代，何以再世而武氏殺唐子孫殆盡？蓋建成、元吉謀毒太宗，太宗殺之可也，其子孫何罪而盡殺之乎？則是武氏入宮，即建成、元吉子孫之報也。」然而，「因果報應」說法，不知是否爲魏源受佛教的影響，而有此認識。
〔註49〕 《魏源集（一）・默觚上・學篇一》，頁3～4。
〔註50〕 《己亥雜詩四十四》（北京：中華，1999年），頁58。

對公羊三世說的變易史觀，但有突破，不僅只是言「改制」，而是具有某種「革命」意味的變革。康有爲本是尊尙古文經學的，後轉向今文經學，根據他的自述，是因爲「上書」失敗後，才轉向今文經學的，他曾說：

> 吾向亦受古文經說，然自劉申受、魏默深、龔定庵以來，疑攻劉歆之作僞多矣，吾蓄疑心久矣。吾居西樵山之北銀塘鄉，讀書淡如樓……拾取《史記》，聊以遮目，非以考古也。偶得〈河間獻王傳〉、〈魯共王傳〉讀之，乃無得古文經一事，大驚疑，乃取〈漢書‧河間獻王〉、〈魯共王傳〉對校《史記》讀之，又取《史記》、《漢書》兩〈儒林傳〉讀之，則《漢書》詳言古文事，與《史記》大反，乃益大驚大疑。〔註51〕

按照康有爲上述的說法，他在學術上無疑是繼承了劉逢祿、魏源、龔自珍的今文經學說，與旁人無關。〔註52〕然而事實上，他與廖平（1852～1932）的學術關係，雖不是全然襲用廖平的觀點，卻有很大的部分是康有爲自創的。轉向以今文經學做爲學術取向的康有爲，他把《公羊》三世和《禮運》「大同」、「小康」融合，在戊戌變法前形成了一個「三世」系統，即將《公羊》的「升平世」，說成是《禮運》的「小康」，《公羊》的「太平世」，說成是《禮運》的「大同」，認爲今日中國的情況是「小康」，若通過變法維新，則可逐步達到「大同」的境域。康氏依今文學說而推衍出由「亂世」到「小康」，由「升平」到「太平」的變化觀點，則是在康有爲尙未全面理解西方「進化論」學說之前，從傳統的變易觀點中所形成的變易史學觀念，康氏早年對於「義理」的看法，即採一種「變」的思考，他說：

> 鑑古觀後，窮天地造化之故，綜人物生生之理，揮智巧之變，極治之道，則義理無定，有可得而言焉。觀其變動，知後之必有驗也：

〔註51〕《康南海先生遺著彙刊（一）‧重刻僞經考後序》（台北：宏業，1987年），頁2～3。

〔註52〕有關康有爲早年學術的轉向，尤其是他和廖平之間的關係，形成一著名的學術公案。廖平說康有爲的《新學僞經考》和《孔子改制考》分別借用了他的〈辟劉篇〉和〈知聖篇〉，但康有爲卻委婉否認。依據現有的史料，吾人以爲康有爲在1890年見廖平之前，已有某些今文經學的觀點，但絕非完全襲自廖平的觀點，而此刻的廖平學術也從「平分今古」轉向「尊今抑古」，正是在這樣一種學術默契中，透過言語上的交流，而轉向今文經學。參閱房德鄰，〈康有爲和廖平的一樁學術公案〉，《近代史研究》，第4期，1990年，頁80～93。

求其理之源，知勢之必有至也。〔註53〕

康有為的說法，是一種折衷的變化觀點，認為社會的發展有必驗之變，必至之勢，所以「觀變」與「知勢」，在康氏的史學觀念中佔有很重要的地位。〔註54〕例如康有為曾說：「且孔子之神聖，為人道之進化，豈止大同而已哉！……聖人之治，如大醫然，但因病而發藥耳。病無窮而方亦無窮，大同、小康不過神人之二方哉！」〔註55〕此處，康有為明確的表達出歷史變化的觀點，而言「進化」者，尚非以西方達爾文生物進化原理，來說明其「大同三世」之說。〔註56〕

〔註53〕《康有為全集（一）・康子內外篇・理學篇》（上海：上海古籍，1987年），頁172～173。

〔註54〕梁啓超曾說：「啓超與康有為有最相反之一點，有為太有成見，啓超太無成見，其應事也有然，其治學也亦有然，有為常言：吾學三十歲已成，此後不復有進，亦不必求進。啓超不然，常自覺其學未成，且憂其不成，數十年日在旁皇求索中，故有為之學，在今日可以定論，啓超之學，則未能論定。」見氏著，《清代學術概論》（台北：中華，1989年），頁65～66。學術思想上的「善變」，在晚清至民初，是許多學人共同的特徵，只不過變化的程度和範圍，深度與廣度，在探討此一時段時，不得不注意。康有為認為自己三十歲時，學問已成，證之事後的發展，顯然有所出入。另見汪榮祖，〈「吾學卅歲已成」：康有為早年思想析論〉，《漢學研究》，第12卷第2期，1994年），頁51～62。汪先生認為康有為三十歲以前，思想「雛型」已定，其內容不外是以改革為手段追求中國之富強，而且已受西方近代科學文明的影響，三十歲以後，仍在此一雛型上加以充實與發展，至於，是否於1890年與廖平會晤後才有的思想轉變，汪先生則持懷疑的態度。此外，《大同書》中的西方進化論觀點，汪先生認為康氏早年的《實理公法全書》已見，故其整體思想體系的成型，確實在三十歲已成。

〔註55〕《康南海先生遺著彙刊・禮運注》，頁4～5。

〔註56〕關於康有為何時接觸到《天演論》中進化觀點，並作為其後論述「大同進化三世」的進化史觀，有必要加以釐清。吾人以為康有為的「大同三世」說是「公羊三世」的進一步發揮，其理論的學術淵源來自《易》的窮變會通說，《公羊傳》的三世說，以及《禮記・禮運篇》的大同小康說。此外，西學亦對康有為產生影響，如1873年譯自萊伊爾（Lyell）的《地質學概要》（Elements of Geology）一書，其中雖提及達爾文之名，但未深入介紹其思想，可是此書中已提及物種可變的觀點，尤其是生物變化與環境的關係，康有為很可能藉此書而略知進化之理，但真正得知《天演論》則是透過梁啓超的介紹，梁氏於光緒二十三年三月初三（1897年4月4日）寫信給康有為說：「嚴幼陵有書來，相規甚至，且所規者，皆超所知也。然此人之學實精深，彼書中言，有感動超之腦氣筋者，欲質之先生，其詞太長，今夕不能罄之，下次續陳。」（見《民國梁任公先生年譜・致南海書》（台北：商務，1988年），頁132。梁氏所見嚴復之書，應指尚未發表刊行的《天演論》手稿，而初譯之名可能為《赫胥黎治功天演論》，故康有為若曾認真翻閱，則當從此時已知悉天演之論，但何時以「天演」的觀點，改變原本「大同三世」變易史觀，則自戊戌政變後，流亡海外開始。有關

　　康有爲以「進化」言「三世」，則大量出現在 1901 年其所著的《春秋筆削微言大義考》及同一時期的著作中，他說：

　　　　孔子之道，其本在仁，其理在公，其法在平，其制在文，其體在各明名份，其用與時進化……主乎與時進化則變通盡利，故其科指所明，在張三世，其三世所立，身行乎據亂，故條理較多，而心寫乎太平。〔註57〕

而《大同書》中，則明白的揭示出其受《天演論》的觀點，他說：

　　　　近自天演化之說鳴，競爭之義視爲至理，故國與國陳兵相視，以吞滅爲固然，人與人機詐相陷，以欺凌爲得計，百事萬業，皆祖競爭，以才智由競爭而後進，器藝由競爭而後精，以爲優勝劣敗乃天則之自然，而生計商業之中尤以競爭爲大義。此一端之說耳，豈徒壞人之心術，又復傾人身家，豈知裁成天道，輔相天宜者哉！〔註58〕

所謂「優勝劣敗乃天則之自然」，顯然康有爲已接受天演進化的觀點，至此康有爲的「大同三世」說，再變爲「大同進化三世」之說，可惜康有爲談「進化」，又以「三世三重」來闡述，他說：「每世之中又有三世焉。則據亂亦有亂世之升平、太平焉，太平世之始亦有其據亂、升平之別。每小三世中，又有三世焉，於大三世中，又有三世焉。故三世而三重，之爲九世，九世而三重之，爲八十一世。展轉三重，可至無量數，以待世運之變，而爲進化之法。」〔註59〕將生物演進過程中的不同分支，用於社會人類之進化，尤其是對歷史演進過程中的不同階段，康有爲思路日趨複雜化。〔註60〕

　　此外，私淑於康有爲的譚嗣同（1865～1898），在接受公羊三世學說後，對其三世變易史學觀念，進一步闡釋，提出「順三世」、「逆三世」的社會發展過程，他說：

　　　　《易》兼三才而兩之，故有兩三世。內卦逆而外卦順，……太平

　　　　此一過程，有幾篇相關的文章可爲參考，關於達爾文學說的傳播，參閱汪子春、張秉倫，〈達爾文學說在中國初期的傳播與影響〉，《中國哲學》，第 9 輯，1983 年，頁 365～387。有關「天演論」的稿本及流傳，參閱王天根，〈《天演論》的早期稿本及其流傳考析〉，《史學史研究》，第 3 期，2002 年，頁 68～73。

〔註57〕《康南海先生遺著彙刊‧春秋筆削大義微言考自序》，頁 7。

〔註58〕《康南海先生遺著彙刊‧大同書》，頁 357。

〔註59〕《康南海先生遺著彙刊‧中庸注》，頁 75～76。

〔註60〕有關康有爲的「大同三世」說和天演進化的關係，可參考湯志鈞，〈大同「三世」和天演進化〉，《史林》，第 2 期，2002 年，頁 51～59。

世也，元統也。無教主，亦無君主。……升平世也，天統也。時
則漸有教主君主矣，然去民尚未遠也，……據亂世也，君統也。
君主始橫肆，教主乃不得不出而劑其平，故詞多憂慮。……此內
卦之逆三世也。……據亂世也，君統也。……知其不可爲而爲之
者，孔子也。……升平世也，天統也。地球群教，將同奉一教主，
地球群國，將同奉一君主，於時爲大一統，於人爲知天命。太平
世也，元統也。合地球而一教主，一君主，勢又孤矣。……悔則
人人可教主之德，而教主廢；人人可有君主之權，而君主廢。於
時爲遍地民主，於人爲功夫純熟，所謂從心所欲，不踰矩也。此
外卦之順三世也。〔註61〕

譚嗣同從《易》的變易思想中，推衍出順、逆三世的歷史發展過程與階段，
以孔子爲中心點，向前逆推三世，向後順推三世，譚嗣同的此一觀點，無疑
具有近代線性時間的歷史發展觀念，太平世（元統）←升平世（天統）←據
亂世（君統）→升平世（天統）→太平世（元統），譚氏此論擺脫了變易史觀
中的歷史循環論，不論是封閉式的，還是螺旋式的。可是歷史產生變動的最
終之因爲何？譚嗣同認爲是一種充塞宇宙間的原生之質，名之爲「以太」
（Ether），〔註62〕透過「以太」的不斷更新與變化，歷史的發展也將產生新的
變革，他曾說：

反乎逝而觀，則名之曰：日新，孔曰：「革去故，鼎取新。」又曰：
日新之謂盛德。夫善至於日新而止矣，夫惡至於不日新而止矣。天
不新，何以生？何以運行？日月不新，何以光明？四時不新，何以
寒暑發斂之迭更？草木不新？豐縟者歇矣；血氣不新，經絡者絕矣；
以太不新，三界萬法皆滅矣。〔註63〕

對於逝去的過往，以今日所處之境，名之曰新，故隨時間之流的變動，日新
又新之道即歷史時間的連續性變動，故《易》有言：「生生之謂易」，而此「生
生」之動因，爲「以太」，正是在此基礎上，譚嗣同建立起他的史學變易觀。

〔註61〕《譚嗣同全集·仁學四十八》（北京：中華，1998 年），頁 370。

〔註62〕「以太」的觀念，早在十七世紀時，笛卡兒（Rene Descartes, 1596～1650）首
先提出，到了十九世紀英國物理學家馬克斯維爾（Max Well, 1831～1879 年）
在創立其電磁理論時，認爲太空中存在著一種特殊的、無所不在的介質，是
電磁過程的場所。傳入中國後，被譚嗣同用來作爲他思想的基本概念。

〔註63〕《譚嗣同全集·仁學十八》，頁 318。

〔註64〕

　　王韜（1828～1897）的變易史學觀，亦不容忽視。他說：

> 我嘗博考西國載籍，默驗其盛衰強弱之故而慨然矣。歐洲列強雖長
> 航海，其通東南不過三百餘年，其互相雄長亦僅在歐洲一隅而已。
> 百餘年來，吞併印度，跨有東南洋，其勢駸駸日盛，然猶未能遽逞
> 也。……蓋智巧至是幾莫能加，未有物極而不反者。……人皆謂其
> 強之至者，吾正謂其衰之始；……天道循環斷不或爽。〔註65〕

王韜對於傳統的變易史觀，已非公羊三世說的形式，而是一種對西方歷史發
展，有一定程度理解後的改良式變易觀，從封建閉關到變法改良，乃至實現
西方近代資本社會的過程，中國歷史的發展將循此一過程展現出另一種變
化，而導致此一變動的原因，他指出：

> 顧我所尤深感者，不在國運而在天心也。普法啓釁之始，不自其先，
> 不自其後，而適在去歲之秋，蓋天不欲法以私忿毒天下也，法蹶普
> 興而俄得志，豈英之福哉，天其或者特創歐洲之變局，而使此後多
> 事未可知也，或但弱法強普使諸國援以為鑒，此後竟無所事亦未可
> 知也。善體天心者，無虞鄰國之難。〔註66〕

所謂「天心」係指一種歷史大勢，若從今天的術語來說，即明白的瞭解到「世
界的均勢」，這是一種透過歷史分析後，所得出的戰略性構想，故曰：「善體
天心者，無鄰國之難」。〔註67〕不過王韜仍有他的終極關懷，在他的觀念中，
世界的諸教──不論是儒教、佛教、天主教、基督教，其教義原理無二，所

〔註64〕較早全面性評述譚嗣同思想的專書，可參考林載爵師：《譚嗣同評傳》（台中：
　　　　東海歷史所，1975 年）。另有兩篇專文可參閱賀廣如，〈論譚嗣同的變法與復
　　　　古〉，《人文學報》，第 22 期，2000 年，頁 138～175，王樾，〈晚清思想的批
　　　　判意識對五四反傳統思想的影響──以譚嗣同的變法思想為例〉，《五四精神
　　　　的解咒與重塑》（台北：學生，1992 年），頁 29～97。

〔註65〕《弢園文新編‧普法戰紀後序》（北京：三聯，1998 年），頁 127～128。

〔註66〕《弢園文錄外編‧普法戰紀前序》（上海：上海書店，2002 年），頁 192。

〔註67〕有關「天心」的解釋，可參考汪榮祖，〈王韜變法思想論綱〉，《晚清變法思想
　　　　論叢》（台北：聯經，1983 年），頁 152～154。汪先生認為「天心」是一種時
　　　　勢，我同意此種看法，但王韜在不同的論述中，對所謂「時勢」有不同的類
　　　　推，體察時勢的變化，推衍至國與國間的涉，也是「天心」的一種表現。王
　　　　韜對於西方列強，以及其後日本的崛起，表達出強烈的關切，而此種關切有
　　　　學者認為王韜已具有現代「多米諾骨牌效應」的想法，見黃文江，〈王韜史著
　　　　中的現代世界〉，《王韜與近代世界》（香港：香港教育，2000），頁 170～189。

以他說：

> 孔子道，人道也。……人類一日不滅，則其道一日不變，泰西人士
> 論道，必溯原於天，然傳之者，必歸本於人，非先乎人事，亦不能
> 求天降福，是則仍繫乎人而已。夫天道無私，終歸乎一。由今日而
> 觀，其分則同而異；由他日而觀，其合則異而同，前聖不云乎？東
> 方有聖人焉，此心同，此理同也；西方有聖人焉，此心同，此理同
> 也。請一言以決之曰：其道大同。〔註68〕

王韜晚年所謂「道」與洋務運動時期人士，所稱「道不變」可變者「器」也
的主張，已不大同調。當然他早年所主張的「道」，是指「中學」，其核心為
倫常名教和孔孟學說，即他所說的「人倫之道」（人道），而所謂「器」，主要
是指「西學」，泛指西方近代科學技術，但在他游歷歐洲和香港之後，其所主
張的「道器」觀，已有了變化，他曾說：「且夫西法者，治之具，而非即以為
治者也。使徒恃西人之舟堅炮利，器巧算精，而不師其上下一心，嚴尚簡便
之處，則猶未可與權，蓋我所謂師法者，固更有進焉者矣！」〔註69〕所以，
在王韜看來，西學非徒以「器」為表現，更非只是做為工具的技術，要學習
西方之法，猶有更進一步的東西，而此東西，即為「道」的另一種體現，這
種觀念已超越洋務時期（或自強運動）所宣稱的「中體西用」的標準，道/器，
體/用，是可以互相轉化的，中學有體有用，西學亦有用有體。基本上，吾人
以為王韜的變易史學觀念在道器體用認識上的突破，已開啟了中國近代史學
觀念的另類轉化。這種由器入道；由用入體，對西方文化的認識已逐漸從形
下之器轉向形上之價值肯定，其後嚴復（1854～1921）對西學的理解，正是
接續王韜的觀念而開展的。

第三節　義理化史觀的近代內涵

究竟中國史學的起源，打從一開始便表現出何種特徵？此一特徵對其後
史學的發展起了什麼樣的作用？吾人以為孟子可以做為儒家歷史意識在上古
史學的具體表現，孟子曾說過這樣一段話：

> 王者之跡熄而《詩》亡，《詩》亡然後《春秋》作，晉之乘，楚之檮

〔註68〕《弢園文新編‧講學牛津》，頁356。
〔註69〕《弢園文新編‧變法自強下》，頁39。

杌，魯之春秋一也。其事則齊桓、晉文，其文則史。孔子曰：其義
則丘竊取之矣。〔註70〕

這段話有三個重點，首先是「《詩》亡」。作爲中國古代詩歌總集的《詩經》，
大致保存了殷周之際到春秋中葉所流傳的詩歌。同世界其它文明相比較，以
韻文的形式流傳下來的故事敘述，遠比以散文形式的表現來得早，比如荷馬
（Homer）史詩中的《伊里亞德》（Iliad）與《奧德修斯》（Odyssey），不過希
臘史詩中尚未脫離神人的糾葛，《詩經》雖也有神話的傳說，卻表現出現實主
義的抒情與敘事。這種表現是中國人文思想的萌芽，是一種新精神的躍動，
並將人類精神提昇到自覺的層次。〔註71〕這種人類精神上的自覺，表現在史
學上的，便是一種「歷史意識」的呈現。其次是「《春秋》作」。孔子作《春
秋》是一個很重要的分水嶺，而孔子本人則是具有高度「歷史意識」的人，
在《論語》中，孔子將人做爲主宰，逐漸擺脫神的掌控，故曾說：「子不語怪、
力、亂、神」〔註72〕或「敬鬼神而遠之」。〔註73〕對於歷史研究中證據的主張，
也有較明確的說明，他說：「夏禮，吾能言之，杞不足徵也；殷禮，吾能言之，
宋不足徵也。文獻不足故也，足，則吾能徵之矣！」〔註74〕文獻的充足與否，
關係到歷史敘述的完整性，在孔子的史學觀念中已可看出端倪。末了是「其
義則丘竊取之」的《春秋》之義。何謂「春秋之義」？唐代史家劉知幾（661
～721）說：「《春秋》之「義」也，以懲惡勸善爲先。」〔註75〕又說：「掩惡
揚善，《春秋》之義也。」〔註76〕可見劉氏把「義」理解爲歷史的道德判斷。
而清代史家章學誠則視爲：「史之大原，本乎《春秋》，《春秋》之義，昭乎筆

〔註70〕《孟子・離婁下》，頁146。

〔註71〕關於傳統人文精神的勃興，可參見徐復觀，《中國人性論史》（台北：商務，1987
年），頁15～35，以及林載爵師，〈人的自覺——人文思想的興起〉，《中國文化
新論——根源篇》（台北：聯經，1981 年），頁 371～423。另外有關中國古代
史學的形成，可參考 David Schaberg, *A Patterned Past: Form and Thought in Early
Chinese Historiography*（Cambridge: Harvard University Press, 2001 年）。Schaberg
試圖通過《左傳》與《國語》這兩本著作，來說明中國古代歷史敘述的形成，
他認爲這兩本書是以孔子的觀點解釋過去，並爲現實提供訓誡，中國人很早便
理解如何寫歷史，透過歷史文字形成「共同記憶」，形成特定的社會秩序。

〔註72〕《論語・述而》（台北：藝文，1997 年），頁63。

〔註73〕《論語・雍也》，頁54。

〔註74〕《論語・八佾》，頁27。

〔註75〕《史通・忤時》（台北：里仁，1980），頁591。

〔註76〕《史通・曲筆》，頁196。

削。筆削之義，不僅事具始末，文成規矩已也。以夫子義則竊取之旨觀之，固將綱紀天人，推明大道，所以通古今之變，而成一家之言者，必有詳人之所略，異人之所同，重人之所輕，而忽人之所謹，繩墨之所不可得而拘，類例之所不可得而泥，而後微茫秒忽之際，有以獨斷於一心。」〔註77〕章氏對於「史義」的闡述，首先是從「史識」（或「歷史選擇」）作為切入點；其次是以「史意」（某種史學觀念）來說明分析與批判；最後得出「史義」（某種歷史解釋），此種「歷史解釋」具有倫理意義的強烈價值判斷介入，這是中國傳統史學極為特殊的表現。〔註78〕

但孟子所謂孔子竊取之義為何？孟子以為，由《詩》亡，而後有《春秋》之作，所以《詩》的性質對於上古史學具有關鍵的地位，所以孔子曾說過：「小子何莫學夫《詩》，《詩》可以興，可以觀，可以群，可以怨。」〔註79〕孔子對《詩》的理解是將《詩》教中所含的興、觀、群、怨四種概念，這四種概念在《詩》亡後，被導入對《春秋》的解釋。「興」的概念是一種直接訴諸情感投射的作用，人在面對歷史若無一種感發興起的激情，史學是無法成立的。〔註80〕章學誠在面對這個問題上，他提出「史德」的說法來抑制情感的奔放。可是具體的作法呢？他說：「蓋欲為良史者，當慎辨於天人之際，盡其天而不益以人也，盡其天而不益以人，雖未能至，苟允知之，亦足以稱著書者之心術矣。」〔註81〕但要如何才能「盡其天而不益以人」呢？章氏早已看出人在面對歷史時的主體性動能，想要達到歷史或史學的「客觀性」，不過是個「高貴的夢」（noble dream）。史家要不斷透過修養心性，抑制自己的情感，達到所

〔註77〕《章學誠遺書・答客問上》，頁38。

〔註78〕關於章學誠有關於「史意」與「史義」的說明，可參考楊志遠，〈章學誠的史論及其影響〉，《吳鳳學報》，第3期，1995年，頁41～76，羅炳良，〈18世紀中國史學理論的新成就——論章學誠關於史學性質的認識〉，《哈爾濱工業大學學報（社會科學版）》，第2卷第3期，2000年，頁36～44，林時民，〈「文史通義」的通與義〉，《東吳歷史學報》，第11期，2004年，頁329～346。不過林氏認為章學誠的「史意」，可解為「史義」，我則認為要有所區別。

〔註79〕《論語・陽貨》，頁156。

〔註80〕黃俊傑在〈中國古代儒家歷史思維的方法及其運用〉一文中，提到古代儒家歷史思維有二種方式，即「比式思維」和「興式思維」，「興式思維」是以具體的歷史事實來喚起讀史者的價值意識。見該書《中國古代思維方式探索》（台北：正中，1996年），頁16～22。

〔註81〕《章學誠遺書・史德》，頁40。

謂的「氣平情正」才能對所謂的「客觀歷史」提供可靠的分析。〔註82〕「觀」的概念，則是對客觀存在的歷史進行觀察，並藉以得出某種「歷史教訓」，這種「觀」的概念對後世「鑑誡」的歷史目的有著深遠的影響。「群」的概念則表現在「夷夏之辨」上，而此種區別非血緣性的，而是文化性的，比如孔子說：「管仲相桓公，霸諸侯，一匡天下，民到於今受其賜，微管仲，吾其被髮左衽矣。」〔註83〕藉此一「判族」的過程，凝具華夏民族的「歷史意識」。「怨」的概念，則表現在對現實的批判上。孔子把「怨」的表現模式引入《春秋》之中，並建立起他自己的批判史學，但無可否認的是孔子將強烈的道德意識滲入史學之中，這是中國古代傳統史學強調「褒貶」的先聲。〔註84〕

　　中國史學在歷經上古、中古時期的發展後，到了宋代，進入了另一個階段。〔註85〕而宋代史學最突出的特色，即兩宋理學對史學的滲透，而此一影響最顯著的就是史學的「義理化」。何謂「義理化史學」？首先界定史學在於「明義理」；其次是對歷史之「道」的追求。朱熹認為過去的史學在整體上是重「事」而不重「義」，也就是說，對「歷史事實的判斷」遠遠超越某種「價值判斷」，他曾說：

> 昔時讀史者不過記其事實、摭其詞采，以供文字之用而已。近世學者頗知其陋，則變其法，務以考其形勢之利害，事情之得失，而尤喜稱史遷之書，講說推尊，幾以為賢於夫子，然不過只是戰國以下見識。……以故讀史之士多是意思粗淺，於義理之精微多不能識，而墜於世俗尋常之見。〔註86〕

先秦以降的史學，太史公的《史記》在朱熹看來存在著極大的缺陷，均是徒

〔註82〕　章學誠史學中有關主、客觀看法的提出，最早為何炳松在〈增補章實齋年譜序〉文中提到，見該書《何炳松論文集》（北京：商務，1990），頁132～146。另外王晴佳，〈章學誠之史學觀與現代解釋學〉，《書寫歷史》，第1輯，頁212～223。

〔註83〕　《論語・憲問》，頁127。

〔註84〕　《春秋》之義中的興、觀、群、怨四概念，可參見朱本源，〈詩亡然後春秋作論〉，《史學理論研究》，第2期，1992年，頁47～55，以及〈詩亡然後春秋作論（續）〉，《史學理論研究》，第3期，1992年，頁55～61，151。

〔註85〕　吳懷祺先生認為：「兩宋是中國古代史學思想的開拓時期，這個時期的史學規模恢宏，氣象生動。」見氏書《宋代史學思想史》（合肥：黃山書社，1992年），頁1，陳寅恪也說：「中國史學莫盛於宋。」見《金明館叢稿二編》（北京：三聯，2001年），頁272。

〔註86〕　《朱子文集・答趙幾道（二）》（台北：德富文教基金會，2000），卷54，頁2587～2588。

具事實材料的堆砌，沒有絲毫「天理」的啓示，有的只是「權謀功利」，這不是朱熹心中理想的真正史學，惟有貫穿「義理」的史學，才是真史學。以《春秋》爲例，宋代理學家以爲發揮孟子所謂的「春秋大義」，才是最要緊的事，故《春秋》三傳中，《公羊傳》、《穀梁傳》在宋儒心中遠較《左傳》來得重要，朱熹曾說：

> 近時言《春秋》皆是計較利害，大義卻不曾見。……《春秋》之作，蓋以當時人欲橫流，逐以二百四十二年行事寓其褒貶，恰如今之事送在法司相似，極是嚴謹，一字不輕易。若如今之說，只是個權謀智略，兵書譎詐之書爾。聖人晚年痛哭流涕，筆爲此書，其至恁地纖巧，豈恁地不濟事？〔註87〕

朱熹在這裡並不將《春秋》單純的視爲一部史書，而 是有「遏人欲、存天理」的性質，借事明義，把「義理」作爲史學追求的終極目標。

宋以前的歷史敘述是所謂「寓論斷於敘事之中」，但在宋儒的眼光中，卻是要從「史事」中提鍊出抽象的「理」或「道」，故宋代史學中「史論」有長足的發展，史部目錄將之歸於「史評類」，宋儒不以追求歷史事實爲滿足，更進一步要求以道德實踐，義理是非來做歷史解釋，只不過在進行歷史解釋時，不以歷史事實爲基礎，如此本末倒置，史學不免喪失了根本的原理。至於宋儒對歷史之「道」的追求，是「史以明義」的進一步展現，關於宋儒對「道」的理解有作爲哲學意義的「道」，指宇宙萬物的本原，本體或事物法則；有作爲政治意義上的「道」，指政治主張、治國的原則或政治模式；有作爲文化意義上的「道」，指思想體系、學術權威；亦有作爲人生意義的「道」，指做人處世的準則、倫理價值觀念等。〔註88〕宋儒中以程、朱爲主的理學家，以「存天理，去人欲」的觀點出發，把「三綱五常」的道德黃金律賦予了永恆的「天理」意義，並將之作爲歷史過程中的決定性力量，故朱熹有言：「宇宙之間，一理而已。天得之而爲天，地得之而爲地，而凡生於天地之間者，又各得之以爲性，其張之爲三綱，其紀之爲五常，蓋皆此理之流行，無所適而不在。」

〔註87〕《文獻通考·經籍考·經·春秋》（上海：上海古籍，1988 年），卷183，頁1571。

〔註88〕關於「道」的概念，可參考張立文，《中國哲學範疇精選叢書（一）──道》（台北：漢興書局，1994 年）。另見袁保新，《老子哲學之詮釋與重建》（台北：文津，1997 年），頁 21～22，劉笑敢，《老子》（台北：東大，1997 年），頁188～238，以及劉連開，〈理學和兩宋史學的趨向〉，《史學史研究》，第 1 期，1995 年，頁 50～57。

〔註 89〕吾人以爲朱熹之道德史觀，對其後史學的發展影響深矣！中國傳統史家對於史學之道的追求，亦是中國史學不同於西方史學的重要特徵之一。

追求「史義」以明道，是義理化史觀的重要依循。「史義」的形成，即是以某種歷史解釋來說明歷史的現象，但歷史解釋不免帶有某種視域或觀點，此即某種價值判斷。〔註 90〕中國傳統史學對於「春秋大義」的理解，表現在史學上的便是「褒貶義法」的落實，此一觀念正是「義理化史學觀念」的展現。〔註 91〕然而義理史觀包含了三層涵意：一是做爲事理的義理，著重在興

〔註 89〕《朱子文集・讀大紀》（台北：德富文教基金會，2000），卷 70，頁 3500。

〔註 90〕歷史研究能否排除「價值判斷」（value judgements），始終困擾著史學工作者。但不可否認的是，迄於今，恐怕沒有史家敢宣稱自己的歷史研究，不帶有一絲特定的「立場」（position）。此一困擾最大的原因，在於「事實判斷」與「價值判斷」的混淆。一個在描述事實或事態的語句，吾人稱之爲「事實判斷」，這種判斷是基於客體而不是基於主體感受而決定的。「價值判斷」或稱爲「道德或倫理判斷」（moral or ethical judgements）則不能依靠觀察「客觀事實」來驗證，因爲「道德判斷」的對象，是人的行爲動機與結果，而人在面對此一判斷時，卻有主、客觀之別，然而吾人所要求的是客觀的道德判斷，即依據人的經驗準則爲判準，雖然「經驗」不一定能涵蓋一切判斷，但卻是不得不然的方式。關於此一問可參考胡訓正，〈道德判斷的客觀性〉，《詮釋與創造——傳統中華文化及其未來發展》（台北：聯經，1995 年），頁 487～502。另見張哲郎，〈道德判斷與歷史研究〉，《中西史學史研討會論文集》（台中：中興歷史系，1986 年），頁 181～225。

〔註 91〕「義理化」史學觀念，非吾人所創，蒙文通先生在《經史抉原・中國史學史》中曾提到，自唐中葉天寶年後，經學、史學、子學等領域均產生新的變動，首先唐初《五經正義》遭到摒棄，所謂「人自爲學，獨重大義，視訓詁章句若土梗」，出現一批如啖助、趙匡、陸淳的「異儒」，其次是融合縱橫、儒、法自成一家的諸子學說。第三則是古文運動的興起，其代表如蕭穎士、皇甫湜、韓愈、柳宗元等，而這些古文家與異儒間「皆歸於義理」。在史學的變化上，則是「義法史學」的興起，即以「春秋義法」做爲衡量史學的標準，其影響迄至宋代，不論是歐陽修《新五代史》或朱熹《資治通鑑綱目》都和此一「義法史學」有關。該書的兩宋史學部份有〈新學、洛學、蜀學與史學〉一節，主要分析北宋三個學派與史學的關係，並認爲只有蜀學一派重視史學。在〈南渡女婺史學源流與三派〉一節中，則指出南宋女婺之學將北宋三派之學合而爲一，但風格上偏於史。女婺之學又可分爲三派，呂祖謙、葉適受二程影響，故偏重義理；唐仲友、陳傅良受王安石影響，故偏重經制；而陳亮、王自中受蘇氏影響，故偏重事功。姑且不論蒙氏的史學史分期或分析是否精確，其後三節，分別以〈義理派史學〉、〈經制派史學〉、〈事功派史學〉來論兩宋史學，卻有新義，見蒙文通，《經史抉原・中國史學史》（成都：巴蜀書社，1995 年），第 3 卷，頁 304～307，316～345。另見鄧志峰，〈義法史學與中唐新史學運動〉，《復旦學報（社科版）》，第 6 期，2004 年，頁 29～39。

亡成敗的因果關係的敘述；二是做為倫理道德意義的義理，側重在善善惡惡的褒貶；三是儒學經義名理，尋求章句訓詁裏的形上意義。〔註92〕其中第一、二義乃專就史學而言，第一義是針對歷史事實的考證，第二義則是追求歷史真理的能否成立，但史家的歷史研究不能僅滿足於對具體的歷史事實的排比，而是要深入史實的深層結構中，以探求歷史意義，故當吾人重新詮釋「義理」時，「義理」在價值上優先於史實的考證，成為中國傳統史學中義理化史學觀念的重要特徵。章學誠（1738～1801）的史學觀念是中國傳統史學中極富歷史意識的表現，但章氏並不滿史學只是對史事的考訂、編次，章氏心中理想的史學是「事、文、義」的統一，而其中又以「史義」為重，故章氏有言：「史所貴者義也，而所具者事也，所憑者文也。孟子曰：其事則齊桓、晉文，其文則史，義則夫子自謂竊取之矣。非識無以斷其義，……能具史識者，必知史德。德者何？謂著書者之心術也。」〔註93〕又說：「孔子作《春秋》，蓋曰其事則齊桓、晉文，其文則史，其義則孔子自謂有取乎爾。夫事即後世考據家之所尚也，文即後世詞章家所重也，然夫子所取，不在彼而在此，則史家著述之道，豈可不求義意所歸乎。」〔註94〕章氏這兩段話同舉孟子論《春秋》來說明史學所包含的三要素，並特別強調「義」的重要性，這種看法也非章氏所獨有，北宋吳縝撰《新唐書糾謬》，曾提出為史之要有三：

> 有是事而如是書，斯謂事實；因事實而寓懲勸，斯謂褒貶；事實、
> 褒貶既得矣，必資文采以行之，夫然後成史。並於事得其實矣，而
> 褒貶、文采則闕焉，尚能成書，猶不失為史意。若乃事實未明，而
> 徒以褒貶，文采為事，則是既不成書，而又先為史之意矣。〔註95〕

吳氏所言，似乎重事實（史實），而輕褒貶（史義），實則不然，因為史學之所以能成立否，確立事實是最基本的認識，其後才能深入史事的背後，進行更深一層的褒貶，並藉以明史義。章學誠的史學觀念裏，有很強的「義理」層次的追求，故講史其最終的目的是「明道」，所以其「六經皆史」的命題，有將經學歷史化的企圖，但無奈的是，章氏在面對經學合法性的權威時，無法成為一個真正解除經學魔咒的人，此一「去魅」（disenchantment）的過程，

〔註92〕關於「義理」觀念的說明，可參考呂謙舉，〈宋代史學的義理觀念〉，《中國史學史論文選集（一）》（台北：華世，1979 年），頁 402～415。

〔註93〕《章學誠遺書‧史德》，頁 40。

〔註94〕《章學誠遺書‧申鄭》，頁 37。

〔註95〕《新唐書糾謬（一）‧序》（北京：中華，1985 年），頁 3。

則要晚至民國建立，現代新型態的歷史認知，被廣泛的接受與運用後，才得以轉化。

　　過去對章氏史學的理解，太偏向史學的分析，章氏對經學的看法，其實對他的史學觀念有著決定性的影響。清代考據學者多相信「道」或「義理」，存在於「六經」之中，並且希望藉訓詁等方法能夠把握住「道」和「理」。章學誠也不例外，他說：「夫道備於六經，義蘊之匿於前者，章句訓詁足以發明之。」〔註96〕可見章氏並未完全割斷「六經」同「道」和「理」的關係。章氏於史學一再強調「筆削之義」、「獨斷之學」或「盡其天而不益以人」，但細尋其所立論，多有不合之處，其中對「名教」的維護，以及為「君親尊」的觀念，常有緊張與衝突產生，他說：

> 苟大義不在君父，推闡不為世教，則雖斐若貝錦，絢若朝霞，亦何取乎！……故讀書知崇功令，文字當依科律，則文境醇而心術正，學者慎毋私智穿鑿，妄謂別有名山著述在廟堂律令之外也。〔註97〕

又嘗言：

> 史臣不必心術偏私，但為君父大義，則於理自不容無所避就，夫子之於《春秋》，不容不為君親諱也。〔註98〕

從上述所引兩段文字中，吾人以為，章學誠於史學雖標榜「史德」做為史家修養及取捨史事的「前準備」動作，但終究仍偏向於忠時王之制，君父之道及人倫之教。〔註99〕此外章氏對於清的統治是推崇的，也極力為清的正統性地位辯護，他說：「自唐虞三代以還，得天下之正者，未有如我大清。觀魏唐宋之禪讓，固無論矣，即漢與元，皆是征誅而得天下。」〔註100〕有這樣的看法，自然對明末遺民的態度，呈現出指責的心理，章氏有言：

> 亡國之音，哀而不怨，家亡國破，必有所以失之之由，先事必思所以救，事後則哀之矣，不哀己之所失，而但怨興朝之得，是猶痛親

〔註96〕《章學誠遺書·原道下》，頁11。
〔註97〕《章學誠遺書·與邵二雲論文》，頁614。
〔註98〕《章學誠遺書·丙辰箚記》，頁390。
〔註99〕雷家驥師在〈中國史家的史德修養及其根源〉一文中認為，不論是劉知幾或章學誠，都談「史德」，然而卻未建立起一完整的理論體系，其中「直道」並不能完全說明「史德」根源之所在，「義」與「不義」才是根本，而唯有「時中」即行時中之道的「中道」，「史德」才得以顯現。氏著見《鵝湖》（台北：鵝湖，1981年），第7卷第2期，頁10～20。
〔註100〕《章學誠遺書·丙辰箚記》，頁390。

之死，而怨人之有父母也。故遺民故老，沒齒無言，或有所著詩文，

必忠原而悱惻。其有謾罵譏謗爲能事者，必非眞遺民也。〔註101〕

章氏此一心態與他自我建構的浙東學脈，有著極大的矛盾性，黃宗羲所高舉的「節義」，全祖望所褒獎的「氣節」，在章學誠的史學中似乎全消隱了，僅此，章氏把自己納入浙東學術的脈絡系譜中，便崩潰了。〔註102〕以章學誠做爲中國近代史學觀念轉化中，義理化史學觀念的分析對象，可能有些人並不接受，但我以爲在傳統儒化史觀觀照下的史家，很難捨棄對「史義」的求索，及「以史明道」的終極關懷。當然，我們不能忽略傳統學術形式和現代學術分科的差異，章學誠的學術分類，嚴格說是一種「文史校讎」學。〔註103〕若以現代學術的分類──史學，做爲思考的方法，則章氏所謂的「六經皆史」說，不免將以現代史學觀念來解釋，如此一來，則去章學誠本義遠矣！章氏本人欲將「六經」歷史化的企圖，並未達成，而最大的困難，在於以「經學大義」比附「史學大義」，以經學求道的方式轉而企求史學之道，但始終未曾放棄經學的神聖性，終導致章氏史學依然是一種「義理化」的史學觀念。〔註104〕

　　另一位與章學誠同時，但稍後的學者崔述（1740～1816），自清末以來便和章氏一樣，都是做爲「出土型」的史家而備受重視。胡適與顧頡剛對崔述的「疑古」思想極爲看重，在稱讚崔氏疑古辨僞的成就時，卻對其疑古思想的淵源和傳承關係未進一步申明，比如崔述懷疑「三皇五帝」之說，本非崔氏所獨創，係乃唐、宋儒家一脈的懷疑精神。劉知幾（661～721）在《史通》的〈疑古〉、〈惑經〉篇中懷疑古代聖人，並對經傳中所記之事，如有荒誕不經處，曾提出質疑，〈疑古〉篇所列十條便是懷疑《尚書》的不實，故經書所言不可盡信，劉氏曾說：

〔註101〕《章學誠遺書‧乙卯箚記》，頁378。

〔註102〕章學誠是否爲浙東學派的一員，始終存在著爭議，可參考楊志遠，〈章學誠與浙東學派〉《吳鳳學報》（嘉義：吳鳳技術學院，2002年），第10期，頁157～163。

〔註103〕見余英時，〈補論：章學誠文史校讎考論〉，《論戴震與章學誠》（台北：東大，1996年），頁168～188。

〔註104〕關於章學誠對於「經學」的認識及態度，可參考江素卿，〈論章實齋之準經衡史〉，《第五屆清代學術研討會》（高雄：中山中文系，1997年）頁105～129，王中江，〈歷史與社會實踐意識：章學誠的經學思想〉，《經學今詮續編》（瀋陽：遼寧教育，2001年），頁613～636，以及汪榮祖，〈槐聚説史闡論五篇──章實齋六經皆史説再議〉，《史學九章》（台北：麥田，2002年），頁311～343。

加以古文載事，其詞簡約，推者難詳，缺漏無補。遂令後來學者莫
究其源，蒙然靡察，有如聾瞽。今故訐其疑事，以著於篇。〔註105〕

劉氏之言，專指古史記載是否爲眞，崔述則進一步懷疑古史古書的眞僞，但卻不懷疑聖人。敢於疑經，在當時確實需要一番勇氣，崔述的「疑古」思想，並不是建立在「疑經」的立場，而是反其道，以「經書」的標準作爲疑古考辨的準繩。崔氏說：「三代以上，經史不分，經即其史，史即今所謂經者也。」〔註106〕上古時代經史不分，是從歷史發展來分析所謂「典籍」的性質，可是若從時間上來看，成書較早的典籍保留較多可靠眞實的史料，卻是不容否認的，故崔述以經書作爲判斷的標準，有一定程度的可信度，但推之太過，別樹一「尊經崇聖」之旨，而排斥異說，則恐非史家的見解，崔氏有言：

居今日而欲考唐虞三代之事，是非必折衷於孔、孟，而眞僞必取信
於《詩》、《書》，然後聖人之眞可見，而聖人之道可明也。……奉先
人之教，不以傳注雜於經，不以諸子百家雜於經傳，久之而始覺傳
注所言有不盡合於經者，百家所記往往有與經傳相悖者，然後知聖
人之心如天地日月，而後人晦之者多也。〔註107〕

由此可得知，崔氏之「尊經」，乃「經」爲聖人制作，至於傳注、諸子百家之言，若有不合於經的地方，皆不可信。崔氏曾說：「聖人之道，在《六經》而已矣。……《六經》以外，別無所謂道也。」〔註108〕這和章學誠的「道備於六經」之語，同出一轍。在崔述心中「道」不僅存於《六經》之中，亦存在於人倫日用之中。可是「道」如何可求？崔述想以一種歷史的方法，即「明道統之源」，來追溯聖人之道。崔氏又曾言：「聖人者，義之的也；經傳者，聖人之案也，故求義必於聖人，求聖人必於經傳。」〔註109〕於此，吾人不難理解，崔述在論史所擇的標準——「聖人之道」，即義之所歸。故經傳之眞僞，全在聖人當如何或不當如何間取捨。過去我們對崔述的瞭解，多將重點放在疑古辨僞的古史考信上，其實「經義求眞」才是崔述論史的目的，然而其方法亦不同於清代的考據學者。〔註110〕

〔註105〕《史通通釋・疑古》（台北：里仁，1980），頁381。
〔註106〕《考信錄（上）・考信錄提要》（台北：世界，1989年），卷下，頁15。
〔註107〕《崔氏遺書序目（一）》（台北：世界，1963年），頁29。
〔註108〕《考信錄（上）・考信錄提要》，卷上，頁1。
〔註109〕《考信錄（上）・商考信錄》，卷1，頁35。
〔註110〕見杜維運《中國史學史（第三冊）》（台北：三民，2004年），頁483～484。

的確，視崔述的古史考信爲乾嘉考據學的一員，並不符合崔氏學術的走向。崔述於史學始於疑，這是崔氏深具歷史意識的表現，有了懷疑，便可能對史事做出分析與批判，崔氏有很敏銳的歷史感，所以他對用考據方法研史的史家並不認同，他說：「爲史學者，則咸踵訛襲謬，茫無別擇，不問周、秦、漢、晉，概加採錄，以多爲勝。」〔註 111〕「以多爲勝」確實爲考據史家的通病，但這是取徑上的不同，考據史家企圖通過傳世的文獻，以得知古代之事，而崔述則要從已知之事，恢復古代之眞相，也就是說，考據史家多採文獻互校的方法來印證古史的正誤，崔氏則是以一種近似「直覺」的思維，〔註 112〕力圖克服時空的侷限，返回其所欲研究對象的歷史裏，只不過，崔述依憑的標準是以《六經》中聖人之言爲論斷，這樣他也無法擺脫儒化史觀下所呈現出的義理化史學觀念的傾向。不論章學誠或崔述，在我認爲，都表現出強烈的歷史意識，但有了歷史意識並不保證能達到尋求最後歷史眞理的

杜維運師認爲：「崔述的史學淵源，上承前代，王充、劉知幾都是影響他的主要人物，反而當代的考據學風，對他的衝擊較爲有限。將《考信錄》、《十七史商榷》、《廿二史考異》並列爲乾嘉考據學風下的產物，是一種「弔詭」，有待商榷。誠如杜師所論，崔述不同於清代考據學的地方，可從三個方向來理解：1.崔述不相信漢人所言，而主張返回《六經》原典。以探求聖人之意，清代考據學則否。2.在方法論上，崔述多以演繹法推斷上古史實和辨別僞書，而考據學家則偏重用歸納法。3.考據學家多從文字音韻入手，崔述則少有借用。另見邵東方，〈崔述在清代儒學定位之重新考察〉，《中國文哲研究集刊》（台北：中研院文哲所，1997 年），第 11 期，頁 219～280。

〔註 111〕《考信錄（上）·唐虞考信錄自序》，頁 2。

〔註 112〕所謂「直覺」的思維，是史家運用直覺感悟來說明與證明歷史，主要還是因爲，所有的文獻史料，並無法完全還原歷史的全貌，其中有許多「失落的環節」，當然文獻史料的眞實性必須先確立，否則無以爲之。史家如何面對此一「失落環節」呢？其實，直覺帶有某種「想像」的成份，但「想像」（imagination）和幻想（fancy）不同，這也是歷史學家和小說家最大的分野。史家描述歷史不能離開史料證據，但在行文上卻又不得不採近似文學的筆觸與結構，這也是後現代史學，尤其是極端的後現代史學家，一再強調史學等同於小說的立場，這不免令人想到明代馮夢龍在《古今小說》序言中所說：「史統散，而小說興」的敘述，頗有以小說之體取代史體的企圖，可惜的是，如果史家不能清楚區分想像／幻想的分際，則歷史學將無以自處。後現代史學最大的盲點在於否定過往，但最終也會否定了自我，因爲如果歷史僅僅只是某種虛構的小說幻想，那麼歷史中所發生的慘痛經驗，比如「大屠殺」（Holocaust）的記憶，是否只是史家筆下虛構的幻覺呢？後現代史學論者推之太過的立論，並不足取。關於「想像史」研究的說明，可參見徐善偉，〈想像史研究述評〉，《學術研究》，第 7 期，2002。

道路，這還需要配合史家豐富的歷史知識，及對歷史發展變化觀察後，所提出的歷史解釋。章、崔二氏於歷史知識的掌握上不及乾嘉考據學者的淵博，可是對歷史變化的形成，卻有著獨特的眼光，並提出自身對歷史的看法，這是一種趨勢，當傳統史家不再滿足於過去的歷史解釋時，一種新型態的史學開始萌芽，雖然其中仍包裹著層層傳統史學觀念的外衣，但變化始終進行著。章、崔兩人在史學觀念上都強調，只有通過「事」（歷史），才可能真正的了解「道」。章學誠說：「六經皆史也，古人不著書，古人未嘗離事而言理，六經皆先王之政典也。」〔註 113〕崔述也說：「三代以上，經史不分，經即其史，史即今所謂經者也。後世學者不知聖人之道，作用同原，窮達一致，由是經史始分。」〔註 114〕章氏所謂「六經皆史」，其出發點乃「道器合一」觀點的衍生，即經、史皆明道之器；而崔氏的「經史不分」，乃「體用一致」的發揮，即聖人之道本身（體），直接體現在聖人的政教之事（用）中。所以，章氏也好，崔氏也罷，二者對歷史研究的最後價值判斷，乃落在《六經》的「大義」指導原則下，這是近代以前中國傳統史學所面臨的兩難困境（dilemma）。經、史價值的衝突，吾人不妨以前述所謂「事實判斷」（史）／「價值判斷」（經）來說明，在中國傳統史家那裏，似乎並不懷疑歷史事實，可以經由文獻史料搜集和考證得到確認，但此一「事實」，其實是經過某種「價值」的觀照，才得以呈現，這種事實帶有一種主觀的取向，有人認為中國史學的特色在於「主客交融」，〔註 115〕可是在此一過程中，做為主體的人往往以強烈的價值判斷介入，這是一種帶有成見（或先見）的歷史認識歷程，雖然客觀的目標，即事實與價值的兩相結合，但卻仍回歸傳統儒家（或儒學）的倫理意義的立場裏。〔註 116〕

〔註 113〕《章學誠遺書・易教上》，頁 1。

〔註 114〕《考信錄（下）・洙泗考信錄自序》，頁 3。

〔註 115〕此處所謂「主客交融」係指歷史寫作中將「事實」與「價值」貫通為一，而「道德」與「事實」間，在中國史學裏並沒有如西方史學認識論的危機與焦慮，主因為傳統史家多選擇了「價值判斷」。見黃俊傑、古偉瀛，〈中國傳統史學與後現代主義的挑戰——以「事實」與「價值」的關係為中心〉，《當代儒學與西方文化（歷史篇）》（台北：中研院文哲所，2004 年），頁 219～253。

〔註 116〕關於崔述的研究可參考王健文，〈一個寂寞的史家——典範變遷中的崔述〉，《成大歷史學報》，第 18 期，1992 年，頁 153～172，謝金美，《崔東壁學述（上、下）》（台北：國立編譯館，1998 年），邵東方，《崔述與中國學術史研究》（北京：人民，1998 年）。

　　章學誠與崔述均非乾嘉學術的主流，但卻都以史學做爲明道的方法，這樣一種趨勢，顯然與「義理」的內涵產生變化有關。前述曾提及義理的三層涵意，但若從更廣義的角度來定義，「義理」可以是一種思想、義趣、理念、意旨的總稱。〔註117〕尤其是考據學者那種「訓詁明而後知義理」的問學程序。因此，在考據過程完成之前，即事實尚未確定之前，很難先以價值判斷（不論是政治的或道德的）來論斷，如此一來，反而使學術保持某種程度的純眞，傳統史學中以「道德化」或「直覺」形式的論說，於此反到被顚倒爲第二順位，其優先性被取代了。凌廷堪曾說：

> 夫實事在前，吾所謂是者，人不能強辭而非之。吾所謂非者，人不能強辭而是之也。如六書九教及典章制度之學是也。虛理在前，吾所謂是者，人旣可別一說以爲非。吾所謂非者，人亦可別持一說以爲是也，如理義之學是也。〔註118〕

所謂「實事」，就是已確實、被證明的事情，其可靠性不容置疑。而「虛理」，即未經證明，充滿懷疑的可能性，不過卻易形成一種「相對主義」（relativism）的論調。此一「新義理」的形成，逐漸有一種非道德化的傾向，並具有某種可驗證性，比如焦循（1763～1820）有言：

> 夫易，猶天也。天不可知，以實測而知……。本行度而實測之，天以漸而明；本經文而實測之，易亦以漸而明；非可以虛理盡，非可以外心衡也。〔註119〕

這種以「實測」（或稱之爲實證）的觀點，逐漸形成「新義理」的實質內涵。〔註120〕相同的觀念也發生在史家趙翼（1727～1814）的論述中，他說：

〔註117〕 胡楚生，〈方東樹《漢學商兌》書後〉，《清代學術史研究》（台北：學生，1988年），頁255。

〔註118〕 《校禮堂文集·戴東原先生事略狀》（上海：上海古籍·續修四庫全書，2002年），卷35，頁349。

〔註119〕 《雕菰集（三）·易圖略自序》（台北：商務，1966年），卷16，頁262。

〔註120〕 關於此一轉變可參考張麗珠，《清代義理學新貌》（台北：里仁，1999年）。張氏認爲：「義理學固然可以發揚主觀思辯之精神，一如理學之建構道德形上學；當然也可以發揚客觀精神，以形下經驗領域爲所探索、關懷的重點。」此一形上、形下的區分，正是宋明理學家與乾嘉考據學家最大的分野，而乾嘉的新義理學正是建立在學者重「氣」、重「利欲」、重「禮」、重「實測」的形下經驗中。另外有關凌廷堪的研究，可參閱張壽安，《以禮代理──凌廷堪與清中葉儒學思想之轉變》（台北：中研院近史所，1994年），關於焦循，可參見何澤恆，《焦循研究》（台北：大安，1990）。

義理之說，與時勢之論，往往不能相符，則有不可全執義理者。蓋
義理必參之以時勢，乃眞義理也。〔註121〕

趙翼所謂「眞義理」，乃參時勢之義理，何謂時勢？即歷史的實況，因爲人不能脫離特定的歷史時空條件，這是歷史先天性的制約，故趙氏所言亦與「新義理」遙相呼應。這一波尋求「新義理」的風潮，也可以在清末今文經學者的身上看到，尤其是以春秋公羊大義爲標榜的學者，其影響與考據學相較，均成爲中國近代史學轉化的內部動力。〔註122〕

　　吾人再以龔自珍（1792～1841）爲例，龔氏之於公羊學，是以「史」的觀點切入，他認爲《春秋》爲史。不過龔自珍論述中的「史」有三種涵義：1.指

〔註121〕趙翼，《廿二史劄記（下）・和議》（北京：中華，2001年），卷26，頁552。
〔註122〕關於今文經學家的影響，最顯著的便是開啓晚清自改革的序曲，其中今文學家多據《公羊》要義，發揮「微言大義」，但這不是單純的回復到經典的原義，而是有所闡發的，其背後，更有一「求變」的心理狀態，誠如梁啓超所言：「以復古爲解放」，這是在西方文化尚未大量進入中國前，傳統學術企圖更新的一種「突破」。順此思路而下，迨西學大舉席捲中國學術陣地後，中學與西學卻巧妙的形成一種微妙的融合，比如說古史辨運動的興起，或結合乾嘉考據學方法的「新考據學派」。關於這方面的論述很多。可參考王汎森，《古史辨運動的興起》（台北：允晨，1987年），彭明輝，《疑古思想與現代中國史學的發展》（台北：商務，1991年），Laurence A. Schneider著、梅寅生譯，《顧頡剛與中國新史學》（台北：華世，1984年），陳志明，《顧頡剛的疑古史學——及其在中國現代思想史上的意義》（台北：商鼎，1993年）。此外關於清末今文經學的崛起，Benjamin A. Elman, *Classicism, politics, and kinship: the Chang-Chou school of new text Confucianism in late imperial China*（《經學、政治和宗族——中華帝國的晚期常州今文學派研究》）一書，是許多學者常引用的，但贊成的多，不同意的少，尤其是艾爾曼氏在論證常州今文經學的起因，直接視爲乾隆朝期間的一場政治鬥爭的產物，當然這是作者所倡導的「新文化史」（即思想史與社會史的結合）的理論指導原則，他認爲清代今文經學的開端要上溯到莊存與和劉逢祿，而龔自珍和魏源相較之下是邊緣角色，故研究晚清思潮不能從康有爲、梁啓超開頭，而要轉爲研究莊、劉。艾爾曼氏的說法若從公羊學內部的師承來看，是有道理的，但若將之放大在整個清代儒學傳統的變革上，則大有問題。劉大年在〈評近代經學〉一文中，提出四點意見來反駁艾爾曼氏，他說：1.清代的今文經學起因於莊存與同和珅的政治鬥爭，雖然不能排除，但現在只是「假說」。2.從常州莊、劉兩大家族與今文經學興起，來考察思想史與社會史的關係，確有新見，但「家族紐帶」並不等於儒學自身，因爲家族內部存在著分裂。3.莊存與和劉逢祿，康有爲與梁啓超，彼此的今文經學的時代背景完全不同，故不同學者對今文經學的內容，實際上是各取所需的發揮。4.中國或日本的學者，並未誤解今文經學的性質，艾爾曼氏不過把時間往前推進到乾嘉時期，但今、古文的爭議卻是在稍後的時間產生的。該文見《明清論叢》（北京：紫禁城，1999年），第1輯，頁1～51。

歷史，「吾聞深於《春秋》者，其論史也，曰：書契以降，世有三等。」〔註123〕
「論史」的史即指歷史。2.指史書。「不研乎經，不知經術之爲本源也。不討乎
史，不知史事之爲鑒也。」〔註124〕「討乎史」的史即指史書。3.指史官，「周
之世官，大者史。」〔註125〕既爲「世官」則「大者史」的史即指史官。龔氏的
「尊史」觀念，主要是從「尊崇史官」說起的，他說：

> 周之世官，大者史。史之外，無有語言焉；史之外，無有文字焉；
>
> 史之外，無人倫品目焉。史存而周存，史亡而周亡。〔註126〕

龔氏從「史官」的職守，來說明有周一代的創制，若無史官有效的掌握周代
的語言文字，人事褒貶同是非論斷，則周代終將湮滅無蹤。這裡龔自珍凸出
史官的地位與功能，正是賦予史家更多的「史學自主性」（autonomy of
history）。龔氏的觀念在此一意涵上並不等同於公羊學者，那種以闡何休條例，
或著董子發微，用治經學的方法來研析《公羊》的學者，往往抱殘守缺，而
無新義。龔自珍以平等的眼光來看《春秋》三傳，他說：

> 凡建五始，張三世，存三統，異內外，當興王，及別月日時，區名
> 字氏，純用公羊氏。求事實，間採左氏；求雜論斷，間採穀梁氏。
>
> 〔註127〕

這和龔氏視《六經》爲史有關，故曾言：

> 夫六經者，周史之宗子也。《易》也者，卜筮之史也，《書》也者，
> 記言之史也，《春秋》也者，記動之史也，《風》也者，史所采於民，
> 而編之竹帛，付之司樂者也；《雅》、《頌》也者，史所采於士大夫也，
> 《禮》也者，一代之律令，史職藏之故府，而時以詔王者也；小學
> 也者，外史達之四方，瞽史諭之賓客之所爲也。……故曰：《五經》
> 者，周史之大宗也。〔註128〕

龔自珍的「五經皆周史大宗」的命題和章學誠「六經皆史」有相通之處，但
彼此的著眼點不同，章氏思考的方向是經書本身的性質，故「六經」爲史書；
龔氏則認爲「五經」爲周史之大宗，故經書乃史官的創制，但不論章氏或龔

〔註123〕《龔自珍全集・乙丙之際著議第九》，頁 6。
〔註124〕《龔自珍全集・對策》，頁 114。
〔註125〕《龔自珍全集・古史勾鉤沈論二》，頁 21。
〔註126〕同前註，頁 21。
〔註127〕《龔自珍全集・春秋決事比自序》，頁 234。
〔註128〕《龔自珍全集・古史鉤沈論二》，頁 21。

氏，以史做爲問學的方法，卻是一致的。

　　此外，龔自珍借「尊史」，故曾言：「史之尊，非其職語言、司謗譽之謂，尊其心也。」〔註129〕然而尊史之心爲何？龔氏認爲研史者要有「善入善出」的眼界，他說：

> 何如而尊？善入。何者善入？天下山川形勢，人心風氣，土所宜，姓所貴，皆知之；國之祖宗之令，下逮吏胥之所守，皆知之。其於言禮、言兵、言政、言獄、言掌故、言文體、言人賢否，如言其家事，可謂入矣。〔註130〕

這是說史家在做歷史研究時，要有廣博的歷史知識，對於描敘的對象要極盡細微的分析，以今天的術語來說，即用一種「微觀史學」（Micro-history）的方法，來分析歷史的人、時、地、物。有了此一微觀分析，除了更有效的掌握史實外，更能藉此基礎提出對歷史變化的解釋，此即所謂「善出」，他說：

> 何者善出？天下山川形勢，人心風氣，土所宜，姓所貴，國之祖宗之令，下逮吏胥之所守，皆有聯事焉，皆非所專官。其於言禮、言兵、言政、言獄、言掌故、言文體、言人賢否，如優人在堂下，號咷舞歌，哀樂萬千，堂上觀者，肅然踞坐，眽眽而指點焉，可謂出矣。〔註131〕

這是一種「宏觀史學」（Macro-history）的說明。可是龔自珍認爲作爲史家，必須要能「善入」又要「善出」，也就是說，要能以「微觀」掌握史實，然後以「宏觀」提出解釋，所以他曾說：「不善入者，非實錄，垣外之耳，烏能治堂中之優也耶？則史之言，必有余嚔。不善出者，必無高情至論，優人哀樂萬千，手口沸羹，彼豈復能自言其哀樂也耶？」〔註132〕所以能掌握爲史的「善入」與「善出」，則掌握了「尊史」之心，而其心之所歸，亦如其言：「尊之之所歸宿如何？曰：乃又有所大出入焉。何者大出入？曰：出乎史，入乎道。欲知大道，必先爲史。」〔註133〕所謂「出乎史，入乎道」的說法，顯然的，龔自珍仍有極爲傳統的一面，只是他以史來做爲明道的工具，與純用經學眼光來看待歷史的學者，有著更深一層的體認，在我看來他仍是具有義理化傾

〔註129〕《龔自珍全集・尊史》，頁80。
〔註130〕同前註，頁81。
〔註131〕同前註。
〔註132〕同前註。
〔註133〕同前註。

向的史家。〔註134〕

魏源（1795～1857）的學術也具有義理化史學觀念的特徵。首先是他對「道」的關懷，在魏源的觀念裏，相信世界有一個根本，做爲這世界的主宰和本原。他說：

> 萬事莫不有本，眾人與聖人皆何所本乎？人之生也，有形神、有魂魄。於魂魄合離聚散，謂之生死；於其生死，謂之人鬼，於其魂魄、靈蠢、壽夭、苦樂、清濁，謂之升降；於其升降，謂之勸誡。雖然，其聚散、合離、升隆、勸誡，以何爲本，以何爲歸乎？曰：以天爲本，以天爲歸。〔註135〕

此處所謂「天」，可視爲「天道」，可是如何使「天道」與「人事」相互結合呢？那就必須要有一個實踐的過程，龔自珍和魏源最大的差異，在於魏源的「實踐性」理念，十分凸出。至於宋儒所謂「義利之辨」，在魏源看來，是道的裂解，唯有將兩者結合，才合乎道的本旨，故曾說：

> 甚哉是非之與利害一也，天道之於人事一也！知是非與利害一，而後可由利仁以幾於安仁；知天道之與人事一，而後可造命立命以成其安命。王道之外無坦途，舉皆荊棘，而不仁者安仁矣；仁義之外無功利，舉皆禍矣，而不知命者安命矣。〔註136〕

魏源的「是非之與利害一」、「天道之與人事一」，具有「主客交融」的特色，更有章學誠「道器合一」論的影子。但魏源究竟是今文經學家，其治經，從《春秋繁露》之條例入手，後作《董子春秋發微》，發揚董仲舒（179～104B.C.）「三科」、「九旨」之義，以闡公羊之微言大義，那麼他所說的「微言大義」是什麼呢？他是這樣說的：

> 聖人憂患天下來世其至！刪《詩》、《書》，正禮樂，皆述而不作，有

〔註134〕有關「善入善出」的分析，可參考蔣大椿，〈龔自珍歷史認識思想略探〉，《近代史研究》，第 1 期，1995 年，頁 62～74。關於龔自珍學術思想較爲全面的評價可參閱張壽安，《龔自珍學術思想研究》（台北：文史哲，1997 年）。另見羅檢秋，〈從清代漢宋關係看今文經學的興起〉，《近代史研究》，第 1 期，2004 年，頁 39～41。羅文認爲：「龔自珍的思想貢獻遠比學術成就重要，但也不失爲經學義理化過程的重要步驟。此後，士人講求今文經「微言大義」的領域，也主要由《公羊傳》擴大到《詩》、《書》、《三禮》、《論語》等經。」而魏源則以《公羊傳》中「三世」、「三統」說來闡釋「微言大義」。

〔註135〕《魏源集・默觚上・學篇一》，頁 5。

〔註136〕《魏源集・默觚上・學篇八》，頁 20。

> 大義，無微言，豈預知有《論語》，爲後世入道之門哉？假年絕書來，
> 天人性命之理，進修聚辨之方，無咎寡過之要，胥於《易》乎在，
> 子思本祖訓發揮之，故《中庸》一《易》道也。……蓋《易》、《論
> 語》明成德歸，《詩》、《書》、《禮》、《春秋》備經世法，故《坊記》
> 以《春秋》律《禮》，《緇衣》以《詩》、《書》明治，體用顯微，同
> 源共貫，於道之大而能博者，其亦具體而微矣。〔註137〕

魏源在上述引文中反復強調，透過儒家的典籍來探究「大義」，其目的是要明「聖人之道」，可是在歷史的時間流裡，「道」早已被切割得七零八落，他說：「自孔、孟出有儒名，而世之有位君子始自外於儒矣；宋賢出有道學名，而世之儒者又自處於學道矣，……有位與有德，泮然二途；治經之儒與明道之儒，政事之儒，又泮然三途。」〔註138〕儒學在此一裂解的過程中，失去其原始的生命力，故魏源倡「通經致用」，便是想將「治」與「道」結合，進而統一「治經」、「明道」、「政事」三者的分歧。在這裡魏源具有一種強烈歷史功用論者的傾向，下列這一段話，更能表現出這種論調，他說：

> 曷爲道之器？曰：禮樂；曷爲道之斷？曰：兵刑，曷爲道之資？曰：
> 食貨。道形諸事謂之治：以其事筆之方策，俾天下後世得以求道而
> 制事，謂之經，……以《周易》決疑，以《洪範》占變，以《春秋》
> 斷事，以《禮》、《樂》服制興教化，以《周官》致太平，以《禹貢》
> 行河，以《三百五篇》當諫書，以出使專對，謂之以經術爲治術。
> 〔註139〕

以「經術爲治術」，是一種將工具理性轉爲實踐理性的做法，而所謂「術」（或者稱之爲「技」）是可以轉化的，他說：「技可進乎道，藝可通乎神。」〔註140〕所以在晚清，當西方的「船堅炮利」帶給我們無比的震憾之際，魏源提出「師夷長技」的觀念，這是一個重要的突破點，因爲當西方的「技藝」被引進時，根植在此一技藝下的各種制度，必然導致「道」的變化。鴉片戰爭前，魏源仍採納今文經學「治內詳，安外略，……以治內爲治外」〔註141〕的經義，將治學重點放在清內部問題的研究上，但鴉片戰爭後，他在林則徐（1785～1850）

〔註137〕《魏源集·子思子章句序》，頁144。
〔註138〕《魏源集·默觚上·學篇九》，頁23～24。
〔註139〕同前註。
〔註140〕《魏源集·默觚上·學篇二》，頁5。
〔註141〕《魏源集·道光洋艘征撫記上》，頁185～186。

所輯的《四洲志》基礎上,廣泛收集有關西方的資料,編成《海國圖志》,比
較全面的介紹西方各國的歷史、地理與文化,以及各種船艦與火器的技術,
如此一來,魏源對「春秋大義」的理解,開始產生變化。〔註142〕

　　魏源的這種變化是對世界的理解,有了重新的認識。當華夏的世界之外,
有一個更廣闊的「空間」存在時,原本賴以維繫的,對世界想像的思維,開
始受到衝擊,傳統以中國為中心的觀念,有了新的視角,誠如魏氏所言:

> 豈天地氣運,自西北而東南,歸中外一家歟!聖人以天下為一家,
> 四海皆兄弟,故懷柔遠人,賓禮外國,是王者之大度,旁咨風俗,
> 廣覽地球,是智士之曠識。〔註143〕

當傳統的時間或空間觀念,被徹底瓦解後,吾人如何自處呢?「天下一家」
的說法,是企圖將中國(或華夏)「縮小」後,重新納入世界呢?還是將之「放
大」,涵蓋一切呢?我以為兩者皆有,先將縮小的中國與世界諸國並列,迨中
國師夷長技,產生變化,足以與西方諸國競逐時,再將中國放大,這才是晚
清以至民國士人或知識份子最終的心理狀態。至於「懷柔遠人」並非「中性」
的字眼,而是在放大後的中國,一種「民族」的自信(或以文化為依憑;或
以權力為依歸)。〔註144〕然而魏源仍無法擺脫以經義為治史的標準,比如在晚
年所寫的《默觚》,在每節之後,都援引《詩經》中的語句來做結束,可是他
往往斷章取義,做一種即興式的發揮,其它如本「懲惡勸善」的春秋大義,

〔註142〕有關魏源對於學風的轉變,可參考齊思和,〈魏源與晚清學風〉,《中國史探研》
　　　　(北京:中華,1981年),頁314～339。齊氏認為晚清今文運動,實乃一「政
　　　　治運動」。今文學家自魏源以後,分為兩派,一為經生派,如陳立、皮錫瑞等;
　　　　一為政論派,如康有為、廖平、梁啓超、譚嗣同等。晚清學術以經世為主,
　　　　求通經致用,行改制之實。另見王家儉,〈魏源的史學與經世史觀〉,《清史研
　　　　究論藪》(台北:文史哲,1994年),頁211～234,以及賀廣如,《魏默深思
　　　　想探究──以傳統經典的詮說為討論中心》(台北:台大文史叢刊,1999年)。
〔註143〕《增廣海國圖志‧海國圖志後敍》(台北:珪庭,1978年),卷首,頁9。
〔註144〕美籍學者何偉亞(James Hevia)一本有關於英使馬嘎爾尼於乾隆朝來華的
　　　　書:《懷柔遠人》(*Cherishing Men From Afar*),曾引起爭論,一派認為「懷柔
　　　　遠人」的英譯,本身含有上下尊卑、華夏蠻夷的區別,絕非以平等眼光來對
　　　　待彼方;另一派則以為並不含 歧視」的含義,吾人以為若就清的立場,自然
　　　　不離「天朝觀念」,所以討論乾隆朝的來使,不可能脫離時代的氛圍,故「懷
　　　　柔遠人」帶有較負面的意涵,既使到了晚清,魏源的觀念裏,真能以平等眼
　　　　光看世界,恐怕也未必如此,在前述引文中,似乎就隱含了爭雄競勝的心理。
　　　　關於這些爭議可參閱范廣欣,〈「懷柔遠人」的另一詮釋傳統──從郭嵩燾的
　　　　進路談起〉,《當代》,第177期,2002年,頁66～83。

來評論歷史人物，更有援引「天人感應」的災異論來為主張的改革張目，所以說，魏源的史學仍是含有義理化史學觀念特色的史家。

第三章　進化史觀的引進與影響

第一節　進化論的形成與引進

　　如果說要理解中國近代史學觀念的形成，捨棄對「進化論」（evolutionism）的分析，恐怕無以爲繼，然而此一論點，卻對中國近代史學的發展，產生極爲深遠的影響。〔註1〕從科學認知的角度來看，嚴格的界定達爾文（Charles Darwin，1809～1882）的「演化論」（或「進化論」），有不少學者認爲那是一種「特置假說」（ad hoc hypotheses），具有局部的理性。〔註2〕

〔註1〕　關於這方面的論述可參考李學勇，〈「進化論」及其對中國的影響〉，《歷史月刊》，第 111 期，頁 72～77，以及崔小茹，《清末民初的達爾文進化論》（新竹：清華史研所，1989 年），此外 James R. Pusey, *China and Charles Darwin*（Cambridge: Harvard University Press, 1983 年）一書，則較全面性的討論與分析達爾文學說在中國的傳播與影響，與之對照的另一本書，即 Richard Hofstadter, *Social Darwinism in American Thought*（Boston: Beacon Press, 1992 年），這兩本書可作爲我們在理解不同時空下對達爾文「演化論」（evolutionary theory），所形成的後續效應的反響。

〔註2〕　達爾文（1809～1882 年）的生物演化說所引起的巨大波瀾，其效應是無遠弗界的，從自然科學到人文科學，無不受到此一學說的滲透，順此學說理論而展開的各種論說，統稱爲「達爾文主義」（Darwinism）。關於「特置假說」的論點及達爾文學說的後續發展，可參考傅大爲，〈「Ad Hoc」假設與「局部理性」——以達爾文演化論與古生物學者的近代關係發展史爲例〉，《異時空裡的知識追逐——科學史與科學哲學論文集》（台北：東大，1992 年），頁 213～247，陳瑞麟，〈規範的或演化的——「科學哲學自然論」的兩張面孔〉，《科學與世界之間：科學哲學論文集》（台北：學富，2003 年），頁 29～54，以及談家楨，〈達爾文進化論及其以後的發展〉，《談家楨論文集》（北京：科學出

　　的確，達爾文的生物演化學說，在傳入中國後，所引發的效應與爭議，已非達爾文學說的原初意涵，而是經過「人擇」的結果。達爾文學說在中國初期的傳播，主要是透過傳教士的引介。早在嚴復（1854～1921）翻譯（嚴格說是一種新譯或意譯）《天演論》（Evolution and Ethics）之前的同治 12 年（1873）6 月 29 日，《申報》曾以《西博士新著〈人本〉一書》爲題，對「大蘊」（即達爾文）的《人類原始》做出了介紹，這是國人最早得知達爾文之名的開始。其實，達爾文在 1859 年出版的《物種原始》（The Origin of Species），來到中國的傳教士必有耳聞或知悉其論點，但卻遲至 1877 年由英國傳教士傅蘭雅（John Fryer）在其主編的中文雜誌《格致匯編》中，才對進化論作了初步的介紹，但仍未提及達爾文的生物進化論，一直要到 1883 年，美籍長老會傳教士丁韙良（W.A.P. Martin）在《西學考略》一書中，先引法國博物學家拉馬克（Lamark）的進化觀點，然後才說明了達爾文的進化論，他是這樣說的：「四十年前有英國醫生達爾溫者，周歷四海，查勘各地動植，乃舉賴氏（即拉馬克）之說而重申之，伊云：各類之所變形者其故有三：一在地勢，如北方天寒，物多厚毛，南方氣暖，物類而無毛，且地之各層所藏骨跡可以取而證之。蓋太古之時，地面多水，其生物水陸皆宜，後水陸分界，陸地禽獸始出，至人則在地之最新一層方有骨跡，可知人生最後也。一在擇配各物之形，偶有變異，必求其同形者配合之，如海鳥初不能飛，偶有能飛者，牝牡必相聚而傳新類。一在強弱以決存亡，蓋天時之寒暑，地勢之高下，逐漸改變，惟物類之形體相宜者強而能存。咸豐九年（1859）達氏著書以此理，名曰物類推原（即物種起源），意深詞達，各國爭議而產傳之，多宗其說。」〔註 3〕此一簡述，大致涵蓋了達爾文進化論中環境適應、偶然變異以及適者生存的論點。然而，進化論對基督教神學，存在著巨大的挑戰與衝擊，尤其《聖經》中對世界形成的建構，如《舊約・創世紀》中講上帝在六天之中創造了天地萬物及人類。可是，進化論點卻否定此一觀念。當神學與科學，各有堅持時，信仰的堅定與否，反倒成爲檢驗眞理的唯一標準。〔註 4〕西方傳教士在中國，

　　　　　版社，1987 年），頁 411～414。
〔註 3〕　《續修四庫全書・西學考略》（上海：上海古籍，2002 年），卷下，頁 739～
　　　　　740。
〔註 4〕　進化論的影響，不僅在學術領域中引發「科學」與「僞科學」的爭論，在宗
　　　　　教領域中也激起了對信仰的疑慮，一度，「進化論」被視爲「非道德」的，足
　　　　　以腐蝕人心，此一爭論仍餘波未息，雖然，教皇若望・保祿二世在 1996 年 10

對於進化論的看法，基本上是採取批判的態度，比如嚴復《天演論》一書的主要目的，是爲晚清改革提供一種新的理論依據，並非針對基督教，但不論是原著者赫胥黎（T. H. Huxley，1825～1895）或嚴復翻譯時的「案語」，在傳教士眼中卻都有明顯的反基督教內容，〔註5〕這對基督教在中國的傳播是不利的，故傳教士對進化論的引介是有疑慮的，所以在介紹時，往往避重就輕，而非全面性的理解。

相反的，日本在近代引進進化論時，其媒介似乎非傳教士，而是明治維新後，來到日本的外國教師。1877 年，美國生物學家莫斯（Edward S. Morse）來到日本，任教於東京大學，講授生物學、動物學，這是日本有系統的接受生物進化論的開始，1883 年，其上課的筆記被譯爲日文，以《動物進化論》爲名在日本出版，1891 年，石川千代松的《進化新論》一書出版，亦是日本學界首次對生物進化論作出回應，1896 年，達爾文的《物種起源》被立花銑三郎譯出，並以《生物始源》爲名，在日本出版。此外社會進化論的學說也開始流行，外山正一對斯賓塞（Herbert Spencer，1820～1903）社會進化說大力提倡。總括來說，日本於近代對進化論學說的吸收，在時間上晚於中國，但在影響和成就上，頗有後來居上之勢。嚴復在 1895 年，於天津《直報》上發表了《原強》，對達爾文的《物種起源》和斯賓塞的社會學作了概述，到了 1898 年，《天演論》正式出版，其論點才對中國近代史學觀念發生了巨大的影響。〔註6〕然而進化論

月，正式承認進化論，但仍是有選擇和保留的，首先是承認廣義科學上的進化論，而非狹義達爾文進化論；其次對《創世紀》的描述，從過去視爲歷史的眞實，轉而看成是寓意深刻的寓言；最後是重新確立信仰在宗教上的重要性，將精神與肉身分離，人的精神與靈魂要靠上帝的啓示，而人的肉身則適用進化論，見段琦，〈西方教會創世論與進化論之爭的新動向〉，《今日宗教》，頁 14～26。

〔註5〕傳教士對嚴復所譯《天演論》及其案語的批評，集中在三個方面：1.他們認爲嚴復所譯《天演論》不相信上帝的存在。2.他們認爲生存競爭之說，違背了基督教倫理。3.嚴復案語中所闡釋的「人先爲猿」的人類進化原理，與基督教教義不合。來到中國的傳教士，之所以反對達爾文進化論，以及嚴復所譯《天演論》及案語，其著眼點，均在有無牴觸基督教教義，和是否對傳教工作造成影響上考量。參閱胡衛清，〈近代來華傳教士與進化論〉，《世界宗教研究》，第 3 期，2001 年，頁 63～73。

〔註6〕從整體上來觀察，中國近代對進化論的理解並不全面，首先是透過傳教士有選擇性的介紹，其後有個別學者的引入，而達爾文《物種起源》的完整譯本，一直要到 1919 年，才由馬君武完成。有關進化論觀點對中國近代思想的影響，除了前述傳教士及嚴復的引介外，日本的因素，必須要考慮，此一論點，可

中所隱含的線性時間觀和進步觀，才是促成中國近代史學觀念轉化的主要原因。對於時間的理解，中西間本就存在著差異性，但不論如何，人類有意識的感知——即對時間的掌握，必須從吾人所在的位置去認知，也就是說要從「現在」出發，才可能對「過去」和「未來」做出回應，而此種回應，實有賴於人類的「記憶」。〔註7〕在西方的文化傳統中，人們對於時間的記憶，也曾有過許多不同的類型，不過，其中最重要，影響也最深的，要算是希臘和希伯來（猶太）文化，以及其後的基督教文化。古希臘人對於時間的理解，不是孤立的來看待「時間」，若從語言的角度去審視，起碼在荷馬時代，並沒有一個詞語完全等同於現代英語的「時間」（time）本身，他們將時間和道德秩序相連結，所以任何人對道德秩序產生破壞，在時間的感受上，便呈現出某種災難的開始，故時間的本質出現一種「非連續性」，這種對時間的態度，有人認爲基本上，仍形成一種「循環時間觀」。〔註8〕與之相反，而又影響深遠的是希伯來（猶太）文化對於時間的理解，猶太人建立起線性時間的觀念，這和他們的宗教，有著不可分割的關係，《聖經》中《舊約・創世紀》的敘述，標示著時間的誕生，自此時間有了「開始」（in the beginning），而此一時間的展開，是透過至高無上的「上帝」（God）所產生的，在此之前的一切是不存在的；在此之後，是上帝所創造

參考王中江，〈進化論在中國的傳播與日本的中介作用〉，《中國青年政治學院學報》，第 3 期，1995 年，頁 88～93。另見汪子春，張秉倫，〈達爾文學說在中國初期的傳播與影響〉，《中國哲學》，第 9 輯，頁 365～387。

〔註7〕 關於人類對於時間的理解，可參考恩斯特・波佩爾（Ernst Pöppel），《意識的限度——關於時間與意識的新見解》（台北：淑馨，1997 年）一書。西人曾說："If man was dead, there will be no time."的確，對於時間的感受，首先取決於人的理解，而人必須有記憶，如果人的記憶能力受到破壞，是不可能對時間做出回應的。

〔註8〕 吳國盛在《時間的觀念》一書中提及古希臘人淡薄的歷史感，導因於他們歷史意識的淡薄。希羅多德（Herodotus, ca 484～420 R.C.）的《歷史》（Histories）和修昔底德（Thucydides, ca 460～400 B.C.）的《伯羅奔尼撒戰史》（The Peloponnesian War），寫得都是當時他們所認爲值得紀念的事情，缺少事件發展與時間記錄彼此交融的企圖，也未形成或使用一種記年體系，來標記過往。見氏書第三章，〈希臘傳統：測度時間與循環時間觀〉，《時間的觀念》（北京：中國社科，1996 年），頁 58～88。造成此種時間態度的最主要因素，在於古希臘人對於宇宙天體的有規則運行，不僅是時間的標準和度量，而且也是宇宙秩序的具體表現，但落實在人世間的的，時間仍然和道德秩序緊緊相連，時間不是中性的，而是充滿強烈感情的表露，故在追求眞理的情境中，時間呈現出一種永恆的狀態。此種觀點可參考路易・加迪（Louis Gardet）等，〈希臘思想中的時間觀〉，《文化與時間》（台北：淑馨，1992 年），頁 130～175。

的，這是一種新的時間觀，它結合了時間與空間，時間在這裡擺脫了與神話的糾纏，而回歸到歷史時間，但卻是一種上帝的時間，這對其後的基督教時間觀有著一脈的傳承關係，〔註9〕基督教的時間觀是對猶太文化時間觀的繼承與發展，所以亦是一種線性時間，然而在基督教的信仰中，對歷史的基本闡釋首先來自《聖經》，以此神聖不可侵犯的經典爲依據，其後才有對時間的闡釋，但基督教的「歷史」是別具意義的，因此時間的流轉，有賴於對基督歷史的解釋，故時間和歷史不能單獨來思考，從耶穌基督降臨到人類最終的救贖，時間在基督那裏，具有永恆的特性，在人類俗世中，卻又標示著一種朝未來發展的可能性。〔註10〕

對於進步觀的認識，在西方的文化傳中，始終有存在著爭議，尤其是古希臘時代是否有西方近代進步（progress）意義的觀念產生，贊成與反對皆有，認爲古希臘有進步觀念的學者如 Nisbet 就認爲古希臘在赫希俄德（Hesiod, ca 700B.C.)的思想中已產生了進步觀念，〔註11〕反對者如 R. G. Collingwood（1889～1943）他認爲古希臘史學受本質主義影響，具有反歷史的傾向，他說:「希臘、羅馬歷史學從來沒有能表明任何一件事是如何產生的。」〔註12〕此一看法來自於柯林武德對西方近代進步觀念的認識，將希臘、羅馬及中古時期截然劃分，但觀念，尤其是史學觀念的產生，並不存在著「全新」的思考，而是在某種觀念中，產生變化、轉化與發展。進步觀念中有一個「目的性」，這種目的性在猶太教與基督教中形成一種「目的觀」（teleological view），而此一

〔註9〕　路易‧加迪（Louis Gardet）等，〈猶太文化中的時間觀和歷史觀〉，《文化與時間》，頁 176～190。

〔註10〕　吳國盛，〈基督教文化：時間之流與線性時間觀〉，《時間的觀念》，頁 89～102。路易‧加迪（Louis Gardet）等，〈基督教的時間觀〉，《文化與時間》，頁 203～241。

〔註11〕　Robert Nisbet, *History of the Idea of Progress*（New Brunswick,：Transaction Publishers, 1994 年），pp.10～46。Nisbet 並不認同進步觀念只存在於西方近代啟蒙時期，此一觀念可追溯至古代希臘、羅馬人，以及中古時期的聖‧奧古斯丁（St. Augustine, 354～430），而他們並不是近代進步觀念的阻礙者，反而是理解進步史觀的助力。關於此一問題可參閱方志強，〈「進步」的理念：內涵與定義〉，《思與言》，第 39 卷第 3 期，2001 年，頁 173～206，以及該文的註釋 8。

〔註12〕　R.G. Collingword, *The idea of History*（London Oxford University Press, 1961 年），pp.44～45。另外有關柯林武德的進步觀念，可參見 W.J.van der Dussen，"*Collingwood and the Idea of Progress*"，History and Theory, Beiheft 29, 1990, pp.21～41，以及賈鶴鵬，〈柯林武德進步思想研究〉，《史學理論研究》，第 3 期，2003 年，頁 120～129。

目的觀是做爲信仰的實踐，以基督教而言，上帝創造並主宰了一切，上帝的意志顯示在俗世的萬世萬物之中，故人類的歷史就是上帝意志實現的過程。

這種基督教神學的歷史解釋觀點，在奧古斯丁（Augustine, 354～430）那裏得到體現。他所著的《上帝之城》（The city of God）一書，基本代表著西方中世紀基督教歷史的神學解釋，但其中所表露出的「普世的」、「目的的」和「時間的」觀念，則未必隨中古基督教信仰衰退而消逝，反而在近代被刻意的轉化了。做爲「普世」概念上的歷史解釋，首先是將所有人類的歷史看作是上帝意志的表現；其次是將時間和空間統一起來，在上帝之前是沒有差別的，就史學而言，時間和空間的結合，代表著整體史學（或通史）概念的成形。做爲「目的」概念下的歷史解釋，「上帝之城」與「俗世之城」皆在上帝的安排中，雖然彼此不斷產生衝突與鬥爭，但上帝的永恆之城，終將戰勝，而戰勝之日的審判與復活是一明確的目標，歷史便是朝此一目標前行的，故人類歷史是一進步的過程，而其中有上帝的應允。做爲「時間」概念的歷史解釋，奧古斯丁有非常明確的時間方向性，從《創世紀》到末日審判，他將整個人類歷史分爲兩個時期，以基督降生爲準，之前爲福音準備期；之後爲福音傳播期和勝利期。然後，再細分爲六階段，並與上帝創世的六天相對應，1.從亞當到洪水。2.從挪亞到亞伯拉罕。3.從亞伯拉罕到大衛。4.從大衛而巴比倫之囚。5.從巴比倫之囚到基督誕生。6.從基督的第一次降臨至世界末日基督再次降臨。這種時間序列的安排，有著極爲明顯的線性進化觀，其中進步的意涵不言可明。奧古斯丁的歷史神學史觀，將「歷史」設定爲上帝神意的安排，具有一種目的性，而「神意」具有「善」的因子，故歷史的進程是線性發展，並朝善的道德國度前行。到了近代，世俗的進步史觀取替了被稱爲「神意」的某種超歷史的「歷史意志」，在伏爾泰（Voltaire，1694～1778）那裡，「神意」被轉化成「理性」；在黑格爾（Hegel，1770～1831）那裡，「神意」被轉化爲「絕對精神」；在馬克思（Karl Marx，1818～1883）那裡，「神意」被轉化成「歷史規律」，但不論「理性」、「絕對精神」或「歷史規律」均是歷史進步的終極基礎，當上帝的「神意」向世俗化的「歷史意志」轉化之際，原本隱含在歷史中的目的性與進步性，卻在西方近代思想家身上打下了烙印。〔註13〕

〔註13〕關於西方基督教神學對歷史的解釋，可參考趙君影，《西洋現代哲學家的上帝信仰（下）》（台北：中國主日，1989 年）一書的第 3 章〈幾位現代史學家的宗教

　　中國傳統史學觀念中，是否含有進化的觀念，過去的研究並不多見，往往很自然的便以「進化」二字，用來說明歷史發展的過程。這樣的用法，並不是太精確的，因爲此一觀念，並非本土的概念，而是外來概念的轉借。在前述對「進化論」的說明中，我提及二點做爲分析此一觀念的標準，即時間是否爲線性的時間觀，以及是否含有進步的觀點。符合此二項要求的，可視爲具有進化的思想。中國傳統史學觀念中，史家對時間的認知，有許多不同的類型。在前一章中，曾提到歷史的循環論，以及歷史的螺旋論，當然也包含近代的線性論。那麼時間對中國史家而言，究竟代表著什麼意義？對於時間的掌握，中國古代史家有著敏銳的感受力，故在時間觀念上採取一種年/月/日的記時順序，這種以總體先於部份的記錄方式，體現了我們對時間整體的觀感，對於事情的理解，對古代史籍造成巨大的影響，以《左傳》爲例，首開吾國編年體史書的先河，其敘事的時間排列如下：

> 四年春，王二月，癸巳，陳侯吳卒。三月，公會劉子、晉侯、宋公、蔡侯、衛侯、陳子、鄭伯、許男、曹伯、莒子、邾子、頓子、胡子、滕子、薛伯、杞伯、小邾子、齊國夏於召陵，侵楚。夏，四月，庚辰，蔡公孫姓帥師滅沈，以沈子嘉歸，殺之。五月，公及諸侯盟於皋鼬。杞伯成卒於會。六月，葬陳惠公。許遷於容城。秋，七月，公至自會。劉卷卒。葬杞悼公。楚人圍蔡。晉士鞅、衛孔圉帥師伐鮮虞。葬劉文公。冬，十有一月，庚午，蔡侯以吳子及楚人戰於柏舉，楚師敗績。楚囊瓦出奔鄭。庚辰，吳入郢。〔註14〕

這種以主體時間「年」爲核心，再由四時、十二月、三十日編組成一「時間鏈」的敘事記時方式，是中國古代史學極爲特殊的表現。在此一時間鏈中所形成的歷史記憶網絡，便記載了十幾件史事，「年」是核心，「月」、「日」之

觀念〉，頁43～122。較爲詳盡的分析可參見洛維特（Karl Lowith），《世界歷史與救贖歷史》（香港：漢語基督教文化，1997年），其第9章〈奧古斯丁〉及第11章《聖經》對歷史的解釋〉，頁197～214，227～237。關於西方基督教信仰中對歷史的解釋，在華人史學的研究圈中，作品並不多，但西方近代的史學大家卻都有宗教信仰的因素，如果不能進一步釐清，對西方近代史學的理解，仍有未竟之功，從蘭克（Ranke, 1795～1886年）、狄爾泰（Dilthey, 1833～1911）、克羅齊（Croce 1886～1953）、斯賓格勒（Oswald Spengler, 1880～1936）、柯林武德（R. G. Collingwood, 1889～1945）到湯恩比（A. J. Toynbee, 1889～1975），基督教的信仰之於他們對於歷史的認知，恐有著剪不斷理不亂的內在脈絡。
〔註14〕《左傳・定公四年》（台北：藝文，1989年），卷54，頁944～945。

下有事則記、無事則缺；時令記春、夏、秋、多；日記干支，初一加記朔，月底加記晦，每位國君在位的每年正月的時、月間通常加一「王」字，此組年/時/月/日的記時方式，形成一個前後因果關係的時間之網。但問題是，這樣一種對時間的理解，是否便是一種線性時間觀的表現呢？可以再舉一例說明，司馬光（1019～1086）的《資治通鑑》共計二百九十四卷，敘述了從戰國到唐五代一千三百六十二年間的歷史，不過在編纂的過程中，歷史時間和敘事時間有很大的落差，比如〈周紀二〉中所載周顯王四年（365 B.C.）一年的事，只寫了「魏伐宋」三個字，而〈唐紀七〉，記載唐高祖武德九年（626）六月的玄武門之變，僅僅四天，就用去了三千三百個字，這是編年體史書在歷史時間的選擇上，存在著史家的主觀性判斷，也因此在敘事時間上相對具有某種封閉，而導致歷史事件的割裂，當然也包含因史料的多寡而存在的詳今略古的歷史敘事特性。的確，編年體是有缺點的，卻無疑的具有線性時間的觀念。〔註15〕

時間的連續性和發展性，在中國史學觀念中並非特例，對於時間的流變，早在先秦時代的人們便已感受到，至於歷史的變動亦復如此。〔註16〕不過，有一種例外，或者是說某種另類思考，那便是儒家所追求的美化的三代，或稱之為「黃金時代」，以往學者在論及此一概念時，不加思索的稱其為退化的史觀，吾人以為有商榷的必要，線性的時間觀和進步的觀念，都必須先要有個起始點，然後才能順此而行，朝某一特定的方向前進，如果說以現在做為定點座標，過去與未來，同具線性時間的特性，時間，仍是對時間的感受，而且將時間和空間合而觀之，無限的宇宙，起始在那裡呢？時間之矢向逝去的過往追尋，抑或向未來延伸，在宇宙的時空中兩者的歷程都是指向無限的延展，因此不論將「理想世界」寄託在往昔或是將來，其實都是人主觀的期盼，或是對現在不滿的投射，所以將目光轉向「美好的黃金時代」或「美麗的新世界」，在本質上是一致的。「美好的黃金時代」在時間座標上有清楚的交待，在空間的規劃上已經是一個經歷過的完整世界，故何須另闢一個「新

〔註15〕 關於中國傳統史學時間敘述的研究有兩篇文章可為參考楊義，〈中國敘事時間的還原研究〉，《河北師院（社科版）》，第3期，1996年，頁13～53，周曉瑜，〈編年體史籍的時間結構〉，《文史哲》，第1期，2004年，頁65～70。

〔註16〕 有關中國古代歷史思想中所呈現出的發展觀念可參考，林載爵，〈天道變易世運終始——歷史思想中的發展觀念〉，《中國文化新論——思想篇二》（台北：聯經，1987年），頁1～75。

世界」；但「美麗的新世界」在時間座標上卻不明確，就時間的速度而言，將成於何時？仍在未定的揣測中，不如過往的明確，更何況，「更新」比「復古」，在政治意涵上更具傷害性，「美麗的新世界」是否隱藏了另一個新王朝或新政權的建立，任何有此意圖的人，恐怕比主張「復古」的人更難生存吧！所以「美好的黃金時代」並非一種退化的史學觀念，而是一種有別於「美麗新世界」順向歷史思維的逆向歷史思維，若以西方近代進步史觀為主導的順向式歷史線性史觀來解釋，是不符合歷史實際的，中國傳統史學中，此一「逆向式」的線性史觀，有其「獨特性」。〔註17〕

　　在中國近代之前，有沒有學者採用一種類似西方近代進化論原理，來看歷史的人呢？這裡我想舉王夫之（1619～1692）做為說明，〔註18〕王夫之對於時間的理解是這樣說的：

> 天地之終，不可得而測也。以理求之，天地始者今日也。天地終者今日也，其始也，人不見其始；其終也，人不見其終。其不見也，遂以謂邃古之前，有一物初生之始；將來之日，有萬物皆盡之終，有愚矣哉！〔註19〕

在王夫之的認識中，宇宙是一個連續不斷的過程，無始亦無終，所以在他的觀念裏，時間是永恒的，他說：

> 有已往者焉，流之源也，而謂之曰過去，不知其未嘗去也。有將來

〔註17〕基本上西方學者有一種普遍性的看法，認為古希臘人是採一種「循環時間觀」，而基督教則採「直線時間觀」，對於中國，有些學者宣稱是為「無時間感的東方」（Timeless Orient）。李約瑟（Joseph Needham）認為中國自殷商以來，一直在時間觀上採用一種線性的思考，且是自發和獨立發展出來的。西方在基督教的影響下，時間雖是線性的，卻是一種天啓的，彌賽亞的形式，啓蒙時代所開啓的演化的、進步的觀點，雖也承接了基督教的線性時間觀，卻也有了新的意義轉化。

〔註18〕杜維運師在〈王夫之與中國史學家的歷史解釋藝術〉一節中曾提到，中國也有專門從事歷史解釋的史學作品，「史論」即是，但至王夫之的《讀通鑑論》、《宋論》出現，已接近西方史學中的歷史解釋，故西方史學家的歷史解釋藝術，大致到清初王夫之身上，已經具備。王夫之的歷史解釋，從追溯起源，闡釋原因，分析背景，縷述變遷，探究影響，皆王夫之史論中所述及。見氏書《中國史學史（第3冊）》（台北：三民，2004年），頁248～280。王夫之的此種歷史研究態度，必然有他對歷史變化的通盤思考，故其史學觀念，汪榮祖先生認為略具進步史觀。見氏著〈晚清變法思想析論〉，《晚清變法思想論叢》（台北：聯經，1983年），頁17。

〔註19〕《易經集成・周易外傳》（台北：成文，1976年），卷4，頁265～266。

者焉，流之歸也，而謂之曰未來，不知其必來也。其當前而謂之現
在者，爲之名曰刹那，不知通已往將來之在念中者，皆其現在，而
非僅刹那也。〔註20〕

前述引文中，王夫之指出「過去」、「現在」、「未來」三者間是一個連續的過
程，而其中「現在」最爲重要，因爲沒有「現在」此一座標，不可能面向「過
去」或思索「未來」，所以他又說：「過去，吾識也；未來，吾慮也；現在，
吾思也。」〔註21〕實際上，王夫之將「過去/現在/未來」三者視爲不可分割的
時間歷程，所以就歷史而言，歷史是無法切割的，而且有一種演變發展的過
程，他說：

唐虞以前，無得而詳考也，然衣裳未正，五品未清，婚姻未別，喪
祭未修，狉狉獉獉，人之異於禽獸無幾也。……春秋之民，無以異
於三代之始。帝王經理之餘，孔子垂訓之後，民固不乏敗類，而視
唐、虞三代帝王初興，政教未學之日，其愈也多矣。戰國之末，諸
侯狂逞，辯士邪詖，民不知有天性之安，而趨於澆，非民之固然也。
秦政不知而疾之如寇，乃益以增民之離叛。五胡之後，元、高、宇
文駔戾相踵，以道民於澆，非民之固然也。隋文不知而防之若讎，
乃益以增民之陷溺。逆廣嗣之，宜淫長佞，而後民爭爲盜。唐初略
定，夙習未除，又豈民之固然哉？倫已明，禮已定，法已正之餘，
民且願得一日之平康，以復興性情之便，固非唐虞以前茹毛飲血，
茫然於人道者比也。〔註22〕

就上段文字而言，王夫之認識到歷史發展過程，有其不可逆轉性，三代過去
了，秦漢消逝了，五胡、隋唐都勢必隨時間而成爲過往，可以留下來的，是
在時間之流中遺留下來人類建立的社會文明，這樣的看法，自然不會同意所
謂的「三代盛世」的黃金時代，所以說王夫之的史學觀念中呈現出一種線性
時間的觀念，也具有一定程度進步的觀點。〔註23〕

〔註20〕《船山全書·尚書引義·多方》（北京：北京出版社，1999年），頁557。
〔註21〕《思問錄內外篇·內篇》（台北：廣文，1970），頁4。
〔註22〕《讀通鑑論（上）·太宗八》（台北：里仁，1985年），卷20，頁693～694。
〔註23〕有學者並不同意王夫之的史學觀念，僅僅只是一種帶有「進化」意義的史學
觀念，而提出所謂「創化的歷史觀」（the history view of creative
transformation），因爲王夫之認爲歷史的「治亂合離」，有循環也有發展，並
沒有明顯的界限，是一種隨機的組成，故歷史的變化是多元性的，可以是前
進的，也可以是循環的，停滯的，甚或是倒退的，歷史的時間之知指向某個

其實，王夫之對時間的理解，在中國傳統史家那裏，是很特殊的例子，其所表現出的線性時間和進步觀念，都具有西方近代啓蒙以來「進化」的影子，這不免令人懷疑，是否與明末清初來華的基督教傳教士有關。〔註24〕不

方向，所以也可以是一種螺旋式的上升。見鄧輝，《王船山歷史哲學研究》（長沙：岳麓書社，2004 年），頁 167～169。此處作者基本上接受杜維明先生的看法，杜先生認爲：「中國的歷史編撰不是一種循環世界觀的反映，中國人的世界觀既不是循環式的，也不是螺旋式的，而是轉化式的（transformational）。」見 Tu Wei-Ming, *Confucian Thought: Selfhood as Creative Transformation* (Albany: State University of New York press, 1985 年），pp. 39～40。

〔註24〕　這樣的思考，僅是一種「疑問」，猶太——基督教的線性時間觀念，在明末是否已隨傳教士來到中國，而在士大夫及平民間傳播，我手中並有沒直接的證據，但早在 1584 年，天主教耶穌會士羅明堅和利瑪竇（Matteo Ricci, 1552～1610），用中文出版了一部《要理問答》，其中論述有關於西方歷史的「年代學」（Chronology），當然此一年代學是以《聖經》爲依據的歷史時間，其中明確的提到人類歷史只有「五千五百五十餘年」，這種說法，顯然是按造《創世紀》中的亞當世系而來，但當他們理解到中國的歷史後發現，中國的歷史不只有五千年，遠在夏、商、周三代之前，有更遙遠的歷史過程，其時間遠遠超過《聖經·創世紀》所建立起的「年代學」。這樣的問題，曾困擾過利瑪竇，所以他在《天主實義》中，企圖讓中國人適應西方基督教神學中的線性時間觀念，他將「三皇五帝」的說法與《創世紀》所載的內容，視爲同一神話的系統，此一做法頗有「西學爲體，中學爲用」的作法，利瑪竇用西方基督教神學的《聖經》或者說神學滲透了中國的歷史，不過此種滲透有假設，也有事實。包括利氏的傳教士們具體論證了：1.《新約》之前，因爲印度佛教的輸入，中國人錯誤的接受了古希臘畢達哥拉斯的「靈魂轉世」說。2.使徒時代，耶穌的門徒聖多默把《新約》福音傳到了中國了。3.唐代有被天主教東方教會排擠的異端教派「景教」的傳入。4.宋代和基督教世界有聯係，居住在開封的猶太人可爲證明。前兩項是十分牽強的「假設」，而後兩項則爲歷史事實，但更進一步的論說，則有所謂，中國人是猶太人離散後的種裔，則導致中國近代文化史上爭議很廣的「中國人種西來」或「中國文化西來」的說法。法國耶穌會教士巴多明（Dominique Parrenin，1665～1741 年）亦相信中國經典傳自西方，但也不否定中國歷史記載的可信度，故在 1730 年，他用法文寫了一本《中國史》，將歷史時間上推至上古之前的伏羲到堯舜的時代。這樣的觀點也影響了伏爾泰（Voltaire, 1694～1778 年），他在《路易十四時代》中提到：「中國這個民族，以它眞實可靠的歷史，以它所經歷的，根據推算相繼出現過的三十六次日蝕這樣漫長的歲月，其根源可以上溯到我們通常認爲發生過普世洪水的時代以前。中國的讀書人，除了崇拜某一至高無上的上帝以外，從來別無其他宗教信仰。」（見吳模信等譯，《路易十四時代》，北京：商務，1996 年，頁 597。）伏爾泰的歷史時間觀念，已存在著某種程度的修正，這也是明末以來，中西學術交流的成果。關於這個問題，可參考李天綱，〈17、18 世紀的中西「年代學」問題〉，《復旦學報（社科版）》，第 2 期，2004 年，頁 14～23，吳莉葦，〈明清傳教士中國上古編年史研究探源〉，《中國史研究》，第 3 期，2004 年，頁 137～156。

過，中國傳統學術中所隱含的資源，也不容忽視，比如以陰、陽的對立觀點去認識世界的「陰陽化生論」，是把天地看做是一個大體系，或是一個宇宙宏觀系統來看待，而陰與陽之間的互動之所以可能，在於變易變動的特質，故變易觀念，在中國的學術傳統中佔有相當重要的地位，其對史學的影響，更不在話下，中國近代史學觀念向進化史學觀念的轉化，若無此一變易史學觀念，恐怕無以為繼。

第二節　進化論對中國近代史學觀念的影響

在上一章曾提及康有為的「三世進化」史學觀念，其中「三世說」是傳統公羊學說的延伸，而其中的核心仍在變易史觀的展現，但「進化說」呢？雖然康有為在手成《大同書》前已知道此一學說的某些論點，可是是如何可得而知的？可能有來自於傳統的衍釋，〔註25〕或來自明治時代日本的傳播，〔註26〕當然更有嚴復的影響。〔註27〕有研究者認為康有為的進化觀，是一種中國式的進化觀，

〔註25〕如果說王夫之是一個特例，那十九世紀末的鄭光祖（1776～1845?）恐怕也是另一特例，鄭氏的《醒世一斑錄》於道光 19 年（1839 年）刊行，其中內容指出了宇宙、生物界和人類社會均有著它的起源和演化過程，人類是生物界不斷進化的產物，生物進化同時受到「先天之理（遺傳）」和自然環境制約，而地球不經歷了許多次的「大、小劫」難，故生物也經歷了一次又一次的毀滅和重生，他曾說：「有天地以來，陽光日照臨於外，地球旋轉顧內，地球之百萬物化生，始生蟲魚，繼化鳥獸，生化既眾，於是生人，各土各生其人，而成各國，迨人事既盛，定人倫，興禮樂，語言各異，文字各異，風俗各異。」（見鄭光祖，《醒世一斑錄》（上海：上海古籍，2002 年），卷 1，頁 647。）乍看此段論述，頗有達爾文生物進化的觀點，但在時間上卻較達爾文氏於 1842 年將其進化論思想整理成《物種起源》一書的提綱早三年，而且在達爾文的《物種起源》及《動物和植物在家養下的變異》中提及，他從一本中國古代百科全書中，尋獲不少他學說賴以建立的依據，此一「百科全書」究竟是否即為《一斑錄》，有待更進一步的比對與分析，另參見李斌，〈清代鄭光祖的生物進化觀〉，《大陸雜誌》，第 87 卷第 1 期，頁 13～17。

〔註26〕1896 年康有為曾撰《日本書目志》，其中有關進化論的書，有五本，石川千代松譯的《動物進化論》，伊澤修二譯的《進化論原理》，石川千代松的《進化新論》，山縣悌三郎譯補的《進化委論》，城泉太郎翻譯的《通俗進化論》。不過，康有為此時對「進化論」的理解，恐怕只是利用進化的原理與原則來敘述或補強其學說的變易改革主張，真正認真的理解，還是在戊戌政變後，流亡海外，重新對嚴復所譯《天演論》的再認識，此一過程可參見湯志鈞，〈大同「三世」和天演進化〉，《史林》，第 2 期，2002 年，頁 56。

〔註27〕雖然早在 1897 年，康有為可能已從梁啟超那裏得知嚴復《天演論》的部份內容，

我同意這樣的說法，但是亦不能把嚴復排除在外，因為如果這種分析，只是認為康有為比嚴復受傳統影響更多，更深的角度來立論的話，是有討論的空間，如果說康有為因有公羊三世演化的今文經學觀點，而斷定康有為的進化觀具有中國的特色，這是不可否認的，但間接從日本引介和利用的進化思潮，以及嚴復對康有為的影響，恐怕也很難說他是純中國式的進化觀，嚴復亦然。〔註28〕

　　嚴復的進化論觀念，非達爾文式的生物進化觀，而是一種融合斯賓塞（H. Spencer，1820～1903）與赫胥黎（T. H. Huxley,1825～1895）觀點的廣義社會進化論。〔註29〕嚴復翻譯赫胥黎的《演化與倫理》（Evolution and Ethics），並將之譯為《天演論》，確實有嚴復自己複雜的主觀選擇性，那是一種「選擇性的親和」（elective affinity），這和嚴復的學習背景有密切的關係，嚴復一如同時的學者，都受儒家文化薰陶成長，而儒家文化中對於倫理道德的注重，促成嚴復在這一方面的高度感受，因此在引進和吸收西方進化論學說時，自覺或不自覺的，將傳統的因素滲入其思想之中。〔註30〕

但康氏從未正面回應，維新變法後，流亡印度之時，康有為的態度開始轉變，1914 年，康有為曾贈詩嚴復，他說：「側仰聲聞久矣。每讀大著，兼貫中外，深入人心，天演心藏所蘊於腹中而相與欲諸久，以聲氣之應求，竟道途之相局，我思勞積，相望為何。」（見《萬木草堂遺稿・謝嚴又陵贈壽詩書》（台北：成文 1978 年），頁 422～423。至此公開讚揚和承認嚴復進化論觀點，對他的影響。

〔註28〕見崔小茹：《清末民初的達爾文進化論》（新竹：清華史研，1989 年），頁 48～58。康有為與嚴復進化史觀的形成，各自有其淵源，但不外傳統與西學的影響，兩者間何者多一些，何者少一點，的確會影響他們立論的方向，有人認為康有為的進化史觀是一種「仁愛進化觀」，帶有濃厚的泛道德主義色彩；嚴復則為一種「競爭進化史觀」，帶有自我保存的理念。就進化・的目的而言，康有為看重的是未來大同社會的理想，一個人人平等的太平社會；嚴復則著重在個體的自由與國家的富強。康、嚴兩人的年歲相仿，卻有著不同的思考，康有為更像傳統的儒家，而嚴復則逐步擺脫儒家在他身上的刻印，朝新型學者的道路前行。在他倆身上，我們看到中國近代學術思想的複雜性，也看到傳統學者或史家如何從過往的儒者身份轉向新時代西方定義下的學者身份。另參閱郭燦，〈嚴復、康有為與近世兩大進化史觀述論〉，《史學理論研究》，第 4 期，1997 年，頁 72～78，120。

〔註29〕關於社會達爾文主義在中國的傳播，可參考郭正昭，〈社會達爾文主義與晚清學會運動（1895～1911）——近代科學思潮社會衝擊研究之一〉，《近代史研究所集刊》，第 3 期，下冊，1972 年，頁 557～625，白雲濤，〈社會達爾文主義的輸入及其對近代中國社會的影響〉，《北京師範學院學院（社科版）》，第 4 期，1990 年，頁 93～101，以及王中江，《進化主義在中國》（北京：首都師大，2002 年）。

〔註30〕嚴復的思想中是否包含了傳統的因素，美籍學者史華茲（Benjannin Schwartz）

不過，嚴復不可能不知道赫胥黎是反對斯賓塞的社會達爾文進化主義的。赫氏的這部演講集，其宗旨係要維護人類倫理價值，避免產生一種「進化的倫理」，與斯氏的觀點針鋒相對，那麼嚴復會不會產生矛盾和困惑呢？究竟是支持斯賓塞的「社會演化論」觀點？還是追尋赫胥黎的「倫理價值觀」呢？在《天演論》的譯本中，嚴復常以斯賓塞的觀點來反駁赫胥黎，但也不斷有闡揚赫胥黎的觀點，來補救斯賓塞的偏失，這一來一往之間，嚴復、斯賓塞，赫胥黎三者間已到了幾難辨識的程度，所以說嚴復的譯文絕非赫氏的忠實譯本，而是有選擇、有取捨、有評論、有改造、更重要的是有目的，故嚴復的《天演論》具有「獨創性」的意涵。〔註31〕嚴復在譯《天演論》自序

認為：「嚴復深受斯賓塞思想的影響，雖然斯賓塞的思想在嚴復那裏經過巧妙的變形，但卻不是一種單純的曲解，故史氏以為嚴復終其一生略帶保守的性格在氣質上的根源，仍依附著一種最嚴格的邏輯，特別是他所擁護的個別的西方觀念來的。」見氏著 In Search of Wealth and Power: Yen Fu and the West（Cannbridge: Harvard University Press, 1964 年），p.33, pp.80～84。郭正昭則強調傳統的因素，他提出三點解釋：1.中國具有廣大的、悠久的文化背景，「有機自然主義」（Organic Naturalism），「理性主義」（Rationalism）與「存疑論」（Agnosticism）的存在，提供了達爾文主義本土化的「同質」（Homogeneity）的基礎。2.晚清以來樸學遺風，講求實證，加之公羊學說的復興，其三世說深具社會發展論的變遷觀念。3.甲午喪師，敗於「島夷日本」，一種受挫的群體情緒與種族存亡的危機感猝然爆發。見氏著〈從演化論探析嚴復型危機感的意理結構〉，《近代史研究所集刊》，第 7 期，1978 年，頁 551。郭氏的論點在同一文中的第 554 頁有一思想背景流變的簡圖，其中達爾文進化論點的兩極性分化，分別為赫胥黎和斯賓塞，但匯集至嚴復身上的，從中國學術傳統中是儒家、法家與道家的融合。儒家思想中倫理人道的主張在嚴復的觀點中處處可見，但法家的影響，不能僅憑嚴復批評孟子、韓愈、宋儒，或強調了「性惡」的觀點，而直指嚴復為法家。當然，這種論點有其時代背景，即「儒法鬥爭」的爭論，李澤厚不以為然的指出，嚴復根本不是什麼「法家」，也不是「代表改良派」，而是近代中國的啟蒙思想家。見氏著〈論嚴復〉，《中國近代思想史論》（台北：風雲時代，1990），頁 296～304。至於道家的影響，吳展良有深入的辨析，他認為晚清學者都深受傳統思想中「求道」的觀念影響，故嚴復之所以引入進化論或天演之學，其目的是很明顯的，那便是欲「明道」也。所以，嚴復翻譯《天演論》，其中處處表現出一種追求吾道一以貫之的想法，而其天演思想，又與中國傳統的《易》和老子、莊子為中心的世界觀密不可分，其結論以為嚴復雖留學英國，學習最具近代科學性格的海軍，但他本人所表現出的學術性格，卻又深染傳統儒家性格。見氏著〈嚴復「天演論」作意與內涵新詮〉，《中國現代學人的學術性格與思維方式論集》（台北：五南，2000），頁 61～181。

〔註31〕關於嚴復翻譯的特殊性，不得不考慮嚴復的性格問題，似乎嚴復對西方近代科技的喜好程度不及他對西方學術理論的熱切，這使得他留英歸國後，任天津水師學堂的總教習，而非走向實務，幾次科考的落第，可能造成心裏的失

中說：

> 赫胥黎氏此書之旨，本以救斯賓塞任天爲治之末流，其中所論，與
> 吾古人有甚合者，且於自強保種之事，反復三致意焉。〔註32〕

其實，在嚴復的觀念中斯賓塞的「任天爲治」發展到最後，終將無所節制，這對嚴復而言，那將會是個什麼樣的社會，引赫胥黎之言，是因爲赫氏認爲社會的進化主要是通過倫理性的「人爲」來達到，吳汝綸（1840～1903）看出了這一點，他說：

> 赫胥黎氏起而盡變故說，以爲天下不可獨任，要貴以人持天。以人
> 持天，必究極乎天賦之能，使人治日即乎新，而後其國永存，而種
> 族賴以不墜，是之謂與天爭勝，而人之爭而勝天者，又皆天事之所
> 苞，是故天行人治，同歸天演。〔註33〕

意，早在 1880 年，嚴復已染鴉片煙癮，至此終身無法斷根，也嚴重影響到他的仕途，已往有論者，認爲嚴復享有盛名，卻一生「懷才不遇」，似未考慮其性格孱弱的一面，這種傳統文人的陰柔特質，在嚴復身上可見。關於嚴復吸食鴉片的問題可參閱汪榮祖，〈嚴復新論〉，《歷史月刊》，1995 年 6 月號，頁36～39。也許正此種特質，使得嚴復在翻譯上以他慣有的憂鬱和悲觀的主觀情感去理解原著者的心理意識，這是一種精神品質，充滿嚴氏個人風格的美學意味。嚴復在翻譯時喜用古語，或自創新詞，很少襲用當時流行的術語，但他所創的新詞，卻在同一時期，被日譯的術語所取代，而嚴復本人也終不能避免的使用這些詞彙，比如 evolution 一詞，嚴譯爲「天演」，而日譯爲「進化」，而今通譯爲「進化」（其後所舉的詞彙將按英語/嚴譯/日譯/通譯來說明）；struggle of existence，嚴譯爲「物競」，日譯爲「生存競爭」，今通譯爲「生存競爭」；selection，嚴譯爲「天擇」，日譯爲「選擇、淘汰」，今通譯爲「天然淘汰」，顯然，嚴復所創的眾多語詞中，在翻譯市場上，最終爲日譯名詞所取代，但這不是單純的取代，而是一種語言上的「雙程播散」，尤其是日譯的名詞，大量的擷取了中國古代典籍中的資源，反過來影響了我們對原詞義的理解，劉禾在《跨語際實踐——文學、民族文化與被譯介的現代性（中國，1900～1937）》（北京：三聯，2002 年）一書中，在〈附錄〉裏歸納出七種不同型態的漢語新詞來源，分別爲：A.源自傳教士漢語文本的新詞。B.現代漢語的中——日——歐外來詞。C.現代漢語的中——日外來詞 D.回歸的書寫形式外來詞：源自中國古漢語的日本「漢字」詞語。E.源自現代日語的後綴前綴複合詞採樣。F.源自英語、法語、德語的漢語音譯詞。G.源自俄語的漢語音譯詞。這七種類型當然並不能完全掌握自清末以來新詞彙的生成，而此一現像至今仍持續者。關於嚴復的翻譯問題，可參考田默迪，〈嚴復天演論的翻譯之研究與檢討〉，《哲學與文化月刊》，第 2 卷第 9 期，1975 年，汪榮祖，〈嚴復的翻譯〉，《中國文化》，第 9 期，1994 年，頁 117～123。

〔註32〕 《天演論・天演論自序》（台北：商務，1987 年），頁 3。
〔註33〕 《天演論・吳汝綸序》，頁 1。

所以「任天而行」的斯賓塞社會進化論與強調「以人持天」的赫胥黎天演進化之說，得到了調和。

斯賓塞的進化論點不但提供了嚴復社會文明發展的法則，也使嚴復對歷史抱有某種「進步」的樂觀主義，在嚴復看來，斯賓塞的歷史進步論是言之有據的，他說：

> 蓋意求勝斯賓塞，遂未嘗深考斯賓氏之所據耳。夫斯賓塞所謂民群任天演之自然，則必日進善不日趨惡，而郅至必有時而臻者，其豎義至堅，殆難破也。何以言之？一則自生理而推群理。群者，生之聚也，今者合地體、植物、動物三學觀之，天演之事，皆便生品日進……斯賓塞氏得之，故用生學之理以談群學，造端比事，燦若列眉矣。然於物競天擇二義之外，最重體合，體合者，物自致於宜也。彼以為生既以天演而進，則群亦當以天演而進無疑。而所謂物競、天擇、體合三者，其在群亦與在生無以異，故曰任天演自然，則郅治自至也。〔註34〕

根據嚴復的陳述，斯賓塞亦承認善惡皆為歷史過程的產物，但人類有「公理」，若公理之進化則惡將會被扼制，在斯賓塞看來，人類的進化進步觀，將主導人們朝更美好的明日前進，可是赫胥黎則看到了惡的可能性，若按自然的規律演化，人的生活，也不過是另一種獸性的生活。此外，若依斯賓塞的進步觀念往前邁進，歷史終將抵達某個「終點」，在這一點上，嚴復表示了懷疑，他說：

> 然則郅至極休，如斯賓塞所云云者，固無有乎？曰：難言也。大抵宇宙究竟與其元始，同於不可思議。不可思議云者，謂不可以名理論證也。吾黨生於今日，所可知者，世道必進，後勝於今而已。至極盛之秋，當見何象，千世之後，有能言者，猶旦幕暮遇之也。〔註35〕

在這裏，嚴復的觀點出現了異常理性的史家性格，所謂「世道必進，後勝於今」的觀點，完全是落實在經驗主義的考量上，他沒有西方史學中追求「烏托邦」的想法，也沒有像康有為欲建立「大同世界」的宏願，嚴復的史學觀念具有一元性的演進過程，任何知識的獲取有賴於歷史中的「後驗性」（a posteriori）經驗，而非「先驗性」（a pesiori）的抽象原則，〔註36〕所以歷史有

〔註34〕《天演論·演惡》，卷下，頁44。
〔註35〕《天演論·新反》，卷上，頁48。
〔註36〕黃克武，〈思議與不可思議：嚴復的知識觀〉，《科學與愛國──嚴復思想新探》

著不可逆轉的特性，是具有線性時間和進步觀念的展現，他曾說：

> 今夫法之行也，必有其所以行；而政之廢也，亦有其所以廢。自三
> 代之衰，學者慨慕古初，其賢者莫不以復古爲己任，然而卒不能者，
> 非必俗之不善也。民生降繁，世事日新，雖欲守其初，其勢有必不
> 可得故也。當此之時，脫有聖人，固當隨時以爲之今，不當逆流而
> 反之古爲得。其道將以日新。惟其不然，使宜進者反以日退，而暴
> 亂從之矣。此眞吾國學者之大蔽也。〔註37〕

又歷史的進化是有階段性的，他根據英國學者甄克思（Edward Jenks）所著《社
會通詮》（A History of Politics）提出人類歷史發展的三個階段（圖騰、宗法、
國家）及兩個過渡階段（游牧、封建）的劃分，他說：

> 夷考進化之階級，莫不始於圖騰，繼之宗法，而成於國家，方其爲
> 圖騰也，其民漁獵，至於宗法，其民耕稼，而二者之間，其相嬗而
> 轉變者以游牧。最後由宗法以進於國家，而二者之間，其相受而蛻
> 化者以封建。方其封建，民業大抵猶耕稼也。獨至國家，而後兵、
> 農、工、商四者之民備具，而其群相生相養之事乃極盛而大和，強
> 立蕃衍而不可以克減。〔註38〕

依嚴復的看法，人類進化正是朝此三階段漸進而行的，而且具有「普遍性」，
同時也呈現出一種「必然性」，而此一特性乃歷史變化的主因，嚴復稱之爲「運
會」，他說：

> 運會所趨，豈斯人所能爲力。天下大勢，既已日趨混同，中國民生，
> 既已日形狹隘，而此日之人心世道，眞成否極之秋，則窮變通久之
> 圖，天已諄諄然命之矣。繼自今，中法之必變，變之而必強，昭昭
> 更無疑義，此可知者也。〔註39〕

在這裡，中國史學傳統中的變易觀念與西方的進化觀點結合起來，歷史的發展
有其一定的方向性，是不隨人的意志而轉移的，所以他也說：「夫世之變也，莫
知其所以然，強而名之曰運會。運會既成，雖聖人無所爲力，蓋聖人亦運會中
之一物。既爲其運會中之一物，謂能取運會而轉移之，無是理也。」〔註40〕

（北京：清華大學，2001 年），頁 247～257。
〔註37〕《嚴復集・古文辭類纂評語》（北京：中華，1986 年），第 4 冊，頁 1234。
〔註38〕《嚴復集・譯社會通詮自序》，第 1 冊，頁 135。
〔註39〕《嚴復集・救亡決論》，第 1 冊，頁 50。
〔註40〕《嚴復集・原強》，第 1 冊，頁 1。

嚴復此處的「運會」和魏源的「氣運」實有相通的地方，括而言之，即歷史發展之大勢也。嚴復此一觀念影響他對其它學科領域的研究，尤其是社會學與政治學的研究和發展，他莫不以一種「史學」的眼光來治學，嚴復將其稱之爲「天演塗術」，他說：

> 故吾黨之治此學，乃用西學最新最善之塗術。何則，其塗術乃天演之塗術也。吾將取古今歷史所有之邦國，爲之類別而區分；吾將察其政府之機關，而各著其功用，吾將觀其演進之階級，而考其治亂盛衰之所由；最後，吾乃觀其會通，而籀爲政治之公例。〔註41〕

此一「天演塗術」運用在實際的歷史分析上，嚴復從而否定了堯舜和三代治世的說法，他說：

> 詈桀紂，頌堯舜，夫三代以前尚矣，不可考已，則古稱先者，得憑臆以爲之說。自秦漢以降，事跡分別，何治世之少而亂世之多也。且《春秋》所載二百餘年，而《國策》所紀七國之事，稽其時代，皆去先王之澤未遠也。顧其時之人心風俗，其爲民生幸福又何如？夫已進之化之難與爲狉榛，猶未辟之種之難與跂文明也。以春秋戰國人心風俗之程度而推之，向所謂三代，向所謂唐虞，祇儒者百家其意界中之制造物而已，又烏足以爲事實乎？〔註42〕

在嚴復的觀念中，歷史的進化具有進步的意思，所以春秋戰國時期較三代爲晚，怎麼可能出現退化的情形，所以他認爲三代和堯舜之事，均爲古代儒家所建構出來的歷史想像。〔註43〕

第三節　進化史觀的具體內涵及表現

影響中國近代史學至深且廣的觀念，無疑是「歷史進化」史學觀念。受

〔註41〕《嚴復集・政治講義》，第 5 冊，頁 1248。

〔註42〕《嚴復集・法意案語》（北京：中華，1986 年），第 4 冊，頁 940。

〔註43〕有關嚴復的研究，晚近較爲集中的討論可參考劉桂生、林啓彥、王憲明編，《嚴復思想新論》（北京：清華大學，1999 年），習近平主編，《科學與愛國——嚴復思想新探》（・北京：清華大學，2001 年），王中江，《嚴復》（台北：東大，1997 年），王中江，《進化主義在中國》（北京：首都師範大學，2002 年），以及吳展良，《中國現代學人的學術性格與思維方式論集》（台北：五南，2000）。另有一本博士論文主要討論進化思潮在中國的發展，見金鍾潤，《近代中國的進化思想研究》（台北：台灣師範大學歷史所，1991 年）。

此一觀念支配的史家，在不同程度上均接受或使用「進化論」原理來解釋歷史。在前述的學者中如康有爲、嚴復、譚嗣同都在不同程度上，以此觀念來闡釋其史學。然而進化史學觀念須包含三個要素，即在時間上必須是線性的；在歷史演進過程中，必須是進步的；在方向上，必須是具有目的的。符合此三要素的歷史解釋，均稱得上是具有進化史學觀念的史家，當然在不同的史家那裏，此三要素會有不同的偏重和取捨，不能一概而論。

梁啓超（1873～1929）的史學素以多變稱著，〔註44〕對於新思潮、新觀念總是抱持著敏銳的眼光，其學術的淵源有來自傳統的繼承；也有來自西學的接續；更有他的自得之學。傳統的「三世」思想，對梁啓超具有啓蒙的效應，當然這和晚清以來公羊學說的盛行和其師事康有爲有密切的關係，所以早年梁氏對歷史的解釋仍以三世變易的觀念來闡釋，他說：「《春秋》發三世之義，有撥亂之世，有升平之世，有太平之世，道各不同，一世之中又有天

〔註44〕許冠三認爲梁啓超的史學至少經歷了三變，自 1901～1902 年起，是他史學的首次變革，服膺進化史觀，1912 年則看重因果關係的追尋，1919～1920 年，歐戰結束後，重新肯定傳統史學的價值，許氏總結說：「任公新史學的成長經歷，恰好是一個從迷信西學到擇善而取，從背離傳統到選優發揚的辨証過程。」見氏著，〈梁啓超：存眞史、現活態、爲生人〉，《新史學九十年（上）1900～》（香港：中文大學，1989 年），頁 12～14。但不可否認的是梁啓超此一辨証過程，是晚清至民初許多學著共同的經歷，或者說是他們的某種心路歷程。梁啓超眾多學術成就，以史學最爲突出，但也不應忽略梁氏其它的學術表現，比如說對小說的改革、政治的主張等，研究梁超必須是全方位的，若從某個視角切入均不容易掌握他那龐雜紛亂、變化多端的思想，有關梁啓超研究的成果。西文有數本專著可參考，Joseph R. Levenson, *Liang Ch'i-ch'ao and the Mind of Modern China*（Massachusetts: Harvard University Press, 1953 年）, Hao Chang, *Liang Chi-chao and Intellectual Transition in China, 1890～1907*（Cambridge：Harvard Universify press, 1971 年）, Philip C. Huang, *Liang chi-chao and Moder Chinese Liberalism*（Seattle：University of Washington press, 1972 年）, Tang Xiaobing, *Global Space and the Nationalist Discourse of Modernity：The Historical Thinking of Liang Qichao*（California：Stanford University press, 1996 年），中文著作則有張朋園，《梁啓超與清季革命》（台北：中研院近史所，1964 年），黃克武，《一個被放棄的選擇：梁啓超調適思想之研究》（台北：中研院近史所，1994 年），蔣廣學，《梁啓超和中國古代學術的終結》（南京：江蘇教育，2001 年），另外有關梁啓超受日本影響的著作有狹間直樹編，《梁啓超、明治日本、西西——日本京都大學人文科學研究所共同研究報告》（北京：社科文獻，2001 年），鄭匡民，《梁啓超啓蒙思想的東學背景》（上海：上海書店，2003 年），此外尚有一篇專論梁啓超史學的未刊碩士論文，許松源，《梁啓超對歷史的理解及其思考方式》（新竹：清華史研所，1998 年）。

地文質三統焉。」〔註45〕不過梁啓超並不是沒有自己的思想，他提出了「三世二段」論的模式，他說：

> 博矣哉！《春秋》張三世之義也。治天下者有三世，一曰多君爲政之世，二曰一君爲政之世，三曰民爲政之世。多君世之別又有二，一曰酋長之世，二曰封建及世卿之世。一君世之別又有二，一曰君主之世，二曰君民共主之世。民政世之別亦有二，一曰有總統之世，二曰無總統之世，多君者據亂世之政也，一君者升平世之政也，民者太平世之政也。此三世六別者，與地球始有人類以來之年限，有相關之理。未及其世，不能躐之，既及其世，不能閼之。〔註46〕

在上述的論証中，梁啓超認爲歷史的發展是有順序的，即在時間的推演下逐步前進，很明顯的在他身上看到一種新的歷史時間觀念，同時也是一種具現代性的歷史意識的呈現，這和他的老師康有爲的「大同進化三世」之說已有不同的思考，有學者認爲梁啓超的「三世二段」論，是清末公羊模式應用中最完整的。〔註47〕

當然梁啓超思想中受今文經學的影響也很大，如作於 1898 年的〈讀春秋界說〉分別說明了《春秋》的性質和特點，並突出一種類似進化的觀點來解釋孔子的思想，他說：

> 蓋以《春秋》者，損益百王，斟酌三代，垂制立法，以教萬世，此其事皆天子所當有事者也。獨惜同道衰廢，王者不能自舉其職，而天地之公理，終不可無人以發明之，故孔子發憤而作《春秋》，以行天子事。〔註48〕

在梁氏的想法中，由於周道的廢弛，孔子不得已而作《春秋》，賦《春秋》以新義，並呈現出某種進化的規律，他說：

〔註45〕《飲冰室文集二‧讀日本書目志書後》，（台北：中華，1978 年），第 1 冊，頁 52。

〔註46〕《飲冰室文集一‧論君政民政相嬗之理》，第 1 冊，頁 7。

〔註47〕依孫春在的分析，梁啓超的「三世二段」模式如下：前據亂世（酋長之世，多君互爭）→後據亂世（封建及世卿之世）→前升平世（自秦至清君主專制）→後升平世（君民共主虛君立憲）→前太平世（民主共和總統制）→後太平世（群龍無首，無總統），他認爲：「在此一模式中，梁啓超雖將「三世」繁複化爲「六世」，但對歷史的演變有一個頗清楚的交待，對於己世（前升平世）的狀態應如何繼續推進到下兩個狀態也有說明。」見氏書《清末的公羊思想》（台北：商務，1985 年），頁 154，204～205。

〔註48〕《梁啓超哲學思想論文選‧讀春秋界說》（北京：北京大學，1984 年），頁 19。

《春秋》分三等，有見聞有傳聞，隱、桓、莊、閔、僖爲所傳聞世，
亦謂之據亂世；文、宣、成、襄爲所聞世，亦謂之升平世；昭、定、
哀爲所見世，亦謂之太平世。《春秋》者，所以治萬世之天下者也，
凡天下萬物之不能不變也。天理也；變而日進於善也，天理而加以
人事者也。至《春秋》所以分十二公爲三世者，其義以爲苟行《春
秋》之制，則行之若干年，可以撥亂；更行之若干年，則可以進太
平；更行之若干年，則可以至太平云爾。〔註49〕

梁啓超在這段文字的表述，不同於已往公羊學者所採用三世反復的說法，而
是認爲歷史進程有一朝善前行的目的性，三世的變化是一線性的發展，在行
經若干年後，是可以達到的，他又說：

《春秋》爲孔子改定制度以教世之；《春秋》立三世之義，以明往古
今天地萬物遞變遞進之理，爲孔子範圍世之精意；《春秋》既爲改制
之書，故托王以行天子之事；《春秋》托王於魯，非以魯爲王。〔註50〕

梁氏以爲孔子之「精意」，在於運用「春秋之義」來解決歷史發展中所產生的
諸多問題，故遞變遞進之理，才是合乎歷史發展的。不過此時的梁啓超並未
完全放棄「三世說」中「托古改制」和理想大同社會的追求，他說：

孔子立小康之義，以治二千年來之天下，在《春秋》亦謂之升平，
亦謂之臨一國之言，荀子所述皆此類也。立大同之義，以治今日以
後之天下，在《春秋》亦謂之太平，亦謂之臨天下之言，孟子所述
皆此類也。大同之義，有爲今日西人所已行者，有爲今日西人之所
未及行，而可決其他日之必行者。〔註51〕

上述所引梁啓超的〈讀春秋界說〉和〈讀孟子界說〉，主要是想說明在戊戌變
法前後，梁啓超的思想淵源，主要還是來自今文經學的傳統，以及其師康有
爲的影響，試將〈讀春秋界說〉與康有爲的〈筆削春秋大義微言考〉，或將〈讀
孟子界說〉與康有爲的〈孟子微〉做比較，吾人不難發現，兩者間的相同和
一致性。但仍有一個疑問，如前述所引對《春秋》性質的說明，似乎已有進
化的觀點來看，那麼梁啓超在何時已逐漸接受和使用進化論觀念來闡述歷史
現象，有學者指出最遲在1896年，梁啓超已從嚴復那裏得知進化論的某些內

〔註49〕《梁啓超哲學思想論文選・讀春秋界說》，頁25～26。
〔註50〕《梁啓超哲學思想論文選・讀春秋界說》，頁25。
〔註51〕《梁啓超哲學思想論文選・讀孟子界說》（北京：北京大學1984年），頁30。

容。〔註52〕但是知道不代表接受和運用，那需要某種時間的調和，在〈變法通議·論不變法之害〉中他說：

> 要而論之，法者，天下之公器也；變者，天下之公理也。大地既通，萬國蒸蒸，日趨於上，大勢相迫，非可閼制。變亦變，不變不變。變而變者，變之權操諸已，可以保國，可以保種，可以保教；不變而變者，變之權讓諸人，束縛之，弛驟之。嗚呼！則非吾之所敢言矣。〔註53〕

梁啓超首先對傳統史學中的變易史學觀念做了發揮，他認為沒有不變的事物，但變與不變卻有主動、被動之分，主動之變可以察先機，可以保國、保種、保教；而被動之變，則淪為旁人所控制，其間利害難測。然而變化之中有一促成之因，那便是「動」的存在，梁啓超說：

> 凡生生之道，其動力大而速者，則賤種可進為良種；其動力小而遲而無者，則由文化而土番而猿狄，而生理殄絕。〔註54〕

梁氏所謂「動」仍指推動歷史前進的「動力」而言，而此一動力具有一種本質上促成世界變動的力量。〔註55〕由變而動，由動而新，「新」此一概念的出現，在梁啓超的思想中，處處可見。

梁氏在一篇名為〈論小說與群治之關係〉的發刊辭中說：

〔註52〕根據王天根的研究分析，嚴復在1898年正式出版的《天演論》，在正式出刊前，已有不少學者看過，有梁啓超、夏曾佑、吳汝綸或許加上一個康有為（此時的康有為應該已從梁啓超的書信往返中得知嚴復的某些論點，但無証據可以說明康有為亦看過嚴復的未刊稿，見氏著〈天演論的早期稿本及其流傳考析〉，《史學史研究》，第3期，2003年，頁68～73。清末民初知識界或學界所形成的學術群體，往往主導著某種學術風氣，以《天演論》一書為例，以嚴復為中心的一群學者，形成了一個小型的學術圈，彼此書信往返，互通聲息，關於這方面的研究有桑兵，《清末新知識界的社團與活動》（北京：三聯，1995年），《晚清民國的國學研究》（上海：上海古籍，2001年），此外有關「漢學」的形成與發展，可參考桑兵，《國學與漢學——近代中外學界交往錄》（杭州：浙江人民，1999年），胡志宏，《西方中國古代史研究導論》（鄭州：大象，2002年）。

〔註53〕《飲冰室文集一·變法通議，論不變法之害》，第1冊，頁8。

〔註54〕《飲冰室文集三·說動》，第1冊，頁40。

〔註55〕張灝在《梁啓超與中國思想的過渡（1890～1907）》一書中提到，梁啓超對實利主義和利欲心的肯定，故在梁氏思想中逐漸產生一種新的人格理想，它強烈反映在對「力本論」的崇拜上，而形成一個獨特的世界觀，此一世界觀與譚嗣同認為宇宙間常處於自我更新的過程觀點相類似，但此論點也可以在傳統文化中的《易經》或王夫之的宇宙論中看到。見崔志海、葛夫平譯，《梁啓超與中國思想的過渡（1890～1907）》（南京：江蘇人民，1995年），頁62～63。

　　欲新一國之民，不可不先新一國之小說，故欲新道德，必新小說，

　　欲新宗教，必新小說，欲新政治，必新小說，欲新風俗，必新小說，

　　欲新學藝，必新小說，乃至欲新人心，欲新人格，必新小說。何以

　　故？小說有不可思議之力支配人道故。〔註56〕

梁啓超喜用「新」字，鼓吹「新」義，基本上都是以進化史學觀念做爲考量，但梁氏的進化論觀點，並非有系統的來自對達爾文生物演化的理解，而是以「進化主義」來提倡民族和國家富強的工具。在這一點上，梁啓超儒者的性格亦難擺脫，傳統儒家經世致用的理想，不時在他身上展現。

　　梁啓超對達爾生物演化的學說，基本上採取廣義的解釋，他說：

　　達爾文者，實舉十九世紀以後之思想，徹底而一新之者也。是故凡人

　　類智識所能見之現象，無一不可以進化之大理貫通之。政治法制之變

　　遷，進化也；宗教道德之發達，進化也；風俗習慣之移易，進化也。

　　數千年之歷也，進化之歷史，數萬里之世界，進化之世界。〔註57〕

其實，吾人很難想像，梁啓超等清末民初的學術巨人，在尚未徹底或把握住某種學說理論時，可以用一種「宣傳」的方式鼓吹，那種抓著一點，其餘不論的論學方式，卻頗有公羊學發揮「春秋大義」的精神在裏面，所以學說的合適與否，並不是主要的考量，而是可不可行，可不可用。循此態度而下，我們也不難理解，何以梁啓超在東渡日本後，逐步放棄「三世」的論點，而改採西學的「進化」觀點。梁啓超說他在三十歲以後，絕口不提《僞經》，亦

〔註56〕　《飲冰室文集十・論小說與群治之關係》，第 2 冊，頁 6。在這一小段文字中，
　　　　梁啓超連用了 15 個「新」字，透露出什麼樣的心態呢？那是一種標示，帶有
　　　　一種宣言式的印記。在中國現代文學的敘述中，同樣可以反映出類似史學的
　　　　觀點，尤其在對時間的態度上，根據王德威的說法，他認爲：「中國現代文學
　　　　的闡述中，存在著兩種不同模式的時間觀彼此衝突，一種是基於強硬的「征
　　　　服」（overcoming）思想，將現代定義爲經由叛離及取代歷史、過去與傳統，
　　　　而將時間向前推進。故在時間上呈現出線性的發展，對知識的啓蒙與自新的
　　　　渴求，以及作者、・讀者與世界之間的關係重組，這種觀點促成五四時期全
　　　　面的反傳統主義；另一種則是不斷追趕西方的「現代性」。中國學者一直處於
　　　　這兩者間游移。見氏著，《被壓抑的現代性——晚清小說新論》（台北：麥田，
　　　　2003 年），頁 38～39。至於學者趨新的心理，則可參考羅志田，〈送進博物館：
　　　　清季民初趨新士人從「現代」裏驅除「古代」的傾向〉，《裂變中的傳承——
　　　　20 世紀前期的中國文化與學術》（北京，中華，2003 年），頁 91～130。
〔註57〕　〈論學術之勢力左右世界〉，《新民叢報》（台北：藝文，1966 年），第 1 號，
　　　　1902 年 2 月，頁 75。

不甚談《改制》，〔註58〕事實上，早在戊戌以前，康、梁師徒間，在面對學問
的思想見解上便有歧異，梁氏曾說：

> 有爲弟子陳千秋、梁啟超者，並夙治考証學，陳尤精洽，聞有爲說，
> 則盡棄其學而學焉。僞經考之著，二人者多所參與。亦時時病其師之
> 武斷，然卒莫能奪也。實則此書大體皆精當，其可議處乃在小節目，
> 乃至謂《史記》、《楚辭》經劉歆羼入者數十條，出土之鐘鼎彝器，皆
> 劉歆私鑄埋藏以欺後世。此實爲事理之萬不可通者，而有爲必力持之
> 實則其主張之要點，並不借重此等枝詞強辯而始成立，而有爲以好博
> 好異之故，往往不惜抹殺証據或曲解証據，以犯科學家之大忌，此其
> 所短也。有爲之爲人也，萬事純任主觀，自信力極強，而持之極毅，
> 其對於客觀的事實，或竟蔑視，或必欲強之以從我。〔註59〕

從上述引文中我們可以知道，康、梁師徒在面對歷史事實中「眞」的問題時，
所表現出的學術性格，康有爲不惜曲解以達到目的（明確的說是某種政治目
的）；而梁啟超則仍秉持學術求眞的良知，不願屈就。不過也可以從上文中理
解到梁氏學術的轉向，深受時代風氣潮流的影響，從早年的「考據學」一變
爲「今文學」，二變爲「西學」，再變爲「新學」，其間的轉折往往受外在環境
的牽引甚深，若再加上他那無可取替的「學問慾」，〔註60〕梁氏學術思想變化
之速，令人望之怯步。

　　戊戌變法維新失敗後，梁啟超東渡日本，是促成梁氏思想轉變的另一次
契機。變法失敗，証明傳統的「三世」論點已不可行，必當另尋生路。梁氏
在日舉目所見均是明治維新後，充滿生氣的景象，這如何不觸動善感的梁氏
呢？梁啟超開始學習日文，用他那自創的「和文漢讀法」，〔註61〕大量的閱讀

〔註58〕《清代學術概論》（台北：中華，1989 年），頁 63。
〔註59〕《清代學術概論》，頁 56～57。
〔註60〕梁啟超曾說：「啟超學問慾極熾，其所嗜之種類亦繁雜，每治一業，則沈溺焉，
　　　　集中精力，盡拋其他，歷若干時日，移於他業 ，則又拋其前所治者，以集中
　　　　精力故，故常有所得，以移時而拋故，故入焉而不深。」見《清代學術概論》，
　　　　頁 66。
〔註61〕梁啟超學日文，並不按步就班，循序漸進，而是尋求捷徑，由於日文中漢字
　　　　的使用，依作者的國學背景而有差異，往往富學術性的作品，使用漢字的比
　　　　例較高，加之在二戰之前，日文的使用常以「雅文體」爲主，其文法帶有較
　　　　多的漢語文言文語法，故初到日本的清末學人多以爲相差不大，所以誠如梁
　　　　啟超認爲日文的要義只在「顛倒讀之」，但這是因爲日文慣將動詞放在語尾所
　　　　致，此外，便是受到日本「漢文和讀」的訓讀法的影響，這是日本人自己發

日本報紙、雜、書籍，而此時的日本思想界充斥著以「進化主義」爲論點的
著作，梁啓超的思想受此影響不在話下，但也促使他重新思考傳統「三世」
學說的可行性，進而放棄，改採「進化論」的觀點。首先梁啓超透過對達爾
文學說的認識，展現出他對「進化論」的服膺，他說：

> 欲吾國民知近世思想變遷之根由，又知此種學術，不能但視爲博物
> 家一科之學。而所謂天然淘汰、優勝劣敗之理，實普行於一切邦國、
> 種族、宗教、學術、人事之中，無大無小，而一皆爲此天演大例之
> 所範圍。不優則劣，不存則亡，其機間不容髮。凡含生負氣之倫，
> 皆不可不戰兢惕屬，而求所以適存於今日之道云爾。〔註62〕

這是梁啓超較爲詳細的介紹有關達爾文進化論的文章，梁氏深信進化的原理
中「優勝劣敗」的「公理」（或原則），並視爲一種可以解中國燃眉之急的萬
靈丹。進而梁啓超又宣揚了英國社會達爾文主義思想家本傑明・頡德（Benjamin
kidd）的集體主義和未來主義進化觀，〔註63〕這種集體主義式的社會對於梁氏
欲改造中國的「國民性」想法有關係，而未來主義進化觀則和梁氏的進步樂
觀想法聯接上，他曾說：「進化者，嚮一目的而上進之謂也。日邁月征，進進
不已，必達於其極點。凡天地古今之事物，未有能逃化之公例者也。」〔註64〕
在此處，梁氏將「進化」與「進步」視爲同義詞，並且充滿了樂觀的精神，
基本上在梁啓超的歷史認識中，歷史的發展是不可逆的，並朝理想境況持續
前進的，此一線性時間觀和堅信人類朝更美好世界前行的進步觀，構成了梁
氏的史學進化進步史觀。〔註65〕

展出來用以處理「漢詩文」和「和文」二者間相互訓翻譯的語言轉換機制。
不過，梁啓超晚年對當年所採用的方式，已覺汗顏。關於這方面的研究可參
考夏曉虹，〈梁啓超與日本明治文化〉，《文化：中國與世界》（北京：三聯，
1988 年），第 5 輯，頁 185～187。馬歌東，〈訓讀法：日本受容漢詩文之津橋〉，
《陝西師範大學（哲社版）》第 5 期，2002 年，頁 81～88。

〔註62〕〈天演學初祖達爾文之學說及其傳略〉，《新民叢報》（台北：藝文，1996 年），
第 3 號，1902 年 3 月。

〔註63〕《飲冰室文集十二・進化論革命者頡德之學說》，第 3 冊，頁 78～86。

〔註64〕《飲冰室文集九・中國專制政治進化史論》，第 2 冊，頁 59。

〔註65〕關於「進化」與「進步」這兩個詞彙，王中江分析認爲：「首先他把進化看成
是適用於宇宙中一切現象的普遍之道，其次他把進化同循環嚴格區分，他相
信進化是不可逆的，直線的朝理想目標不停上進的，末了進化有一定的次序
和固定的階段，這種次序不能打亂或超越。」見氏著〈進化主義原理、價值
及世界秩序觀——梁啓超精神世界的基本觀念〉，《浙江學刊》，第 4 期，2002

　　1901 年在〈中國史學論〉中，梁啓超已開始運用進化史學觀念來研究歷史，他說：

> 前者史家，不過記載事實；近世史家，必說明其事實之關係，與其
> 原因結果。前者史家，不過記述人間一二有權力者興亡隆替之事，
> 雖名爲史，實不過一人一家之譜牒；近世史家，必探察人間全體之
> 運動進步，即國民全部之經歷，及其相互之關係。〔註66〕

所謂「前者史家」與「近世史家」之分，已隱含了新舊史學的分野。在梁啓超看來，前者史家（舊史家）不過是對史實史事的排比；而近世史家（新史家）則進一步探究其歷史的因果解釋。當然梁氏的這種區分仍屬粗淺的分法，1902 年梁啓超於《新民叢報》上發表的《新史學》，標示著中國近現代史學觀念的另一次轉化。梁氏動人極富感性的筆觸，有如下的表述，他說：

> 今日欲提倡民族主義，使我四萬萬同胞強立於此優勝劣敗之世界
> 乎，則本國史學一科，實爲無老無幼無男無女無智無愚無賢無不肖
> 所皆當從事，視之如渴飲饑食一刻不容緩者也。然遍覽乙庫中數十
> 萬卷之著錄，其資格可以養吾所欲給吾所求者，殆無一焉。嗚呼！
> 史界革命不起，則吾國遂不可救。悠悠萬事，惟此爲大，《新史學》
> 之著，吾豈好異哉？吾不得已也。〔註67〕

年，頁 43～44。蒲嘉珉（James Pusey）認爲「進化」與「進步」被混用，與漢語的譯名有關，由於都使用了褒貶義的「進」字，故增加了說明上的困難，嚴復早年所使用的「天演」一詞，則中性的多，但不久也滲入了帶有進步觀點的意思，這個現象不能孤立的從語譯的角度理解，人類普遍的慾望和當時中國在危機困境下欲求突破的心理要考慮進去。見王中江論文註 6。

〔註66〕《飲冰室文集六・中國史敘論》，第 1 冊，頁 1。

〔註67〕梁啓超：《新史學》（台北：里仁，1994 年），頁 9。許多近現代史學史的著作，常以梁啓超的《新 史學》做爲一個時代劃分的界限，其實，梁氏的「新史學」觀念，應該從晚清以降，眾多史家對舊史不滿的批評開始，而後逐步蘊釀成的一股浪潮，加之傳教士的史著，以及留學生的傳播，共同匯集而形成梁啓超史學觀念上的突破，但距離建立一套以西方近代史學學科爲主要參照的學門，則要晚至五四運動以後，更何況其新的意涵主要是批判傳統史學中的「四弊二病」，並以進化論的進步史觀去解釋歷史。梁氏《新史學》的形成和日本學者浮田和民（1859～1946）的《史學通論》有密切的關係，梁氏之〈史學之界說〉主要取材於《通論》的前三章，〈中國之舊史〉中引斯賓塞「鄰貓生子」之喻亦引自《通論》的第 3 章，〈歷史與人類之關係〉也錄自《通論》第 6 章，然而梁啓超並不是不加選擇的使用，而是從形式上改造，進而在論點上發揮、拓展與應用。有關梁啓超史學受日本學者影響的研究，可參閱蔣俊，〈梁啓超早期史學思想與浮田和民的《史學通論》〉，《文史哲》，第 5 期，1993 年，

「史界革命」之說，在梁啓超那裏不是一個孤立的現象。1899 年梁氏赴夏威夷途中已提出了「詩界革命」與「文界革命」之說，如果再配合上 1902 年 11 月的「小說界革命」，此四大革命的命名權均由梁氏一人所包攬，然而「革命」一詞的使用對梁啓超而言代表著一種「進步」，〔註68〕而《新史學》中的主要觀點亦採進化的原則，梁氏說過：「歷史者敘述進化之現象也；敘述人群進化之現象也；敘述人群進化之現象而求其公理公例者也。」〔註69〕關於「進化之現象」，梁啓超區分了進化與循環兩種現象，他說：

> 現象者何，事物之變化也。宇宙間之現象有二種；一曰爲循環之狀者，二曰爲進化之狀者。何謂循環？其進化有一定之時期，及期則周而復始，如四時之變遷，天體之運行也。何謂進化？其變化有一定之次序，生長焉，發達焉，如生物界及人間世之現象是也。……進化者，往而不返者也。進而無極者也。凡學問之屬於此類者，謂之歷史學。〔註70〕

關於「人群進化之現象」，梁啓超則將史學研究的對象放在人類社會進化的歷史中來說明，他認爲人類群體的進化遠較個人進化爲重，他說：

頁 28～32，尚小明，〈論浮田和民《史學通論》與梁啓超新史學思想的關係〉，《史學月刊》，第 5 期，2003 年，頁 5～12。另外較集中討論梁啓超諸多思想與日本背景的書可參考狹間直樹編，《梁啓超·明治日本、西方——日本京都大學人文科學研究所共同研究報告》（北京：社科文獻，2001 年），不過在綜觀全書後，隱約給人一種認知，那便是視梁啓超爲日本明治維新後，直接受益的中國學者，梁啓超的主體性似乎不見了，關於本書的評論可參閱桑兵，〈梁啓超的東學、西學與新學——評狹間直樹《梁啓超·明治日本、西方》〉，《歷史研究》，第 6 期，2002 年，頁 160～166。

〔註68〕 將 "revolution" 譯成「革命」是受到日本的影響，最早使用「革命」這個詞語的是王韜。1890 年時，在《重訂法國志略》一書中受到日本岡本監輔《萬國史記》的影響，將 "French Revolution" 譯爲「法國革命」，因此開啓了中文語境中使用「革命」來指涉 "revolution" 的先河，而梁啓超所提出的「詩界革命」已包含了西方 "revolution" 的諸多觀念，隨時間的推移，「革命」一詞的使用，逐漸被加上更多的含義，從原本「改朝換代」的意思到一種從制度上、精神上的徹底改變，這種起源到轉變的過程，正是中國近代歷史發展的某種縮影。關於這方面的論述可參考陳建華，《「革命」的現代性——中國革命話語考論》（上海：上海古籍，2000），金觀濤，〈觀念起源的猜想與証明——兼評《「革命」的現代性——中國革命話語考論》〉，《近史所集刊》，第 42 期，2003 年，頁 125～138。

〔註69〕 梁啓超，《新史學》，頁 10～15。

〔註70〕 同前註，頁 10。

故欲求進化之跡，必於人群。使人人析而獨立，則進化終不可期，
而歷史終不可起，蓋人類進化云者，一群之進也，非一人之進也。……
疇昔史家，往往視歷史如人物傳者然。夫人物之關係者，亦謂其於
一群有影響云爾。所重者在一群，非在一人也。而中國作史者，全
反於此目的，動輒以立佳傳爲其人之光寵，馴至連篇累牘臚列無關
世運之人之言論行事，使讀者欲臥欲嘔，雖盡數千卷，猶不能本群
之大勢有所知焉，由不知史之界說限於群故也。〔註71〕

關於「人群進化之現象的公理公例」，在梁啓超前期的著述中特別強調，他把
尋求「公理公例」作爲史學研究的根本任務之一，他說：

是故善爲史者，必研究人群進化之現象，而求其公理公例之所在，
於是有所謂歷史哲學者出焉。歷史與歷史哲學雖殊科，要之，苟無
哲學之理想者，必不能爲良史，有斷然也。……夫所以必求其公理
公例者，非欲以爲理論之點綴而已，將以施諸實用焉，將以貽諸來
焉。歷史者，以過去之進化，導未來之進化者也。……而史家所以
盡此義務之道，即求得前此進化之公理公例，而使後人循其理、率
其例以增幸福於無疆也。史乎！史乎！其責任至重，而其成就至難！
中國前此之無眞史家也，又何怪焉！而無眞史家，亦即吾國進化遲
緩之一原因也。〔註72〕

梁啓超這種帶有進步觀的進化史學觀念，其具體的表現爲一線性的歷史，歷
史是直線發展並朝善的方向前進，但歷史的進化不是以個人的形式來實行，
而是透過群體的進化來完成，雖然梁氏晚期的史學對於歷史進步的信念有所
質疑，但整體上仍未改其對進化主義的看法。唐小兵認爲，梁啓超大概是中
國第一個全面有系統闡述現代史學觀念的學者。他提倡新的歷史寫作形式，
一種以民族發展爲中心的歷史，此一歷史不屬少數的貴族君主，而是屬於同
一國家的全體人民。在梁啓超的看法中，過去的朝代史不能再稱爲歷史，因
爲歷史是由某種目標所推動，而過去的歷史只是記記錄，記錄大量的史事，
卻沒有因果和時間上的意義，梁氏的說法是已經接受西方現代史學後的概
念，並希望藉此模式改造中國舊史。〔註73〕

〔註71〕同前註，頁12～13。
〔註72〕同前註，頁13～15。
〔註73〕Tang Xiaobing, *Global Space and the Nationalist Discourse of Modernity──The*

　　當梁啓超放棄以今文經學中的公羊三世學說，而改採西方進化論觀點，來說明其史學觀念時，約在同一時期，夏曾佑（1863〜1924）已著手撰寫《最新中學中國歷史教科書》，這是中國近現代史學第一次將進化史學觀念融入歷史解釋的開始，如果說梁啓超在史學理論上提倡以進化的史學觀念入史，那麼夏曾佑則是躬身實踐的第一人。〔註74〕作爲教科書形式的通史類著作，與晚清的局勢緊密的結合在一起，1902 年清政府頒行新學制——即「壬寅學制」，決定在全國各地建立大中小學堂，實行新式教育，在普通學校中講授「中國歷史」，但傳統史學動輒百卷的大篇幅或觀念，並不適用於新學校體制下的新思潮，故在此背景下京師及各省編譯局、所開始籌編教學用的中國歷史教科書，於是許多不同類型的中國歷史教科書紛紛出版。〔註75〕然而此時的歷史教科書大多爲傳教士或西學堂中使用的教本；或直接引用日本漢文寫成的中國歷史書籍，不然即利用大量翻譯的日文著作，並沒有一部國人自己撰述以適應新時代的歷史作品，加之歷史教科書有不同於一般史學作品的目的，

　　　　　Historical Thinking of Liang Qichao（California:Stanford University Press, 1996 年）, PP.35〜36。另參見王斑，《歷史與記憶——全球現代化的質疑》（香港：牛津大學，2004 年），頁 26〜32。

〔註74〕根據張舜徽的說法，近代中國第一部「中國歷史教科書」是《歷代史略》，見氏著《中國歷史要籍介紹》（武昌：湖北人民，1955 年），但不知作者爲何人，經俞旦初查証結果，約在 1901〜1903 年 5 月前，由柳詒徵增輯日本那珂通世《支那通史》而成，見氏書〈二十世紀初年中國的新史學〉，《愛國主義與中國近代史學》（北京：社會科學，1996 年），頁 76，及同文註88。中國近現代史學對於「通史」編撰曾有一股風湖，夏曾佑只是其中之一，想作而未成的人不少，如梁啓超，章太炎等關於這方面的論文可參考陳立柱，〈百年來中國通史寫作的階段性發展及其特點概說〉，《史學理論研究》，第 3 期，2003 年，頁 85〜93，王家范，〈中國通史編纂百年回顧〉，《史林》，第 3 期，2003 年，頁 1〜16。另有一篇未刊的碩論鄭之書，《清末民初的歷史教育（1902〜1917）》（台北：師範大學歷史所，1991 年），見第 4 章〈教本的使用和內容〉，頁 181〜245。

〔註75〕此一時期的教科書有幾項特色：1.歷史教材的編寫主要借鑒教會學校用書及外國人的著作。其中後來影響較大的爲日本人那珂通世的《支那通史》及桑原騭藏的《中等東洋史》，以及由李提摩太（Timothy Richard）和蔡爾康根據英人麥肯齊（Robert Mackenzie）所作的 *"History of the Nineteenth Century"* 譯出的《泰西新史攬要》。2.運用進化理論分析著述中國新史。前述的《泰西新史攬要》和夏曾佑的《中國歷史教科書》可爲代表。3.通史編撰時所使用的體例，已非傳統史學的紀傳、編年可行，而是在紀事本末體的基礎上朝章節體形式發展。4.對歷史階段的分期，成爲新通史教科書的特點。上古、中古、近世、現代的歷史時間階段的劃分，明顯的是接受西方現代史學分期的影響。

或稱之爲塑造某種「國民性」的意識形態隱含其中，難假他人或他國史家之手，故著手寫出一本適合於一般民眾的本國歷史作品，在當時有其迫切的需要。〔註76〕

夏曾佑學術的開展，尤其是他在史學上的見解，與師友同儕間有密切的關係，夏曾佑早年亦受今文經學的影響，但他不承認自己是公羊學家。在戊戌變法前，他和梁啓超、譚嗣同來往過從甚密，共同鼓吹「排荀」，〔註77〕夏氏認爲荀況才是完成中國封建專制主義的理論家，秦漢以後的法家、儒家、今文經學、古文經學，仍至漢、宋學，若論師承，均可追溯至荀況，其意在通過對先秦荀子的批判，整理中國傳統學術的系統，並借古申今，爲政治上的托古改制提供理論的依據。1896 年時在天津與嚴復相結識，通過嚴復，夏曾佑接受了進化論的思想，但雜揉了傳統今文經學中變易史學的觀點，透過這二種學術思想，形成了他自己的進化史學觀念。他曾說過：

> 儒術中有今文古文之爭。自東漢至清初，皆用古文學，當世幾無知今文爲何物者。至嘉慶以後，乃稍稍有人分別今古文之所以然，而好學深思之士，大都信今文。本編亦尊今文學者，惟其用意與清朝諸師稍異，凡經義之變遷，皆以歷史因果之理解之，不專在講經也。〔註78〕

夏曾佑所言，不但可以看出他尊今文經學的傾向，但又不專講「微言大義」，其主旨在運用今文經學的大義與進化論原理相結合，並導出歷史發展中的因果關係，所以他在全書的敘言中說：

> 智莫大於知來。來何以能知？據往事以爲推而已矣。故史學者，人之所不可無之學也。……洎乎今日學科日侈，日不暇給，既無日力

〔註76〕關於這方面的理論分析可參考艾波（Michael W. Apple）, *Ideology and Curriculum*《意識型態與課程》（台北：桂冠，2002 年），此外在嚴復與夏曾佑往來的書信中，有一封嚴復致夏曾佑的信函，嚴復說：「自得大著《歷史教科書》兩篇，反復觀覽，將及半日，輒嘆此爲曠世之作，爲各國群籍所無踵。然世間淺人於史學、政學蒙蒙然，猶未視之鼠狗，必不知重也。……然則史之所守固何事手？曰：惟有關於政治人之事實。是故歷史、政制，相爲根實，史學者，所以爲立憲張本者也。」見宋斌整理，〈章炳麟、嚴復致夏曾佑函札〉，《中國哲學》，第 6 輯，1981 年，頁 340～341。從這裏吾人也不難發現當時學人如嚴復，對於國人自編撰的歷史作品抱有相當的期望，而此一期望則配合著清末立憲運動的進行，欲以藉此凝具國民的向心力。
〔註77〕蔣祖怡，《史學纂要》（台北：正中，1981 年），頁 102～103。
〔註78〕《中國古代史·儒家與方士之分離即道教原始》（石家莊：河北教育，2000），第 2 篇第 1 章第 62 節，頁 362。

　　以讀全史，而運會所遭，人事將變，日前所食之果，非一一於古人

　　証其固，即無以知前途之夷險，又不能不亟讀史，若是者將奈之何

　　哉？是必有一書焉，文簡於古人而理富於往昔，其是以供社會之需

　　乎！今茲此篇，即本是旨。〔註79〕

夏氏的敘言將歷史與危機結合在一起，認爲研究歷史是爲了掌握當前的局勢，尋求社會的解決之道，此處，夏曾佑的史學觀念中仍充滿傳統史學致用的功能論點。在《最新中學中國歷史教科書》夏曾佑首先從變化的角度有系統的提出中國歷史的分期看法，他認爲中國歷史經歷了三大階段，他說：

　　中國之史，可分爲三大期，自草昧以至周末，爲上古之世；自秦至

　　唐，爲中古之也，自宋至今，爲近古之也，若再區分之，求與世運

　　密合，則上古之世，可分爲二期。　由開闢至周初，爲傳疑之期，⋯⋯

　　由周中葉至戰國爲化成之期，⋯⋯中古之世，可分爲三期。由秦至

　　三國，爲極盛之期，⋯⋯由晉至隋，爲中衰之期，⋯⋯唐室一代，

　　爲復盛之期，⋯⋯近古之世，可分爲二期。五季、宋、元、明爲退

　　化之期，⋯⋯清代二百六十一年爲更化期。〔註80〕

夏曾佑所區分的標準，主要在於他所注重的各朝代國勢的強弱、文化與民族的發展關係，此外，他特別注重「世運」與「變局」，即歷史發展中可能造成轉折的「偶然因素」。其次他從進化論的角度來解釋古代傳說，他說：

　　案此時代，發明三大事，一爲醫藥，一爲耕稼，而耕稼一端，尤爲

　　社會中至大之姻緣。蓋民生而有飲食，飲食不能無所取。取之之道，

　　漁獵而已。⋯⋯自漁獵社會，改爲游牧社會，而社會一大進。蓋前

　　此之早暮不可知，巨細不可定者，至今皆俯仰各足。於是民無懍餒

　　陡險之害，乃有餘力以從事於文化。⋯⋯故凡今日文明之國，其初

　　必又由游牧社會，以進入耕稼社會。有游牧社會，改爲耕稼社會，

　　而社會又一大進。⋯⋯於是更有暇日，以擴其思想界。況以劃地爲

　　耕，其生也有界，其死也有傳，而井田、宗法、世祿、封建之制生

　　焉。天下萬國，其進化之級，莫不由此。〔註81〕

在這裏，夏氏將有關神農氏的傳說與社會進化的原理結合起來，說明人類社

〔註79〕《中國古代史‧敘》，頁3。

〔註80〕《中國古代史‧古今世變之大概》，第1篇第1章第4節，頁11～12。

〔註81〕《中國古代史‧神農氏》，第1篇第1章第9節，頁16～17。

會文明變遷的過程，明顯帶有一種進化進步的史學觀念。可是歷史變化進步的動力爲何呢？夏曾佑以「生有競爭，優勝劣敗」的理論來說明，他說：

> 禹之時，涂山之會，執玉帛而朝者萬國；湯之時三千，武王時猶有千八國，知其殘滅已多矣。……至入春秋之世，國之見於書者，僅一百四十餘，然大半無事可紀，其可紀者，十餘國。何其少哉？蓋群之由分而合也，世運自然之理，物競爭存，自相殘賊，歷千餘年，自不能不由萬數減至十數。〔註82〕

又曾說：「循夫優勝劣敗之理，服從強權，遂爲世界之公例，威力所及，舉世風靡，弱肉強食，視爲公義。於是有具智仁勇者出，發明一種反抗強權之說，以扶弱而抑強，此宗教之所興，而人之所異於禽獸也。」〔註83〕其實，若放任「優勝劣敗」歷史進化之理，則世界終將爲強者所掌握，弱者恐終將爲所滅，這並不是歷史進步的最終目的。夏曾佑很快警覺到進化論原理中消極負面的可能性，所以提出「宗教」作爲補救放任進化可能帶來的災難。

綜觀夏曾佑的《最新中學中國歷史教科書》，在內容上是今文經學與西方進化論思想的融合，但其書之所以流傳甚廣，和其所採用的體裁有關。今人論夏氏著作的體裁，均將之視爲「章節體」，但此體從何而來？吾人以爲夏曾佑所用的仍是傳統的「紀事本末體」，他說：

> 五胡之事，至爲複雜，故記述最難。分國而言，則彼此不貫；編年爲紀，則凌雜無緒，皆不適於講堂之用。今略用紀事本末之例，而加以綜核，凡其國之興亡互相連貫者，則連類及之。〔註84〕

從上段的引文可以知道，夏曾佑仍以紀事本末體做爲撰述教科書的主要形式和體裁，但也不可否認此時來自西方史學和日本的現代史書體例，已開始影響夏氏的構思，比如其書的〈六國對秦之政策〉便參考了日人鳥居龍藏的著作，〈三國疆域〉和〈兩晉疆域沿革〉則抄錄了重野安繹的《支那疆域沿革圖》及略說，此外，在敘述種族、論分期，以及以下各分章分節的編制，大體上和那珂通世的《支那通史》相近，但在內容上則豐富許多。中國近現代史學轉變的因素複雜，但卻不能忽略日本近代史學發展對我們所造成的影響。〔註85〕正確的說法

〔註82〕 《中國古代史・諸侯之大概》，第1篇第2章第2節，頁40。

〔註83〕 《中國古代史・三國末社會之變遷（上）》，第2篇第1章第73節，頁404。

〔註84〕 《中國古代史・前趙後趙之始末》，第2篇第2章第10節，頁443。

〔註85〕 有關日本近代史學的發展可參考大久保利謙，《日本近代史學史》（東京：白揚社，1940），頁202～273。大久保氏認爲日本近代史學，主要是受到中國傳

是夏曾佑嘗試以傳統史學的編纂體例——紀事本末體，配合西方和日本近代以來流行的章節體，企求在中國史學史書體裁義例上有所突破，夏曾佑在這一點上是做到了。但是一般的讀者不見得能分辨這兩者間的差別，可是不論將紀事本末體直接看成是章節體；或是反視亦然，這都促成了該書的快速流傳，《最新中學中國歷史教科書》的問世，不僅在內容的闡述上採用進化進步的史學觀念，這使得此書在敘述的主線上清楚而明白，加之以融合中西史學體例的分章分節的敘述，從時間的順序上加以貫穿，確實達到讓讀者一目了然的目的。〔註86〕

　　近代中國史家都想嘗試動手撰寫通史。1902 年梁啓超和章太炎都提出了有關通史撰述的大綱，同年柳詒徵（1880～1956）將日人那珂通世的《支那通史》增輯爲《歷代史略》，1903 年陳慶年增補了桑原騭藏的《中等東洋史》，曾鯤化出版《中國歷史》，1904～1906 年，夏曾佑陸續刊行《最新中學中國歷史教科書》，約在同時劉師培（1884～1919）的《中國歷史教科書》也在此一潮流中出現。不過做爲後出的歷史教科書，劉師培的《中國歷史教科書》中，有許多夏曾佑《最新中學中國歷史教科書》的影子，〔註87〕他們兩者間有相

統考証史學學風和西方史學的影響，並逐步向西方史學轉向，其基礎主要是因爲在史料的批判上，日本與西方有其共同性，此一關鍵促成了日本逐步消化吸收西方史學的契機。另有一篇整體反省的文章，佐藤正幸，〈近代日本における中國史學と西洋史學の邂逅〉，《歷史學研究》，第 618 號，1991 年，頁51～56，64，其中有一個論點很有趣，作者認爲 19 世紀的日本，是中國文化與西洋文化的「實驗場」，換句話說，即日本在近代史學的發展上，主要是在消化和吸收此兩種文化的差異，並產生屬於日本文化意義上的史學。我想研究中國近現代史學的學者，都無法漠視日本近代史學對中國史學轉化的影響，比如梁啓超「史界革命」與日本「文明史學」的聯係；或是日本「國粹史觀」與中國「國粹學派」的關係，更遑論史學方法、社會主義學說和唯物史觀等等譯著的輸入。關於這方面的論文可參考胡逢祥，〈二十世紀初日本近代史學在中國的傳播和影響〉，《學術月刊》，9 月號，1984 年，頁 58～65，盛邦和〈廿世紀初中國史學現代化與日本〉，《日本學刊》，第 2 期，1999 年，頁96～109，王晴佳，〈中國近代「新史學」的日本背景——清末「史界革命」和日本的「文明史學」〉，《台大歷史學報》第 32 期，2003 年，頁 191～236。

〔註86〕關於夏曾佑史學的研究並不多，其生平可參見杜維運，〈夏曾佑傳〉，《歷史的兩個境界》（台北：東大，1995 年），頁 125～133，朱維錚編，〈五十年來中國之新史學，《周子同經學史論者選集（增訂本）》（上海：上海人民，1996年），頁 530～537，張志哲，〈晚清史學史上的——盞明燈——夏曾佑與《中國古代史》〉，《江海學刊》，第 2 期，1987 年，頁 77～81，陳其泰，〈夏曾佑對通史撰著的貢獻〉，《史學史研究》，第 4 期，1990 年，頁 37～46，78，李洪岩，〈夏曾佑及其史學思想〉，《歷史研究》，第 5 期，1993 年，頁 110～123。

〔註87〕劉師培與夏曾佑之間的往來，並沒有太多的資料，不過劉氏在 1903 年寫成的

通的地方，亦有互補的地方，首先劉師培亦服膺進化論原理，尤其是嚴復的《社會通詮》中的進化史學觀念。劉師培在《中國歷史教科書》的凡例中說：

> 西國史書，多區分時代，而所作文明史復多分析事類。蓋區分時代，近於中史編年體，而分析事類，則近於中國三通體也。今所編各課咸以時代區分先後，既偶涉制度文物，於分類之中，亦隱寓分時之意，庶觀者易於了然。〔註88〕

在劉師培看來，將西方進化論運用在中國歷史的研究，可以改變舊史學不明社會進化線索的侷限，所以他寫《中國歷史教科書》，就是要依據社會進化的眼光，來揭示中國社會歷史和各項典章制度的時代特徵。前述說劉師培基本上接受了嚴復翻譯的《社會通詮》中的主要內容，所以在分析中國古代社會時，不時將眼光向下搜尋。有關民生的社會生活也是劉氏研究的主要對象，他在《古代飲食述略》中提到說：

> 太古之人飲霜露之精，食草木之實，或茹草飲水，此仰給天然之食物也。及民稍進化，山居之民則食鳥獸、飲血茹毛；近水之民，則食魚鱉螺蛤。蓋田漁之制興，則萬物咸制於人。然未有火化，多疾病毒傷之害。及燧人氏鑽燧出火，教民熟食，以炮以燔而民無腹疾。乃伏羲結繩作網罟，而田漁之法益趨簡易，田獵所餘，復擇獸畜之馴優者，儲為雛豢。是為游收之始。……及神農求可食之物……教民食穀，自是以降，民咸食穀。夏之八政，食為首列，而伊尹亦以滋味說湯，則夏殷二代咸崇飲食矣。〔註89〕

劉氏的這一段飲食的進化說，有別於同時代史家對政治的過度關心，這恐怕又是史家的一種「另類歷史」吧！

其實，劉師培的《中國歷史教科書》在內容上遠較夏曾佑《最新中學中國歷史教科書》，對社會有更多的關懷，夏氏在其書第2冊《凡例》中說：「本篇用意與第一篇相同，總以發明今日社會之原為主。文字雜繁，其綱只三端。一關乎皇室者，如宮庭之變，群雄之戰，凡為一代興亡之所係者，無不詳之。

《攘書》中說：「錢塘夏卿語余曰：上古時為游牧時代，民皆食肉衣皮。至堯舜時，始為耕稼時代，然上級之民，仍肉食，下級之民，始粒食，故《書》言黎民阻飢。」見《劉申叔先生遺書》（台北：華世，1975年），第2冊，頁756。由此可見兩者間的往來互動非一般泛泛的交往，而是有學術來往的。

〔註88〕《劉申叔先生遺書・中國歷史教科書・凡例》，，第4冊，頁2463。

〔註89〕《劉申叔先生遺書・中國歷史教科書・古代飲食述略》，第4冊，頁2320～2501。

其一人一家之事，則無不從略，雖有名人，如與所舉之事無關，皆不具於書。一關乎外國者，如匈奴、西域、西羌之類、事無大小、凡有交涉，皆舉其略，所以代表。——關乎社會者，如宗教、風俗之類，每於有大變化時詳述之，不隨朝而舉也。」〔註90〕夏曾佑執簡馭繁以關乎皇室、關乎民族、關乎社會風俗來處理歷史發展的主軸，而劉師培則擴大分析的主軸，將重點放在「歷代政體之異同」、「種族分合之始末」、「制度改革之大綱」、「社會進化之階級」、「學術進退之大勢」這五大問題，〔註91〕可以說這五大問題是夏曾佑想法的擴大，夏曾佑與劉師培兩人的歷史教科書，一前一後，在內容上雖各有側重，但夏氏較注重上層階級的變動與變化，而劉氏則留意下層階級的轉變；在章節的體例運用上，夏書則較劉書完整；但在方法觀念上，則兩者又多傾向以進化史學觀念做爲歷史解釋的主軸，故兩書可謂各有千秋，但以往較多關懷於夏曾佑的史學，而忽略了劉師培的史學觀點。〔註92〕

從嚴復那裏，吾人看到一種帶有直線式、進步的、目的性的進化主義正不斷的擴大其影響。此時的「進化」等同於「進步」，不論是改革派或者是革命派，無不服膺此學理。在此氣氛之下，章太炎（1869～1936）於1906年10月12日在《民報》第7號刊載了《俱分進化論》一文，對那個「言必稱進化」的時代，提出了懷疑和挑戰。章太炎對進化論的反思，並不是單純的否定進化的事實，而是對進化論所作的修正與補充。〔註93〕在《俱分進化論》中他說：

〔註90〕《中國古代史・第二篇凡例》（石家莊：河北教育，2000），頁6。

〔註91〕《劉申叔先生遺書・中國歷史教科書・凡例》，第4冊，頁2463。

〔註92〕夏曾佑與劉師培，從某個視角來審視，他們的死，都帶有某些悲意。夏曾佑以酗酒了斷了一生；劉師培以狂顛而終，但他們卻又留下如此理性的文字敘述，兩相對照，不勝唏噓！劉師培在「小學」上的成就是有目共睹的，其所創的「以字詮史」的方法，以及對戴震義理之學的肯定與闡揚，是不該被忽略的。此外，對新史學的建立，他提出利用「書籍」、「文字」、「器物」三者互證的方法，並參以西人社會學說來解釋，在王國維尚未提出「二重証據法」之前，劉師培的想法可以視爲此法的濫觴。有關劉師培史學的研究可參考李洪岩、仲偉民，〈劉師培史學思想綜論〉，《近代史研究》，第3期，1994年，頁253～272。都重萬，〈論辛亥革命前劉師培的新史學〉，《中國文化研究》，秋之卷，2002年，頁67～76。

〔註93〕章太炎基本上是接受進化主義原理的，從他和嚴復的交往上來看，或是他對斯賓塞社會達爾文主義的服膺來說，都可以清楚的看到他學術的淵源，尤其是他對斯賓塞的學說曾下過不少精力專研，並透過許多不同的西方學者的著作，來分析和理解斯賓塞學說的弱點與不足，在此一理解下，章太炎選取了具有正斯賓塞機械論傾向的日本學者岸本能武太的《社會學》，在翻譯成中文後，於1902

> 若云進化終極，必能達於盡美醇善之區，則隨舉一事，無不可以反
> 唇相稽。彼不悟進化之所以爲進化者，非由一方直進，而必由雙方
> 並進。專舉一方，惟言智識進化可爾。若以道德言，則善亦進化，
> 苦亦進化。雙方並進，如影之隨形，如罔兩之逐影。非有他也，智
> 識愈高，雖欲舉一廢一而不可得。曩時之善惡爲小，而今之善惡爲
> 大；曩時之苦樂爲小，而今之苦樂爲大。然則以求善求樂爲目的者，
> 果以進化爲最幸耶？其抑以進化爲最不幸耶？進化之實不可非，而
> 進化之用無所取。自標吾論曰：《俱分進化論》。〔註94〕

從章太炎論述的觀點中可以得知，他的「善惡俱進論」來自赫胥黎，主要是
因爲赫氏在《演化與倫理》一書中提到說：「民有秉彝矣，而亦天生有欲。以
天演言之，則善固演也，惡亦未嘗非演。」〔註95〕然而嚴復卻有意忽略赫氏
的此一觀點，所以章太炎藉此從而發展出善惡俱演論，這是對嚴復進化史觀
的修正。

不過，章太炎的觀點不單是來自於西學的啓發，更有佛學的滲入，他以佛
教「唯識學」來解釋善惡並進的原因，他認爲其因有二：一爲熏習性；一爲我
慢心。就熏習性言，章氏以法相宗「唯識無境」之說，來說明宇宙間的一切，
均是由阿賴邪識（阿賴耶識）變化出來，而阿賴邪識中含有善、惡、無記（即
無善無惡）三種種子，其現行時，此三種種子會形成善惡相互雜揉的熏習，如
此反復循環不已，故在進化過程中，必是一種善惡俱進的結果，他說：

> 種子不能有善而無惡，故現行亦不能有善而無惡。生物之程度愈進
> 而爲善，爲惡之力亦因以愈進。〔註96〕

就我慢心言，章太炎認爲人皆好眞、好善、好美，但尚有不足，其實人性中
有好勝，故他說：

> 好善之念，惟是善性；好美之念，是無記性；好眞之念，半是善性，

年由上海廣智書局出版，所以吾人以爲章太炎在學理上，正是以斯賓塞學說爲
基礎的社會進化主義論者。關於章氏此觀點的形成可參考姜義華，〈《斯賓塞爾
文集》與章太炎文化觀的形成〉，《辛亥革命與中國近代思想文化》（北京：人
民大學，1991 年，頁 318～331，汪榮祖，〈章太炎對現代性的迎拒與文化多元
思想的表述〉，《近史所集刊》，第 41 期，2003 年，頁 145～178。

〔註94〕《章太炎全集·俱分進化論》（上海：上海人民，1985 年），第 4 冊，頁 386
～387。
〔註95〕《天演論·演惡》，卷下，頁 43。
〔註96〕同前註 94，頁 389。

> 半無記性。……若惟三者，則人必無惡性，此其缺略可知也。今檢
> 人性好眞、好善、好美外，後有一好勝心。〔註97〕

章太炎用佛教唯識學來分析人性的善惡進化，他認爲由於「未那識」執「阿賴耶識」爲「自我」，即是一種「我執」，「我執」故生「我慢心」，「我慢心」中的「好勝心」代表人性惡的展現，但就「萬法唯識」的觀點言，外境的一切法都是「阿賴耶識」因緣和合而產生的，只是「阿賴耶識」的流轉，所以是空的、妄的、幻的、假的，從而在根本上否定了人性道德在進化上的可能性。〔註98〕章太炎似乎走得太遠了，任何人乍看章氏的這些論說，均不免以爲章太炎放棄了進化主義的觀點，其實不然，他只是對人性的進化表達了悲觀的看法，〔註99〕但仍不致於絕望。他說：

> 世界愈進，相殺相傷之事漸少，而陰相排擠之事亦多。彼時怨憎會
> 苦，惟在憂受，不在苦受。惟此一苦，或少減於疇者。需求日繁，
> 供給不逮，求不得苦，較前爲甚。所求既得，其樂勝前，一旦死亡，

〔註97〕同前註94，頁389。

〔註98〕關於章太炎以佛教唯識學來論証善惡進化的過程，其特點在於時間上的反應，章太炎在二十世紀初對進化理論進行反思，比梁啓超早了許多，梁氏要晚到一次世界大戰後，參訪歐洲返國後，對進化主義的原理有了較深刻的反省，不過，和章太炎一樣，他們都援佛入史，章太炎用唯識來解釋進化論；梁啓超用佛教者的「因緣論」來說明歷史的因果關係，這一前一後，透過佛教的觀念來說明歷史，在晚清至民初，似乎是一股風潮。有關這方面的研究可參考郭朋等著，《中國近代佛學思想史稿》（成都：巴蜀書社，1989年），第14章，頁354～391。另外有關佛學的專有名詞，可檢索吳汝鈞編著，《佛教大辭典》（北京：商務，1995年）。「末那識」：「是唯識說所言的八識中的第七識，爲意識的根本，其本質是恆審思量。由於它的作用是執取第八識的見分或其種子爲我，使意識生起自我意識，故又稱爲我識。這基本上是一種我執的作用，由此而形成煩惱的根本。」（見《佛教大辭典》，頁1956。）「阿賴耶識」：「阿賴耶識，被列爲第八識。這是唯識說所表示的最爲根本的識，是一種被覆蔽著的潛在的意義，匿藏在心的最底層，故爲下意識。在我們生命中活動著的七識，是現行識；它們的生起，即以阿賴耶識爲基礎，故後者又稱爲根本識，我們在前一瞬間的心的作用，不管是清淨的抑是虛妄的，其影響與印象，不會消失，而以習氣或種子的姿態，貯藏在這個根本識中，作爲引生下一瞬間的心的作用的原因。」（見《佛教大辭典》，頁300a。）

〔註99〕章太炎不同於樂觀的進化主義論者，他的悲觀進化主義，恐和他的生、心理有關。章太炎素有「章瘋子」的稱號，這是他患有間歇性的癲癇，以及因「蘇報案」繫獄三年（1903～1906）後，所產生性格上的自大傾向。1906年6月出獄，恢復行動自由後，不及半載，便對進化論提出質疑，這不能說不是黑獄對他造成的某種影響。

> 捨此他去，愛別離苦，則較前爲最甚。……苦樂相資，必不得有樂
> 無苦。善惡並進，猶云汎指全體；苦樂並進，則非特徧於全體，而
> 亦局於一人。其並進之功能，蓋較善惡爲甚矣。〔註100〕

章太炎論進化之理，不是將重心放在現實層面的物質制度上考量，而是從精
神層面切入，考慮人性的道德善惡、感受苦樂，如果說人類社會文明的進化
在物質和制度上是朝向美好的世界前進，但人活在其中快樂嗎？這是章太炎
所要提出的大哉問！透過他對西方歷史發展的觀察，他說：

> 如歐洲各國……貴族平民之階級，君臣男女之崇卑，日漸剗削，則
> 人人皆有平等之觀，此誠社會道德之進善者。然以物質文明之故，
> 人所尊崇，不在爵位，而在貨殖。富商大賈之與貧民，不共席而坐，
> 共車而出，諸傭雇者之事其主人，竭患盡瘁，猶必以佞媚濟之。……
> 東方諸國，誠人人趨附勢利矣，猶以此爲必不應爲之事。獨歐洲則
> 舉此以爲天經地義，此非其進於惡耶？〔註101〕

章氏在此傳達了另一種訊息，即西方以進化進步爲主軸的「現代化」
（modernization）過程，所產生的社會貧富不均問題，已帶給民眾苦難，生活
在這種社會中的下層百姓，恐無幸福可言，何有進化所帶來的善與樂呢？那
種苦惡相隨的進化主義結果，是章太炎所要批判的。〔註102〕

讓我們再回來看看梁啓超對進化論觀點的反省，1918 年底至 1920 年 3
月，在大戰後百廢待舉的時刻，梁啓超游歷歐洲諸國。梁氏回國後，對他曾

〔註100〕《章太炎全集·俱分進化論》，第 4 冊，頁 392～393。
〔註101〕同上註，頁 39。
〔註102〕李澤厚在〈章太炎剖析〉一文中，指出章太炎在《民報》時期拋棄了他早期
有關於社會進化的思想。他說：「章太炎這時拋棄了他也曾信奉的文明進步、
物質幸福等等主張，走到寧肯要古代的儉僕生活也不要近代的繁華世界，寧
「啜菽飲漿」、「冬裘夏葛」，以求所謂心靈的快樂，而不要「沾沾物質之務」
（《四惑論》）。」（見氏書《中國近代思想史論》（台北：風雲，1990），頁 472。）
其實，李氏並未深入剖析章太炎的進化觀念，章氏的俱分進化史學觀念，其
主軸仍是以進化爲主的論述，只是在章太炎那裏單線式的進化史觀，被視爲
一種機械式的論點，也不符合歷史進化的實際情況，在現實政治面考量，章
代藉此來駁斥康有爲、梁啓超、嚴復等人所倡的君主立憲制，希望從立憲派
的進化史學觀中走出單線進化的迷失。有關章太炎進化思想的研究可參考陸
寶千，〈章太炎對西方文化之抉擇〉，《近史所集刊》，第 21 期，1992 年，頁
623～639，王煜，〈章太炎進化觀評析〉，《明清思想家論集》（台北：聯經，
1984 年），頁 325～396，汪榮祖，〈章太炎對現代性的迎拒與文化多元的表
述〉，《近史所集刊》，第 41 期，2003 年，頁 145～180。

深信不疑的進化史學觀念，產生了懷疑。1922 年出版的《中國歷史研究法》中，他說：「史爲何？記述人類社會賡續活動之體相，校其總成績，求得其因果關係，以爲現代一般人活動之資鑑者也。」〔註 103〕在這裏梁氏不再尋求進化之公理公例，但仍不放棄對歷史因果律的解釋，他又說：

> 嚴格論之，若欲以因果律絕對的適用於歷史，或竟爲不可能的而且有害的，亦未可知。何則？歷史爲人類心力所造成，而人類心力之動，乃極自由而不可方物。心力既非物理的或數理的因果律所能完全支配，則其所產生之歷史，自亦與之同一性質。今必強懸此律以馭歷史，其道將有時而窮，故曰不可能；不可能而強應用之，將反失歷史之眞相，故曰有害也。然則吾儕竟不談因果可乎？曰：斷斷不可。不談因果，則無量數繁賾變幻之史蹟，不能尋出一系統，而整理之術窮；不談因果，則無以爲鑑往知來之資，而史學之目的消滅。〔註 104〕

從上引文中可以看出，梁啓超對於因果的解釋，已不再堅持爲一種放諸四海皆準的公式，更由於區分自然科學的因果律與歷史學的因果律，而有不同的史學觀點，這是因爲梁氏接受了德國學者李凱爾特或立卡兒特（Heinrich Rickert，1863～1936）的觀點，〔註 105〕他曾說：

> 我去年著的《中國歷史研究法》內中所下歷史定義，便有「求得其因果關係一語，我近來讀立卡兒特著作，加以自己深入反復研究，已經發覺這句話完全錯了。我現在回看這篇舊著，覺得有點可笑。

〔註 103〕《中國歷史研究法》（台北：里仁，1994 年），頁 45。
〔註 104〕同前註，頁 161。
〔註 105〕李凱爾特（Heinrich Rickert，1863～1936）是新康德主義弗賴堡學派的主要代表人物，早在 1920 年前後，他的史學理論就通過《文化科學與自然科學》一書，對中國近現代史學產生了深刻的影響。其論點集中在三方面：1.自然和文化的區分。2.普遍方法與個別方法的對立。3.理論的價值聯係與歷史認識的客觀性。在自然和文化的區分上，李凱爾特凸顯了歷史學的自律性，即一種獨立於自然科學，卻又與之平等的地位；在方法上的運用，李凱爾特強調歷史學的多元認識方法，個別歷史的追求，與追求歷史統一性和普遍規律並不衝突，以多元的方式來認知，可以爲一種互補；在歷史認識的客觀性問題上，李凱爾特已注意到詮釋學中所謂的「成見」問題，故理解歷史不可能超越時間、傳統以及共同體等局限，但卻又不能放棄對歷史客觀性的承諾，以上論點可參考晉榮東，〈李凱爾特與梁啓超史學理論的轉型〉，《天津社會科學》，第 3 期，2002 年，頁 133～137。

　　既說「以果律馭歷史不可能而且有害」，何以又說「不談因果律斷斷
　　不可」？我那時候的病根，因爲認定因果律是科學萬不容缺的屬性，
　　不敢不碰他，所以有這種矛盾不徹底的見解。因果是什麼？有甲必
　　有乙，必有甲才能有乙，於是命甲爲乙之因，命乙爲甲之果。所以
　　因果律也叫做必然的法則。必然與自由是兩極端，既必然便沒有自
　　由，既自由便沒有必然。我們既承認歷史爲人類自由意志的創造品，
　　當然不能又認他受因果必然法則的支配，其理甚明。〔註106〕

至此，梁啓超進化史學觀產生了矛盾，如果誠如他所說歷史是人類自由意志
的創造品，那麼根本沒有法則可尋。沒有法則，則不可能有因果關係的進化
史學存在，梁啓超陷入了兩難的局面，爲了解決這樣的困境梁氏提出「互緣」
的說法，他說：

　　歷史現象最多只能說是互緣，不能說是因果。互緣怎麼解呢？謂互
　　相爲緣。佛典上常說的譬喻，相待如交蘆，這件事和那件事有不斷
　　的連帶關係，你靠我我靠你才成立。就在這種關係狀態下，前波後
　　波、銜接動盪，便成一個廣大淵深的文化史海。〔註107〕

所謂「互緣」若從佛教教義中來理解，有所謂「十二因緣」的說法，而「因
緣」是一種依存關係，是指主觀而能識的識體與客觀的被認識對象互發生關
係，從而構成世界。梁啓超以「互緣論」取代「因果論」，最主要的原因是梁
氏不再認同單線性的因果關係，更重要的是他認爲歷史的研究不能只是一種
主觀的目的論，梁啓超晚年對進化史學觀念的修正，有助於我們深化史學批
判的思考。〔註108〕

〔註106〕《飲冰室文集四十・研究文化史上的幾個重要問題》，第7冊，頁2～3。
〔註107〕同前註，頁4。
〔註108〕關於梁啓超晚年史學的變化，可參考汪榮祖，〈論梁啓超史學的前後期〉，《文
　　　　史哲》，第1期，2004年，頁20～29，張書學，〈梁啓超晚年史學思想再認識〉，
　　　　《山東大學（哲社版）》，第4期，1996年，頁58～67，關於梁啓超對歷史因
　　　　果律的解釋，可參考韋春景，〈梁啓超關於歷史因果律的論述〉，《史學史研
　　　　究》，第2期，1984年，頁69～72。關於梁啓超佛學的研究可參閱王俊中，〈救
　　　　國、宗教抑哲學？──梁啓超早年的佛學觀及其轉折（1891～1912）〉，《中國
　　　　歷史學會集刊》，第31期，1999年，頁93～116，森紀子，〈梁啓超的佛學與
　　　　日本〉，《梁啓超、明治日本、西方──日本京都大學人文科學研究所共同研
　　　　究報告》（北京：北科文獻，2001年），頁184～217。關於「十二因緣」的研
　　　　究，可參見傅偉勳，〈關於緣起思想形成與發展的詮釋學考察〉，《佛教思想的
　　　　現代探索》（台北：東大，1995年），頁51～92。

第四章　實證化史觀的興起與發揚

第一節　史學的科學化

　　當梁啓超晚年開始重新省視西方文化，以及自己的史學的時候，中國近代史學卻朝向將史學科學化的道路前行，梁啓超的思考的確已超越了許多同時代的學者，而走向一條注定孤獨的小徑。此時的他，不再迷信科學萬能，但科學的概念卻已深植人心，他那帶有一點預言式的史學觀念，不正標示著中國近代史學下一次的轉化嗎？〔註1〕

〔註1〕　梁啓超晚年受柏格森（Henri Bergson, 1859～1941）和李凱爾特（Heinrich Rickert, 1863～1936）的影響，開始反思歷史與科學的關係，並逐漸區分科學爲自然科學與人文科學，過去視歷史爲科學，爲追求公理公例及因果關係的想法，至1922年《中國歷史研究法》出版後，已有了修正，梁氏的轉變主要是一次大戰後，於1919年旅歐途中帶給梁氏心靈的震撼所帶來的改變，他不再毫無批判的接受西方文化；他愈來愈覺得過去他所信仰的達爾文社會進化論、穆勒功利主義、邊沁幸福主義與個人主義，是這場世界大戰的思想源頭，在梁著的《歐游心影錄》中表達了他重新尋求新義的可能性，那便是如何將西方的物質文化與傳統中國精神文化的融合，這種傾向，從史學的角度來看，亦復如此，自梁氏在《新史學》中對傳統史學不遺餘力的批判到《中國歷史研究法》及《補編》，梁氏開始向傳統文化回歸，此一心路歷程，從否定——懷疑——回歸的三步曲，正顯現出中國近代史學轉化的複雜面。梁啓超接受了「柏格森生命哲學」中的「創造進化論」觀點，而「創造進化論」最主要用意，是對達爾文生物進化眞實之因的挑戰，柏格森認爲進化的原理必須超越機械論與目的論，所以在1907年出版的《創造進化論》一書，柏氏提出「生命衝力」的理論與「直覺主義」的方法論，該書的重點有幾項：1.柏格森反對機械論與目的論。他認爲笛卡兒把有機物界作爲機械的解釋，並認爲動物是

　　然而「科學」一詞的使用，則是較晚的用詞。晚清以來主要是沿襲明末清初以「格致」來理解中文中無法相對應的詞語「科學」（"science"），而此詞語的最先使用者則爲利瑪竇（P.M atteo Ricci，1552～1610），他在《幾何原本序》中說：「夫儒者之學，亟致其知，致其知當由明達物理耳。……吾西陬國雖褊小，而其庠校所業，格物窮理之法，視諸列邦爲獨備焉。」〔註2〕1861年傅蘭雅（John Fryer）等，將牛頓的《自然哲學的數學原理》譯作《數理格致》，1874年傅蘭雅編輯出版《格致匯編》，專門刊載有關聲、光、電、化及製造文章，此時已將「格物」或「格致」與"science"對譯。用中國傳統詞彙的「格致」來「格義」西方的自然科學，確實是開了方便之門，但這與「格致」的中文本意是有所差別的。「格致」一詞，是從《大學》中「格物致知」而來，主要是用來說明一種道德修養的工夫，是和「正心」、「誠意」相關聯的「修身」、「明德」的方法，其目的是「治國平天下」，屬於儒家的「外王之學」。其後，朱熹將「格物」與「窮理」聯繫起來，但朱熹仍側重在道德修養上，他說：「《大學》物格知至處便是凡聖之關。物未格知未至，如何煞也是凡人，須是物格知至，方能循循不已，而入聖賢之域。」〔註3〕

　　但晚清學人所採「格致」之義，最初是指稱「自然科學」，但也注意到中

一個完全的機械，此種想法暗示人亦是一種機械，精神不是一個獨立的實體，是身體的一種機能。進化論基本上是延續這樣一種觀點，故他反駁斯賓塞的宇宙進化論。2.針對進化過程的一般概念，討論成長、分支和互補趨向、進步與適應的意義，生命的進化及意義，以及人在自然中的位置等。3.柏格森重新安置理智於存在的意義中。4.人類理智有兩個幻覺（illusion），即回憶的幻覺與虛無的幻覺。在柏格森的哲學思想中，其出發點爲「變的眞實」，一切都在不斷的持續變遷（transformation）之中，重要的不是變的始終兩端，而是變的歷程。宇宙是一不斷之流（flux），是在進化之中，進化是不斷的，其中有創新，進化即創化，而創化的歷程，是精神的歷程，其實就是生命向上的活動，物質卻是向下的，物質與生命是在轉變之流中相反的兩個傾向。柏格森拋棄經典的機械論與目的論，因爲想像進化跟隨著一預設規劃的大綱，都要回歸可能的幻覺。關於柏格森的論點可參考蕭聿譯，《創造進化論》（北京：華夏，2003年），以及〈法國哲學：柏格森專題〉，《哲學與文化》，第372期，2005。柏格森的哲學思想的直接理論淵源則是狄爾泰（Wilhelm Dilthey,1833～1911），而狄爾泰正是德國觀念論及解釋學理論的主要論述者，李凱爾特的歷史觀點，主要也是在區別自然科學與人文科學的分際。（有關李凱爾特的論點，可參考前章註釋105，梁啓超晚年思想的轉變，要先從此一歐洲思潮的背景中去理解。

〔註2〕　《徐光啓著譯集‧幾何原本序》（上海：上海古籍，1983年），第5冊，頁1。
〔註3〕　《朱子語類‧大學二‧經下》，頁477。

西「格致」的差異。首先他們把西學的「格致」定位於「實學」上，注重的是聲、光、化、電、農、礦、工、商，較側重在「技術」層次，但隨著對西學更深入的認識，發現西學「格致」之中不僅只有「技術」這一面，其實存在著更高深的學理，故「格致」的用法，已不能符合實際賦予此一語詞的眞正內容，所以逐漸以「科學」來替代「格致」，可是「科學」一詞何時開始使用呢？嚴復在 1898 年出版的《天演論》中，所使用的均爲「格致」一詞，到了 1901～1902 年間出版的《原富》，已是「格物」、「格致」、「科學」三詞並用，其中以「格物」、「格致」指稱物理、化學等具體的自然科學學科，而以「科學」指稱包括自然科學與社會科學在內的各門理論科學，此時的嚴復在廣義上解釋「科學」是講「通理公例」之學；狹義上仍將「格致」、「格物」視爲「技術」之學。1902 年他在〈與外交報主人書〉一文中，批評時人中體西用及政本藝末的觀點，並指出「科學」才是西學之源，他說：

> 其曰政本而藝末者，愈所謂顛倒錯亂者矣。且所謂藝者，非指科學乎？名、數、力、質，四者皆科學也。其通理公例，經緯萬端，而西政之善者，即本斯而立。……中國之政，所以日形其絀，不足爭存者，亦坐不本科學，而與道理公例違行故耳。是故以科學爲藝，則西藝實西政之本。設謂藝非科學，則政藝二者，乃並出於科學，若左右手然，未聞左右之相爲本末也。〔註4〕

嚴復從「格致」、「格物」到「科學」的使用，當然有他對西方理解的深淺所做的抉擇，這正也反映出清末民初在對西學的引進時，並不是有系統、全面性的，而是有選擇性與隨機的。

根據現有的資料，至少在 1897 年以前中文詞語中並沒有開始使用「科學」一詞來指稱西學的，這個詞是日本在 1874 年，赴荷蘭留學的西周時懋在《明六雜誌》上發表介紹西方文化時，最先將"Science"譯成「科學」。〔註5〕1897 年梁啓超在《時務報》上介紹了康有爲編寫的《日本書目志》，其中列有《科

〔註4〕 《中國現代學術經典：嚴復卷・與外交報主人書》（石家莊：河北，1996 年），頁 622～623。

〔註5〕 日本人將"science"譯成「科學」有些誤打誤撞，在宋人陳亮〈送叔祖主筠州高要簿序〉有言：「自科學之興，世之爲士者往往困於一日之程文，甚至老死而或不遇。」所謂「科學之興」本指科舉之學，卻被日人轉用爲與"science"的對譯，其後又回頭影響了中國學者，見劉禾，〈跨語際實踐——文學，民族文化與被譯介的現代性（中國，1900～1937）〈（北京：三聯，2002 年），頁 426。

學入門》與《科學之原理》兩本書目，這是中文界中首次出現「科學」一詞，不過梁啓超也經歷「格致」與「科學」混用的時期，1902 年他在〈格致學沿革考略〉一文中說：

> 吾中國之哲學、政治學、生計學、群學、心理學、倫理學、史學、文學等，自二三百年以前皆無以遠遜於歐西，而其最缺者則格致學也。夫處理非不可貴，然必借實驗而後得其真。我國學術遲滯不進之由。未始不坐是矣。……學問之種類極繁，要可分爲兩端：其一，形而上學，即政治、生計學、群學等是也；其二，形下學，即質學、化學、天文學、地質學、全體學、動物學、植物學。吾因近人通行名義，舉凡屬於形而下學，皆謂之格致。〔註6〕

在此處梁氏將「格致」很清楚的界定在自然科學範疇中，不過梁啓超也已開始轉變他對西方科學的認知，同年他在〈進化論革命者頡德之學說〉中說：「狹義之科學，即中國所謂格致。」〔註7〕又在 1904 年〈中國學術變遷之大勢〉中更進一步，對所謂「科學精神」加以界定，他說：

> 所謂科學的精神何也？善懷疑，善尋問，不肯妄徇古人之成說，一己之臆見，而必力求真是真非之所存，一也；既治一科，則原始要終，縱說橫說，務增高其條理，而備其佐證，二也；其學之發達，如一有機體，善能增高繼長，前人之發明者，啓其端緒，雖或有未盡，而能使後人因其所啓者而竟其業，三也；善用比較法，臚舉多數之異說，而下正確之折衷，四也。〔註8〕

到了 1922 年梁啓超進行〈科學精神與東西文化〉的講演時，他又對「科學精神」再次的定義，他說：「可以教人求得有系統之真知識的方法，叫做科學精神。」〔註9〕循梁氏的這個思考而衍生的論述，「科學」一詞的用法，雖可分爲廣義、狹義的定義，但仍要看使用者在主觀的意願上，如何區別不同學科間的不同科學屬性，梁啓超對科學的認識，從模糊的使用到較爲精確的界定，不也正代表著國人對西方科學的態度。

在對科學的認知之外，還有一個更重要的命題，那就是中國近代史學發

〔註6〕《梁啓超文集十一·格致學沿革考略》（北京：北京出版社，1999 年），頁 3 ～4。

〔註7〕《飲冰室文集十二·進化論革命者頡德之學說》，頁 79。

〔註8〕《飲冰室文集七·中國學術變遷之大勢》，頁 87。

〔註9〕《飲冰室文集三十九·科學精神與東西文化》，頁 3。

展過程中，歷史學的本質是什麼的問題，也就是「什麼是歷史」（"What is history?"）的追問。梁啓超至少在 1923 年時已開始思考這個問題，不過他比較關心歷史是否爲科學的爭議。很明顯的，如果要證明史學是科學，就得承認歷史有規律以及歷史可以發現規律的假設，但梁氏晚年不再信仰有規律的歷史因果解釋，他認爲在自然的領域中才有因果規律，而在文化的領域裏，則是人類自由意志的展現。同樣的問題王國維（1877～1927）也開始追問，他說：「凡記述事物而求其原因，定其理法者，謂之科學；求事物變遷之跡，而明其因果者，謂之史學，至出入二者間，而兼有玩物適情之效者，謂之文學。」〔註 10〕將「科學」、「史學」、「文學」分爲三種學問，但這三者彼此又有聯係。不過王國維的分類沒有梁啓超來得精細，但也反映出清末民初學者對這個問題的看法。即視史學爲科學的一個分支，其本質仍是科學的。另有一位學者較少被提及，那便是陳黻宸（1859～1917），1904 年他在《京師大學堂中國史講義》中的〈讀史總論〉裏提到了有關史學與科學的關係，他說：

> 史者天下之公史，而非一人一家之私史也，史學者，凡事凡理之所
> 出也。一物之始，而必有其理焉；一人之究，而必有其事焉。即物
> 窮理，因人考事，積理爲因，積事爲果，因果相成，而史乃出。是
> 故史學者，乃合一切科學而自爲一科者也。〔註 11〕

陳氏對史學的界定，仍以史學爲科學，只不過史學所涵蓋的範圍更廣，所謂「合一切科學」，應該是一種對科學的泛稱，泛指事理間凡具因果關係者皆可視爲「科學」，故史學在這個定義下被看成科學的分支學科。

在這種思潮中，視史學爲科學的看法，我想從二個方向來說明，首先是對「文明史觀」的引入和理解。英國史家巴克爾（或博克爾）（Henry T. Buckle,1821～1862）的《英國文明史》（"The History of Crvilization in England"）被視爲一種實證的、科學的史學，是書對明治初期的日本及清末民初的中國史學界造成不小的影響。〔註 12〕陳黻宸在讀《英國文明史》之後，

〔註 10〕《王國維文集・國學叢刊序》（北京：中國文史，1997 年），第 4 卷，頁 365。
〔註 11〕《陳黻宸集・京師大學堂中國史講義・讀史總論》（北京：中華，1995 年），下冊，頁 675。
〔註 12〕巴克爾的《英國文明史》曾使明治初年日本的學術界很大的刺激，它不僅給福澤諭吉（1835～1901）和田口卯吉（1855～1905）提供了其「文明史觀」的立論結構，更間接影響了梁啓超的史學觀點，其原因在於浮田和民的《史學通論》中的〈歷史與地理〉一章，便抄錄了《英國文明史》的〈總論〉中有關文明的發生與地理環境、氣候的關係部份，而梁啓超在《新民叢報》創

曾發出讚嘆，他說：

> 善哉《英倫文明史》曰：天下精微之理，極數千年通人學士，竭慮
> 研思，萬方未得其解者，求之日用具聞之間，而其理悉備。〔註13〕

吾人很難理解巴克爾其文明史學的魅力何在？但其追尋歷史發展的規律及欲建立起科學的史學這種觀點，不應該被忽略，也正是如此，清末民初的史學家在欲尋求一種歷史解釋的通則時，巴克爾的文明史體，成為最好的選擇。〔註14〕其次是史學方法的輸入與運用。自從梁啓超揭示「新史學」的方向後，史學的發展，仍然沒有具體的計劃與主張，所有有關於新史學發展的方向與內容，都是在不同階段中隨時人增潤的，在此一過程中，如何引進和吸取西方史學方法上的特色，而創造出足以改進傳統史學的史學方法，尤其是一種科學方法，並能循此求得歷史發展的公理與規律，成為當時史家追索的目標。在這樣一個史學的氛圍中，梁啓超的《中國歷史研究法》於 1922 年問世，也標著「史學方法」

刊號上發表的〈地理與文明之關係〉正是浮田和民〈歷史與地理〉的翻版，不過此時的梁啓超恐怕並不知道有巴克爾的存在。此一「地理決定論」的觀念，在梁氏 1920 年的〈老子哲學〉中以南、北地理環境來說明哲學發生的背景因素，以及 1924 年〈近代學風之地理分佈〉中都可以看到同樣的地理決定論方法的應用。有關這方面的研究可參考石川禎浩，〈梁啓超與文明的視點〉，《梁啓超‧明治日本‧西方──日本京都大學人文科學研究所共同研究報告》（北京：社科文獻，2001 年），頁 95～119，鄭匡民，〈福澤諭吉啓蒙思想與梁啓超〉，《梁啓超啓蒙思想的東學背景》（上海：上海書店，2003 年），頁 44～82，以及王晴佳，〈中國近代「新史學」的日本背景──清末的「史界革命」〉和〈日本的「文明史學」〉，《台大歷史學報》，第 32 期，2003 年，頁 191～236。

〔註13〕《陳黻宸集‧京師大學堂中國史講義》，下冊，頁 680。

〔註14〕巴克爾的史學觀點，可略分為三要項，1.歷史學是一門科學，人類社會與自然現像一樣是有規律可循的。2.在史學方法上，巴克爾反對參考萊（Thomas B, Macaulay, 1800～1859 年）和卡萊爾（Thomas Carlyle, 1795～1881 年）不承認歷史發展的規律性，因此他們也不相信歷史能成為科學的觀點。巴克爾主張像維科（G. Vico, 1668～1744 年）、黑格爾（G. W. F. Hegel, 1770～1831 年）和孔德（A. Comte, 1798～1857 年）那樣致力於探討歷史事件之間的因果關係，尋求歷史發展的一般規律。他批評蘭克學派和輝格學派，都不重視歷史的概括。主張歷史科學不僅讓史料自己說話，以獲取真相，而科學的史學則是要建立起某種規律，以做為歷史解釋的法則。3.在歷史研究的方法上，巴克爾主張史家要把視線從宗教、政治、軍事、外交的範圍中，擴大到物質生產、經濟關係、各種制度、科學技術、思想意識、文學藝術等領域之中，把人類、社會、民族及文化當作歷史的主要內容，並敘述整個人類社會文明進化的規律。關於巴克爾的史學可參考孫秉瑩等譯：《歷史著作史》（北京：商務，1992年），下卷第 4 分冊，頁 611，侯雲灝，〈西方實證史學在中國的傳播及其影響〉，《社會科學戰線》，第 4 期，2003 年，頁 133～137。

年代的到來。梁氏此書深受法國史家朗格諾瓦（Charles V. Langlois，1863～1929）和瑟諾博司（Charles Seignobos，1854～1942）合著的《史學原論》影響，比如對史料的界定及將史料區分爲直接史料與間接史料；比如視史蹟爲人類心理之構成；或如突破中國孤立事實的史學傳統，而著眼於事實與事實之間的關係，並劃出「史蹟集團」作爲研究的範圍，這些具有突破性的見解，往往是受到西方史學方法的影響，而朗、瑟二氏的影響尤深。〔註15〕1924 年何炳松（1890～1946）翻譯了魯賓孫（James Harvey Robinson，1863～1936）的《新史學》（*"The New History-Essays Illustrating the Modern Historical Outlook"*）。在此之前，中國近現代史學理論與方法，大都直接或間接轉引自日本，何炳松《新史學》的翻譯，則開啓了直接與歐美史學接軌的先河。〔註16〕

〔註15〕關於梁啓超《中國歷史研究法》受到朗格諾瓦與瑟諾博司的《史學原論》的影響，杜維運師言之甚詳，杜老師以爲梁啓超在法國期間，必請了法國教授或中國留學生爲他講解朗、瑟二氏之書，而且作了相當詳細的箚記。可參閱氏著，〈梁著《中國歷史研究法》〉，《史語所集刊》，第 51 本，1980 年，頁 315～323。不過除了前述兩位作者的論點外，杜老師也懷疑梁啓超亦受到班漢穆或伯倫漢（Ernst Bernheim, 1854～1937）的《史學研究法》的影響，不過，梁啓超無法直接閱讀德文，故其影響，有可能間接來自日本的翻譯，根據桑原隲藏的研究，日人坪井九馬三（1858～1936）於 1902 年刊行的《史學研究法》和伯倫漢在 1905 年出版的《歷史學導論》（或稱爲《史學入門》）的論點，都可能影響了梁氏，見氏著，〈梁啓超の《中國歷史研究法》を讀む〉，《支那學》，第 2 卷第 12 號，1923 年，頁 2～3。

〔註16〕魯賓孫的史學有幾個特點，1.是以一種社會進化理論來論述的進步史學觀。2.提倡史學的實用價值觀，由於受到美國實用主義哲學的影響，他的史學觀念中，始終有意識的將歷史賦予實用的價值意涵，即有助於理解當代問題和引起人類的改善與社會的公正。3.他擴大了史學研究的範圍，打破已往單純政治、軍事史的狹隘研究，代之以歷史的經濟和心理解釋的觀念。4.對科學史學的責難。魯賓孫晚年對於進化論的信仰產生了一定程度的懷疑，尤其是進步概念的動搖，以及對史學科學性質的質疑。他認爲：「歷史就是記憶力的人爲的擴大，它可以被用來解除對於各種生疏不明情況的迷惑。」見中譯本，《新史學》（北京：商務，1997 年），頁 17。魯賓孫晚年並未放棄史學促成歷史進步的信念，但世界大戰帶給他深刻的反省，也不得不懷疑所謂「歷史進步」的代價，由於史學非自然科學，所以沒有任何規律可言。關於魯賓孫的史學可參考 James Harvey Robinson, *The New History*（New York: The Free Press, 1965 年），李勇，〈魯濱遜《新史學》的學術淵源〉，《史學理論研究》，第 1 期，2004 年，頁 65～72，汪榮祖，〈梁啓超史學的前後期〉，《文史哲》，第 1 期，2004 年，頁 22。不過汪先生只提到有關魯賓孫《新史學》與梁啓超《新史學》中對進化史觀的運用，但兩者除了名稱相同外，卻存在著極大的差異，在時間上梁氏的觀點於 1902 年已舖陳，而魯賓孫氏則晚至 1912 年，梁氏的

雖然何炳松受到魯賓孫《新史學》的影響，何氏對史學的學科性質，則有他個人的見解，他把歷史研究法和自然科學研究法做了區別，指出史學與自然科學的不同，他說：

> 歷史研究法和自然科學研究法不同的地方，第一，就是觀察點的不同。科學方法裏面的觀察點，是在各種實質上求他們相同的地方；而歷史的觀察點，完全注意於實質上各種不同的地方。……第二，就是研究對象的性質不同，科學所研究的，專注意在許多實質中某一種原質，所以非常單純；而歷史所研究的，並不是研究許多事實裏面的某一點，乃是將一件事實的各方面，作普遍的各個的研究。……第三，歷史研究法的步驟和自然科學研究法的步驟，也不相同。自然科學方法所用的步驟，是觀察和實驗，而歷史所研究的事跡，都是已經過去的了，沒有方法可以觀察，可以實驗。……我們因此可以得到一個結論，就是歷史這種學問，可以說是純粹主觀的學問，而自然科學，大體上可以說是完全客觀的學問。〔註17〕

何氏對史學上的主、客觀問題，曾舉章學誠的「盡其天而不益以人也」的說法，來闡述他對主、客觀性的看法，〔註18〕但自然科學純客觀，而歷史則為主觀。則不是太精確的分法，應該說任何科學的知識都包含了主、客觀的因素在，而造成因素轉變最大的原因，則為人的選擇與價值的介入。何炳松最終也沒有否定史學的科學性質，他說：

> 那麼歷史究竟是什麼？我說歷史還是不失其為一種科學。因為科學

《新史學》觀點多來自日本學者浮田和民（1860～1946），浮田氏早歲留學美國（1892～1894年），從留美時間點來看，正好與魯賓孫「新史學」觀念逐步形成的時間相近，所以浮田和民的《史學通論》很可能帶有魯賓孫「新史學」的某些觀點，更確切的說，應該是此刻的美國史學界正重新思考與界定未來發展的方向，這股風氣恐感染了浮田和民。此外，有一點最大的不同，即是對政治史的批判，梁啟超的《新史學》是以批判舊史做為完成政治目標的動機，不能被輕易的排除。有關這方面的論文可參閱黃敏蘭，〈梁啟超《新史學》的真實意義及歷史學的誤解〉，《近代史研究》，第 2 期，1994 年，頁 219～235，王汎森，〈晚清的政治概念與「新史學」〉，《學術史與方法學的省思》（台北：史語所，2000），頁 125～149。也就是說，梁啟超的《新史學》非單純的史學問題，而是帶有政治目的倡導，而魯賓孫的《新史學》則單純的以反對傳統狹隘政治史觀點來研究史學。

〔註17〕《何炳松論文集‧歷史研究法》（北京：商務，1990），頁 149。
〔註18〕同前書，頁 141。

是有條理的知識，而歷史原來也是有條理的知識；科學的目的，無
非是尋求真理，而歷史的目的，也是要尋求真理，歷史求真的態度，
完全是科學的態度。所以歷史的形式和精神，雖然遠不如自然科學
那樣的完備和飽滿，我們仍舊可以把他列在和自然科學同等的地位
裏面去。〔註19〕

就在一片頌讚中，史學科學化的理解，似乎沒有太多人反對，但此時張蔭麟
（1905～1942）獨排眾議，提出了史學既是科學亦是藝術的命題。〔註20〕張
氏早年曾說過：

史學應為科學歟？抑藝術歟？曰兼之。斯言之，多數績學之專門史
家聞之，必旦嗤笑。然專門家之嗤笑，不盡足懼也。世人恆以文筆
優雅，為述史之要技，專門家則否之。然歷史之為藝術，固有超乎
文筆優雅之上者矣！今以歷史與小說較，所異者何在？夫人皆知在
其所表現之境界，一為虛一為實也。然此異點遂足擯歷史於藝術範
圍之外矣乎？寫神仙之圖畫，藝術也。寫生寫真，毫髮畢肖之圖畫，
亦藝術也。小說與歷史所同者，表現有感情、有生命、有神彩之境
界，此則藝術之事也。惟以歷史所表現者為真境，故其資料必有待
於科學的搜集與整理。然僅有資料，雖極精確，亦不成史，即更經
科學的綜合，亦不成史。何也？以感情、生命、神彩，有待於直觀
的認取，與藝術的表現也。……要之，理想之歷史須具二條件：1.
正確充備之資料；2.忠實之藝術的表現。〔註21〕

中國現代史家中將「歷史」與「小說」合而論之的，張蔭麟恐怕是第一個，
其論點頗有後現代史學的意味。為什麼張氏認為史學既是科學亦是藝術呢？
首先從價值的角度來思考，張氏認為價值便是真善美的統一，所以一個完整
的史學，不但要求真，更要求美，而美是一種藝術上的呈現，想要讓一般人
（或讀者）接受，就必須要有藝術的功能。其次是他認為客觀歷史本身是史

〔註19〕 同前書，頁151。
〔註20〕 張蔭麟基於三個原因提出此命題：1.中國近代史學強烈的科學化傾向，使他深
感有重提人文性的必要。2.受柏格森的影響，以「直觀」的概念運用在史學理
論之中。3.受現代文論的影響，認為史學的作品，要考慮到「讀者」的感受。
見李洪岩，〈歷史學也是一門藝術——詳張蔭麟的一個史學觀點〉，《學術研
究》，第5期，1991年，頁61～66。
〔註21〕 《張蔭麟先生文集·論歷史學之過去與未來》（台北：九思，1977年），頁201。

學藝術功能的自然基礎。歷史的藝術問題,在實證主義史家那裏只是次要的意涵,但若以「詩化」做為史學的特徵,則具有本體的意義。末了張氏提到史學中「隱喻」的問題,即藝術性的修辭手法在史學中的地位,他說:「以史事為直比或隱喻即狹義之所謂用典。此種修辭之技術若用之而洽切清新,明易不詭,則實足以溝通幻想或現實之美與史界之美,而予一意義以深遠而豐富之背景。近人以典故為文病,相戒為用,此實一新式"塔布",其由來則矯枉過正而昧於歷史之美學價值也。」〔註22〕張氏從「隱喻」的角度談歷史的美學價值問題,已涉及語言哲學的論述。史學離不開語言文字的敘述,而此一敘述便是一種詩化的語言,即為藝術的表現。張蔭麟曾注解過龔自珍的〈漢朝儒生行〉一詩,該詩在張氏的論證下,認為是龔自珍借岳鍾琪事以諷楊芳,其末尾二行「後世讀書者,毋向蘭台尋。蘭台能書漢朝事,不能盡書漢朝千百心。」〔註23〕可視為張蔭麟史學主張的具體說明,即史料文獻的充實,或者是說以科學的手段來治史,在面對複雜的人事和種種社會現象時,總有力有未逮的感覺,如何捕捉最真實的歷史,尤其是如何進入史料中所隱含的言外之意,恐怕不是以科學為號召的實證主義史家所能知悉的,其實,張氏此一「詩史互證」的想法,已下開陳寅恪「心史」的先聲。

第二節　考據學的深化

　　就中國傳統學術而言,最具西方近代科學意義的學術研究,即為考據學,而考據學的方法,則是一種帶有實證意涵的歸納方式。「歸納方法」(inductive method)自十七世紀以來,由英國學者培根(Francis Bacon,1561～1626)正式提出後,隨即風靡西方學界,做為一種科學方法,從觀察個別事實開始,到得到一致的結果終,此一過程,史家加以應用後,變成一種治史的方法,其法將廣泛的採集史料,而後分析得到結論,這便是史學上的歸納之法。不同於「演繹方法」(deduction),其法係先由理論而後到事實,在史學的應用上,

〔註22〕原文載於《大公報·歷史之美學價值》,1932 年 7 月 25 日,今轉引自李洪岩,〈歷史學也是一門藝術——評張蔭麟的一個史學觀點〉,《學術月刊》,第 5 期,1991 年,頁 64。

〔註23〕《龔自珍編年詩注·漢朝儒生行》(杭州:浙江古籍,1995 年),頁 138。另見張蔭麟,〈龔自珍「漢朝儒生行」本事考〉,《燕京學報》,第 13 期,1933 年,頁 203～208,以及〈與陳寅恪論「漢朝儒生行」書〉,《燕京學報》,第 15 期,1934 年,頁 254。

則是先建立某種假說或史觀，然後再尋求符合其說的史實。有清一代，考據學大興，其形成的原因可能和清代整體學術的走向有關。〔註24〕但不論形成的原因爲何？考據學所採用的歸納方法，則是清代學者非常熟悉的研究方式，而各家的特色也不全然相同，所以梁啓超總結此一學風說到：

> 正統派之學風，其特色可指者略如下：一、凡立一義，必憑證據；無證據而以臆度者，在所必擯。二、選擇證據，以古爲尚。三、孤證不爲定論。四、隱匿證據或曲解證據，皆認爲不德。五、最喜羅列事項之同類者，爲比較之研究，而求得其公則。六、凡采舊說，必明引之，勦說認爲大不德。七、所見不合則相辯詰，雖弟子駁難本師，亦所不避，受之者從不以爲忤。八、辯詰以本問題爲範圍，詞旨務篤實溫厚，雖不肯枉自己意見，同時乃尊重別人意見，有盛氣凌轢，或支離牽涉或影射譏笑者，認爲不德。九、喜專治一業，爲窄而深的研究，十、文體貴樸實簡潔，最忌言有枝葉。〔註25〕

這是一種崇實的學風，所謂「無徵不信」，帶有西方近代實證主義內涵的一種學術觀點。可惜這種觀點只能是方法上的，而非一種足以顛覆傳統的突破與再生。

清代考據學所發展出的一套考據法則與近代西方的「古文獻學」（Diplomatics）的辨僞做比較，絕不遜色。〔註26〕在乾嘉考據學風厚實基礎影

〔註24〕有關乾嘉考據學形成的原因，論者極多，其所論證的方式不外清代內、外在環境的變化與影響。黃克武在〈清代考證學的淵源——民初以來研究成果之評介〉一文中，整理出六點可能形成的原因，1.由於清廷高壓的統治與籠絡。2.考證學與清代社會經濟發的變化有關。3.考證學源於儒家內部學問的爭辯。4.考證學與清廷內部政治的糾葛。5.考證學源自於明末前後七子的復古，以及楊慎、陳第、方以智等人的啓發。6.考證學受到耶穌會士所傳入的西學影響。見氏著，刊於《近代中國史研究通訊》，第11期，1991年，頁140～154。杜維運師在〈清盛世的學術工作與考據學的發展〉，一文中，強調清代的官、私學術工作，包括編書、校書、刻書、編書目等，則實際促成了考據學的昌盛，該文載於《大陸雜誌》，第28卷第9期，頁284～293。前述黃克武例舉的第6點，受耶穌會士的影響，有人認爲可能與利瑪竇的《天主實義》有關，因爲利瑪竇在是書中廣泛的使用了西方近代的邏輯推理方法，而陳第有可能受其影響後，將這種帶有邏輯歸納方法的思維，成功的運用在他日後《毛詩古音考》的音韻學研究上，故而開啓了考據學的先河。見王宏斌，〈歷史考據法探源〉，《史學理論究》，第3期，2002年，頁30～42。

〔註25〕《清代學術概論》，頁34～35。

〔註26〕以《四庫全書總目》所用的考據方法，據統計至少有29條，今羅列如下：1.

響下的清末學者，如嚴復，在面對西方以觀察和實驗的手段研究客觀事物並形成科學的知識時，他是這樣說的：

> 蓋自西人言理以來，其立論樹義，與中土儒者較明，最為相近者，雅里氏（Aristotie）一家而已。元明以前，新學未出，泰西言物性、人事、天道者，皆折衷於雅里氏。其為學者崇拜篤信，殆於中國孔子侔矣，洎明中業，柏庚（Francis Bacon）起於英，特嘉爾（Rene Descartes）起於法，倡為實測內籀之學，而奈端（Sir Isaac Newton），嘉里列倭（Galiled）、哈爾維（William Harvey）諸子，踵用其術，固之大有所明，而古學之失日著。〔註27〕

在這裏，嚴復將伴隨近代自然科學所產生的實證方法稱為「實測內籀」，所謂「實測」，就是一種實地觀察；所謂「內籀」，即為一種歸納。另外嚴復以「外籀」來指稱演繹，在嚴復的認識中，演繹之法是朝歸納總結的，則和他的經驗主義有關。又嚴復認為中國學術向來偏向外籀演繹，往往推之過度，結論就站不住，故強調實證的知識以凸顯歸納的重要性。

　　如果說嚴復是西方近代實證主義的觀念引入的關鍵人物，那麼胡適（1891～1962）無疑是此一觀念的推動者。胡適的主要貢獻和影響，並不是具體的

單文孤證，不足為據。2.偶異者不足為據。3.偽造之說，不足為據。4.晚出之書，不足為據。5.臆造之說，不足為據。6.臆斷之詞，不足為辨。7.小說家言，不足為據。8.新說異論，不足為據。9.稗販之說，不足為據。10.未定之論，不足為據。11.標榜之詞，不足為據。12.門人之詞，未足盡據。13.子孫之詞，未可徵信。14.恩怨之詞，不足為據。15.傳聞之詞，不足為據。16.不存疑案，失於誤信。17.不標出典，茫無根據。18.殘缺之書，不足取證。19.輿記誇飾之詞，不足為據。20.前人已廢之說，不足為據。21.排纂有訛，不足為據。22.事實或誤，不足為據。23.根據誤本，愈推愈謬。24.諛妄之詞，不足為據。25.傳寫失真，不足依據。26.自相矛盾，不可盡據典要。27.多所污蔑，不可盡據為實錄。28.史之明證，烏得遽斷其無。29.出土古器，不足為據。見馬朝軍，〈《四庫全書總目》考據法則釋例〉，《史學史研究》，第 1 期，2003 年，頁 44～52。不過第 29 條，由於時代的不同，在古代輔助考古的科學技術並不發達，所以造假之器物足以亂真，但至現代則有較準確的鑑定。而西方近代的古文獻辨偽，則由法國學者冉·馬比榮神父（Jean Mabillon, 1632～1707 年）建立，其方法有下列幾點，1.辨別文件的原件，草稿和副本。2.辨別書寫的材料及文書特點，包括使用的墨汁、紙張、鏨刻的石頭，金屬等。3.辨別文字的筆跡與形體。4.辨別書寫語言的措辭、縮略語、行文格式的變化。5.辨別文件的結構和簽署規範。6.辨別文件的日期與地點。見米辰峰，〈馬比榮與西方古獻學的發展〉，《歷史研究》，第 5 期，2004 年，頁 140～154。

〔註27〕《天演論·學派》，卷下，頁 34。

歷史研究成果，而是在於「方法的自覺」以及「科學方法」的提倡。留學美國時，接受實用主義哲學，從那時開始，他就以向國人傳授「科學方法」爲自己的使命，一生以宣揚「科學方法」爲自詡。尤有要者，他將杜威（John Dewey,1859～1952）的「實用主義」與乾嘉學派的「考據方法」相結合，提出了具有「典範」意義的治史方法，進而改變了傳統的史學觀念，爲中國近代實證化史學觀念奠定了理論和方法上的基礎。然而胡適在接受「實用主義」的過程，是有選擇性的，基本上，他放棄了實用主義中本體論和認識論，只強調它的方法論。在論及杜威思想時，他說：

> 他只給我們一個哲學方法，使我們用這個方法去解決我們自己的特別問題。他的哲學方法，總名叫做「實驗主義」（實用主義）；……國內敬愛杜威先生的人若都能注意於推行，他所提倡的這兩種方法，使歷史的觀念與實驗的態度漸漸變成思想的風尚與習慣，那時候，這種哲學的影響之大，恐怕我們最大膽的想像力也還推測不完呢？〔註28〕

胡適把杜威的「實用主義」理解爲「實驗主義」，但在他的心底「實用主義」即「實證主義」，強調的是「存疑」與重視「證據」。在對清代乾嘉學派的考據法評價時，胡適發現與實用主義「圓滿的科定方法論」有相通的地方，他說：

> 中國舊有的學術，只有清代的「樸學」確有「科學」的精神。「樸學」一個名詞包括甚廣，大要可分四部分：1.文字學（Philology），它研究字音的變遷，文字的假借通轉等；2.訓詁學，它是用科學的方法，物觀的證據，來解釋古書文字的意義；3.校勘學（Textual Criticism），它用科學的方法來校正古書的眞僞，古書文字的錯誤；4.考訂學（Higher Criticism），它是考定古書的眞僞，古書的著者，及一切有關於著者的問題的學問。…他們的方法的根本觀念可以人分開來說：第一、研究古書，並不是不許人有獨立的見解，但是每立一種新見解，必須有物觀的證據。第二，漢學家的「證據」完全是「例證」，例證就是舉例爲證。……第三，舉例作證是歸納的方法。……第四、漢學家的歸納手續不是完全被動的，很能用「假設」的。……故他們的方法是歸納和演繹同時並用的科學方法。……他們用的方

〔註28〕《胡適文存・杜威先生與中國》（台北：遠東，1990），第1集卷2，頁380～381。

法，總括起來，只是兩點：1.大膽的假設，2.小心的求證。〔註29〕
「大膽的假設」與「小心的求證」這十字訣，成為後人論述胡適方法論的真
言。胡適企圖以「實驗主義」方法附會樸學（或漢學）方法，等於將杜威的
「實用主義」和乾嘉「考據學」兩相結合，但胡適能背離乾嘉考據學傳統多
遠呢？〔註30〕傳統的「幽靈」始終在胡適的心底徘徊著。那麼科學的方法，
究竟是什麼？在胡適的理解中，科學的方法首重「假設」，他不信守「培根式
的歸納法」（Baconian iduction），因為他不認為有一套機械性的推理規則可以
指導吾人如何由證據推求到結論，所以才有他所謂的「大膽假設」，即憑某種
想像力提出嘗試性的假設，來說明現有的資料，並進一步尋求新的證據來證
明或否認該假設。除了鼓勵「大膽假設」外，也要求吾人「小心求證」，其所
謂「小心求證」包含三點內容：1.胡適相信有客觀的標準，可以用來評估證據
對假設的支持程度。2.胡適相信有客觀的標準來判定一個假設須得到何種程度
的支持，才算充分，才可加以接受。3.胡適認為證據對假設的支持程度不可能
達到百分之百的絕對強度。綜合上述三點，胡適所謂「小心求證」的主要論
述，就是遵守客觀標準，不要把未得到充分支持的假設誤認為已得到的證明，
或誤認為絕對真理。〔註31〕他認為科學的基本精神是「尊重事實，尊重證據」，
正如他的名言「拿證據來」，〔註32〕或者是對史學界常說的「有幾分證據就說
幾分話」，〔註33〕都充分表達了胡適尊重客觀標準的信念。如何才能達到此一
「客觀標準」呢？胡適採用一種史學的方式，即用「歷史的方法」或「歷史
的眼光」來解釋所發生的事，何謂「歷史的眼光」，他說：

〔註29〕《胡適文存・清代學者的治學方法》，頁391～409。
〔註30〕唐德剛認為：胡適的治學方法只是集中西傳統方法之大成，他始終沒有跳出
中國「乾嘉學派」和西洋僧侶所搞的「聖經學」的窠舊。見氏譯注，《胡適口
述自傳》（上海：華東師大，1993年），頁132～133。余英時也認為：胡適的
學術基地自始即在中國的考證學，實驗主義和科學方法對於他的成果而言，
都只有幫助的作用，不是決定性的因素。見余英時，《論士衡史》（上海：上
海藝文，1999年），頁311，今轉引自桑兵，〈橫看成嶺，側成峰：學術視差
與胡適的學術地位〉，《歷史研究》，第5期，2003年，頁29。
〔註31〕關於胡適對科學的態度與提倡，可參考周質平，〈評胡適的提倡科學與整理國
故〉，《胡適與近代中國》（台北：時報，1991年），頁169～195，林正弘，〈胡
適的科學主義〉，《胡適與近代中國》（台北：時報，1991年），頁197～211。
〔註32〕《胡適之先生年譜長編初稿・科學精神與科學方法》（台北：聯經，1984年），
第8冊，頁3077～3078。
〔註33〕《胡適之先生年譜長篇初稿》，第7冊，頁2387。

整理國政，必須收漢還漢，以魏晉還魏晉，以唐還唐，以宋還宋，
以明還明，以清還清；以古文還古文家，以今文還今文家；以程朱
還程朱，以陸王還陸王，……各還他一個本來面目，然後評斷各代
各家各人的義理的是非。不還他們的本來面目，則多誣古人。不評
判他們的是非，則多誤今人。但不先弄明白了他們的本來面目，我
們決不配評判他們的是非。〔註34〕

　　1919年胡適出版了《中國哲學史大綱》。其書在中國近現代學術史上的地
位與作用，備受推崇。〔註35〕他在《大綱》的導言中說：

哲學史有三個目的：1.明變。哲學史第一要務，在於使學者知道古
今思想沿革變遷的線索。……2.求因。哲學史目的，不但要指出哲
學思想沿革變遷的線索，還要尋出這些沿革變遷的原因。……3.評
判。既知思想的變遷和所以變遷的原因了，哲學史的責任還沒有完，
還須要使學者知道各家學說的價值：這便叫做評判。……然後用完
全中立的眼光，歷史的觀念，一一尋求各家學說的效果影響。〔註36〕

所謂「明變」、「求因」與「評判」，基本上用的是歷史主義的方法，因此也有
人認為胡適是中國近代歷史主義的開創者。〔註37〕但不論是不是歷史主義的
開創者，胡適他所倡導的此一歷史的方法，卻對中國史學界造成一種「新觀
念」的啟發。其實，蔡元培（1868～1940）在為胡適的《中國古代哲學史大
綱》寫序時，已看出此書可能帶來的震撼，他說：

我曾細細讀了一遍，看出其中幾處的特長：第一是證明的方法。……
第二是扼要的手段。……第三是平等的眼光。……第四是系統的研
究。〔註38〕

〔註34〕《胡適文存・國學季刊發刊宣言》，第2集卷1，頁8。
〔註35〕周予同在〈五十年來中國之新史學〉一文中提到，中國史學完全脫離經學的
　　　　羈絆而獨立的是胡適，並以嶄新的立場，建築新的史學。見氏著《周予同經
　　　　學史論著選集（增訂本）》（上海：上海人民，1996年），頁542。余英時也提
　　　　到胡適的《中國哲學史大綱》所提供的並不是個別觀點，而是一整套關於國
　　　　故整理的信仰、價值和技術系統，是一個全新的「典範」，而其中「截斷眾流」
　　　　和「平等眼光」更是具有「革命性的」影響。見氏著《中國近代思想史上的
　　　　胡適》（台北：聯經，1998年），頁88。
〔註36〕歐陽哲生編，《胡適文集（6）・中國古代哲學史》（北京：北京大學，1998年），
　　　　頁163～183。
〔註37〕王學典，《歷史主義思潮的歷史命運》（天津：天津人民，1994年），頁20。
〔註38〕蔡元培，〈中國古代哲學史序〉，該文見歐陽哲生編，《胡適文集（6）》，頁155

此四點歸納可以說是對胡適這本書最簡潔的書評，其中第二項蔡元培認爲胡適略去中國上古的思想，而直接從老子、孔子講起，是「截斷眾流」的手段，避免了同上古歷史的糾纏，胡適的方式頗有哲學上常用的「奧卡姆剃刀」（Occam's Razor）的利用，即「如無必要，勿增實體」的節約原則。不過蔡元培認爲若要編中國哲學史，不能不依傍西洋人的哲學史，這其中隱含了對於「哲學」認識的差異問題。其後馮友蘭（1895～1990）的《中國哲學史》出版，正式凸顯出兩者對於哲學不同的觀點，所產生的歧義。在當時已有不少人批評，比如章太炎認爲：「《中國哲學史大綱》，盡有見解。但諸子學術，本不容易了然，總要看他宗旨所在，才得不錯；如但看一句兩句好處，這都是斷章取義的所爲，不盡關係他的本意。」〔註 39〕章氏對胡適處理莊子思想時所用的比附，有意見，後來胡適再版時曾明白表示自己在論及莊子時所犯的錯誤，〔註 40〕顯然他是接受了章太炎的意見。但陳寅恪（1890～1969）在審查馮友蘭《中國哲學史》的報告中，則提出了兩點意見，一是如何看待古人的思想學說，他說：

> 凡著中國古代哲學史者，其對於古人之學說，應具了解之同情，方可下筆。蓋古人著書立說，皆有所爲而發。故其所處之環境，所受之背景，非完全明了，則其學說不易評論。而古代哲學家去今數千年，其時代之眞相，極難推知。……而對於其持論所以不得不如是之苦心孤詣，表一種之同情，始能批評其學說之是非得失，而無隔閡膚廓之論。否則數千年前之陳言舊說，與今日之情勢迴殊，何一不可以可笑可怪目之乎？但此種同情之態度，最易流於穿鑿附會之惡習。因今日所得見之古代材料，或散佚而僅存，或晦澀而難解，非經過解釋及排比之程序，絕無哲學史之可言。〔註41〕

二是關於僞材料的使用上，他說：

> 以中國今日之考據學，已足辨別古書之眞僞。然眞僞者，不過相對問題，而最要在能審定僞材料之時代及作者，而利用之。蓋僞材料亦有時與眞材料同一可貴。如某種僞材料，若徑認爲其所依托之時

～156。

〔註39〕耿雲志主編，《胡適遺稿及秘藏書信》（合肥：黃山書社，1994 年），第 33 冊，頁 221～223。

〔註40〕《胡適文集（6）‧〈中國古代哲學史〉再版序》，頁 157。

〔註41〕《陳寅恪集‧金明館叢稿二編》（北京：三聯，2001 年），頁 279～280。

代及作者之眞產物，固不可也。但能考出其作偽時代及作者，即據
以說明此考出其作偽時代及作者，即據以說明此時代及作者之思
想，則變爲一眞材料矣。〔註42〕

陳寅恪所陳述的意見，雖未直接點名批判胡適，但揚馮抑胡是看得出來的，陳
寅恪認爲胡適的書中以西方現代哲學「條理」中國古代思想，缺乏「同情之了
解」；在史料眞偽的應用上，胡適反對使用偽書或不可靠的史料，但陳寅恪認爲，
即使是偽材料，仍有其史學上的價值，端看史家如何靈活運用。不過對於胡適
是書的看法，還有一層更深的理解，那便是高度讚揚考據學，胡適的「漢學」
傳統，以及受「宋學」，尤其是心學一派影響的陳寅恪，兩者學術取向不同的相
互衝擊，傳統學術，在他們兩人身上仍可看到延綿不絕的生命力。

第三節　實證化史觀的展開與成績

　　史學的科學化，促成了中國近代史學實證化史觀的形成，這一股風潮正
方興未艾，胡適本人在 1923 年寫的〈科學與人生觀〉序言中說：

這三十年來，有一個名詞在國內幾乎做到了無上尊嚴的地位；無論
懂與不懂的人，無論守舊和維新的人，都不敢公然對他表示輕視或
戲侮的態度。那個名詞就是「科學」。這樣幾乎全國一致的崇信，究
竟有無價值，那是另一個問題。我們至少可以說，自從中國講變法
維新以來，沒有一個自命爲新人物的敢公然毀謗「科學」的。〔註43〕

「科學」的地位在當時的中國，正被安置在一個神聖的殿堂裏，當「賽先生」
逐步取替傳統「聖人」的概念形成後，似乎與我們生存有關的一切事物，都
不免和「賽先生」發生一點關係。綜觀胡適對科學信仰的追求，其淵源有來
自漢學（考據學）的傳承；也有來自於西方實用主義，尤其是杜威（John Dewey，
1859～1952）一派的概念，當然胡適有他主觀的取捨，所以胡適的「實驗主
義」並不是對杜威「實用主義」的單純移植，而是有消化與吸收的觀念轉化。
〔註44〕不如這樣說，胡適的科學方法，在形式上有著西方近代科學的技巧，

〔註42〕同前註。
〔註43〕《胡適文存・科學與人生觀序》，第 2 集卷 1，頁 121。
〔註44〕有關胡適與杜威的互動，可參考 Barry Keenan, *The Dewey Experiment in China*: *Educational Reform and Political Power in the Early Republic*（Cambridge: Harvard University Press, 1977 年），楊國榮，《實證主義與中國近代哲學》（台

但在內容中卻仍含有乾嘉考據學的精神，那是一種轉化，在一個新舊仍難劃定的過渡時代。

做爲一位開風氣之先的學者，胡適給我們留下無限的「猜想」，猜想著一種跨文化間彼此溝通的可能性想像，正如他所說的「大膽的假設」，問題不僅在假設如何可能？更要有一屬於人的個性上的突破，胡適走出了第一步，下一步呢？由誰來推動？先從顧頡剛（1893～1980）談起，作爲胡適學生的顧頡剛只比胡適小二歲，其關係與其說是師生，不如說是一種師友的關係，顧頡剛在晚年的回憶錄中說：

> 我的《古史辨》的指導思想，從遠的來說就是起源於鄭、姚、崔三人的思想，從近的來說則是受了胡適、錢玄同二人的啓發和幫助。〔註45〕

北：五南，1995 年），頁 98～110，《科學主義：演進與超越》（台北：洪業，2000），頁 143～166，許冠三，〈胡適：注重事實服從證據〉，《新史學九十年（上），1900～》（香港：中文大學，1989 年），頁 137～149。許氏認爲「胡適自從發表過〈實驗主義〉一文後，便無再對「科學」復有新義，晚年對科學的認知，只不過是「一抹餘暉」的反照。」（見氏書，頁 149）此外胡適在總結清代考據學成績時說：「我們考證學的方法儘管精密，只因爲始終不接近實物的材料，只因爲始終不曾走上實驗的大路上去，所以我們三百年最高的成績不過幾部古書的整理，於人生有何益處？於國家的治亂安危有何裨補？雖然做學問的人不應該用太狹義的實利主義來評判學術的價值，然而學問若完全拋棄了功用的標準，便會走上很荒謬的路上去，變成枉費精力的廢物。」（見《胡適文存·治學的方法與材料》（台北：遠東，1990），第 3 集卷 1，頁 119。）胡適對於科學的理解，最終還是走回學術致用的傳統思考裏。有人以爲胡適一生的學術貢獻與使用的方法，其實是乾嘉考據學的變相復興，他將前述胡適對清儒的批評略爲更動，也給胡適以下的評語：「胡適考據的方法儘管精密，只因爲始終不接近實物的材料，只因爲始終不曾走上實驗的大路上去，所以胡適一輩子四十年考據最高的成績終不過幾部古典小說的整理，一小部份禪宗史料的釐清，以及《水經注》疑案的審查。這些成績於人生有何益處？於國家的治亂安危有何裨補？」（見周質平，〈評胡適的提倡科學與整理國故〉，《胡適與近代中國》（台北：時報，1991 年），頁 173～174。當然周氏對胡適的批評，失之過苛，但也不失爲另類思考。不過有一點是以往學者所忽略的，即美國實用主義作爲一種普遍的原則，並不排除「信仰」，如實用主義學者詹姆士（William James, 1842～1910）認爲「上帝」本身就是一種特別有用的假設，但胡適是拒絕信仰主義，於是便把實用主義限制爲一種「實驗方法」，並強調其治學的方法，見鄧曉芒，〈中國百年西方哲學研究中的八大文化錯位〉，《福建論壇》，第 5 期，2001 年，頁 12。

〔註45〕《我與〈古史辨〉·我是怎樣編寫〈古史辨〉的？》（上海：上海藝文，2001年），頁 197。

鄭、姚、崔分別是指鄭樵、姚際恒和崔述（1740～1816）。這三人做爲顧頡剛學術的遠源，主要是從鄭樵那裏學到了做學問的貫通；從姚際恒、崔述那裏學到不信傳記與不信經書的觀點，這是顧氏疑古思想的三個傳統來源，至於近源，顧氏說：「我的推翻古史的動機固是受了《孔子改制考》的明白指出上古茫昧無稽的啓發。」〔註46〕我想今文經學對清末民初的學人在思想觀念上都具有一定的啓發，王汎森在〈顧頡剛與古史辨運動之興起〉一章中提到顧頡剛對康有爲有一種「弔詭式的繼承」。〔註47〕顧氏在理解今文經學思想時，以一種新的歷史眼光，或者是說有別於過往傳統史學的「歷史意識」，重新審視了上古史學的可信度，當然這種「新歷史意識」有賴於西學理論的支持，而其中影響最大的就是進化論觀點的普及，顧頡剛曾這樣說過：

> 過去人認爲歷史是退步的，愈古的愈好，愈到後世愈不行；到了新史觀輸入後，人們才知道歷史是進化的，後世的文明遠過於古代，這整個改變了國人對歷史的觀念。如古史傳說的懷疑，各種史實的新解釋，都是史觀革命的表演。〔註48〕

在顧氏的觀點裏，新史觀的輸入，首先表現在對歷史的理解，而這層理解是依據進化論原理而來的；其次是一種懷疑的精神；最後是新解釋。這和胡適在《中國哲學史大綱》的導言中所說的明變、求因與評判有一致的地方，更可以看出顧頡剛在史學的觀念上深受胡適的啓發與影響。

　　胡適頗欣賞顧頡剛用一種史學進化的原理來闡述中國古代史，尤其是顧頡剛所提出的「層累地造成的中國古史」的命題。所謂「層累地造成的中國古史」，顧氏是這樣說的：

> 這有三個意思。第一，可以說明時代愈後傳說的古史期愈長，……周代人心目中最古的人是禹，到孔子時有堯、舜，到戰國時有黃帝、神農，到秦有三皇，到漢以後有盤古等。第二，可以說明時代愈後，傳說中的中心人物愈放大。如舜在孔子時只是一個「無爲而治」的聖君，到〈堯典〉就成了一個「家齊而後國治」的聖人，到孟子時就成了一

〔註46〕《古史辨·自序》（台北：明倫，1970），第 1 冊，頁 43。
〔註47〕所謂「弔詭式的繼承」是指在歷史上不同意圖所產生的事件，時常形成因果繼承的關係。康有爲爲了政治的目的所寫的有關經學的書籍，卻被顧頡剛等人把它視爲史學作品來解讀，並產生不同的歷史效應。見王汎森，《古史辨運動的興起——一個思想史的分析》（台北：允晨，1987 年），頁 209～218。
〔註48〕顧頡剛，《當代中國史學》（香港：龍門，1964 年），頁 3。

　　個孝子的模範了。第三，我們在這上，即不能知道某一件事的真確的
　　狀況，但可以知道某一件事在傳說中的最早的狀況。〔註49〕

由上述顧氏的論點中，吾人可以理解所謂「層累」的現象，至少具備二個要件。
一是時間的推移。不論是「時代愈後，傳說的古史愈長」或「時代愈後，傳說
中的中心人物愈放愈大」都是在強調時間的特性。二是構成「層累」的文獻材
料。隨時間的推演，神話或傳說，甚至歷史的記載，都會隨人類的記憶而不斷
增加，其中可能有虛構，亦包含真實的歷史過程，如崔述所言「古史如積薪，
後來者居上」，以千百年前對於歷史的記錄方式，根本不可能將歷史做最精確的
記錄（其間牽涉到歷史記錄的方式，如口傳、文字；或歷史記錄的體例，如編
年、紀傳或紀事本末；再則歷史記錄的工具，如甲骨、金石、簡冊、帛書、毛
筆、刻版、電腦等），即使古人有非常明確的歷史意識，卻不保證其所記錄的當
時歷史，沒有參雜絲毫人為的主觀判斷。透過人類記憶而存留下來的文獻材料，
有其不能全信的因子在，所以胡適在評論顧頡剛的「層累」理論時，他說：

　　顧先生的「層累地造成的古史」的見解，真是今日史學界的一大貢
　　獻，我們應該虛心地仔細研究他，虛心的試驗他，不應該叫我們的
　　成見阻礙重要觀念的承受。……顧先生的這個見解，我想叫他做「剝
　　皮主義」。譬如剝筍，剝進去方才有筍可吃，這個見解起於崔述，……
　　崔述剝古史的皮，僅剝到「經」為止，還不算澈底。顧先生還要進
　　一步，不但剝的更深，並且還要研究那一層一層的皮是怎樣堆砌起
　　來的。他說：我們看史蹟的整理還輕，而看傳說的經歷卻重，凡是
　　一件史事，應看他最先是怎樣，以後逐步逐步的變遷是怎樣。這種
　　見解重在每一種傳說的「經歷」與演進。這是用歷史演進的見解來
　　觀察歷史上的傳說。〔註50〕

胡適所言「剝皮主義」，其實便是一種歷史方法學上的逆推過程，即「史學考
古」或「史觀考古」，將已形成的共同歷史記憶，透過溯源的方法，去探究歷
史的真相，這也是顧頡剛在「層累」理論中所提到的第三個意思。

　　這裏顧頡剛觸及了史學理論中最敏感的部分，那就是何謂「歷史事實」？
顧氏認為純粹真實的歷史早已煙消雲散，不復可求，但可求的是人類所遺留
下來的「傳說」、「神話」或「文獻材料」，史家可以斷定那些歷史的遺存物為

〔註49〕《古史辨‧與錢玄同先生論古史書》，第 1 冊中編，頁 60。
〔註50〕《古史辨‧古史討論的讀後感》，第 1 冊中編，頁 191～192。

不可靠，卻無法有絕對的把握去證明這些遺存物是完全可靠的，顧頡剛曾說：「我們要否認僞史是可以比較各書而判定的，但要承認信史便沒有實際的證明了。」〔註51〕顧氏的這個觀點和波普爾（Karl Popper，1902～1994）的「證僞理論（或稱爲否證論）」（theory of falsification criterion）有相契的地方。「證僞」是一種企圖將自然科學與人文科學統一的方法論，這個理論是說，檢驗眞理的標準不應該是「證實」，而應該是「證僞」。科學眞理必須經過一切可能證僞的考驗，反之凡是沒有能被證僞的，就決不可能是科學眞理，也就是說，眞理必須能經受正反兩方面的檢驗，尤其是反面的檢驗（即證僞），才得以成立。〔註52〕因此在這種前提下，史家只要找到一條不利的證據，就能懷疑某種記載有誤；但即使掌握了千百條有利的證據，也不能完全肯定某種記載是正確眞實的，因爲只要多出一條證據就可能會使此記載失眞，而史家暫時未見此一條證據，或者證據已逍逝，都可能造成史家解釋上的失效。可惜顧頡剛沒有能朝這個方法學去實踐，反而以「默證」的方式來說明中國古代史，張蔭麟（1906～1942）十分反對這樣的作法，他說：

> 凡欲證明某時代無某某歷史觀念，貴能指出其時代中有與此歷史觀念相反之證據。若因某書或今存某時代之書無某史事之稱述，遂斷定某時代無此觀念，此種方法謂之「默證」（Argument from silence），……謂予不信，請觀顧氏之論據：「《詩經》中有若干禹，但堯舜不曾一見，《尚書》中有若干禹，但堯、舜也不曾一見，故堯、舜、禹的傳說，禹先起，堯、舜後起是無疑義的。」此種推論，完全違反默證適用之限度，試問《詩》、《書》是否當時歷史觀念之總記錄，是否當時記載唐、虞事蹟之有系統的歷史？又試問其中有無涉及堯、舜事蹟之需要？此稍有常識之人不難決也。嗚呼！假設不幸而唐以前之載籍蕩然無存，吾儕依顧氏之方法，從《唐詩三百首》、《大唐創業起居注》、《唐文彙選》等書中推求唐以前之史實，則文、景、光武之事蹟，其非後人「層累地造成」者幾希矣！〔註53〕

〔註51〕　《古史辨・與錢玄同先生論古史書》，第 1 冊中編，頁 59。

〔註52〕　有關波普爾「證僞理論」的說明，可參考張巨青、吳寅華，《邏輯與歷史——現代科學方法論的嬗變》（台北：淑馨，1994 年），頁 54～86。另參閱何兆武，〈歷史有意義嗎？——評波普爾的《歷史主義的貧困》〉，《歷史與歷史學》（香港：牛津，1995 年），頁 235。

〔註53〕　《古史辨・評近人對於中國古史之討論》，第 2 冊下編，頁 271～273。

張蔭麟這段話在批判顧頡剛的「層累」理論，說得十分痛快，但「層累」理論在史學上，卻有它實際的功能，即作爲一種新觀念、新解釋去引領史學的另一次革命。〔註 54〕可是顧頡剛所引發的革命成功了嗎？其革命的目的何在？顧氏所倡導的古史辨運動最主要的目的便是尋求一個眞實的古史，但「層累說」能求得眞實的古史嗎？如果上古的史事無一可靠，而可爲憑藉的史書又多爲「僞書」，試問那麼多的傳說、神話，又多只是人們充滿歷史的想像，那麼眞實的古史如何建立呢？這是顧頡剛「層累說」最大的矛盾與盲點。

　　如果說顧頡剛「大膽的」破壞了古史的眞實性；那麼王國維（1877～1927）則「小心的」建立起古史的可信度。兩人皆追求眞實的歷史，卻有著不同的古史觀，進而導出不同的方法論。在顧頡剛處是「層累說」；在王國維這裏是「二重證據法」。王國維在《古史新證》中說：

〔註54〕顧頡剛希望「層累」理論能打破四個觀念。1.打破民族出於一元的觀念。2.打破地域向來一統的觀念。3.打破古史人化的觀念。4.打破古代爲黃金世界的觀念。見《古史辨・答劉、胡兩先生書》，第 1 冊中編，頁 99～101。「層累」的理論，在中國現代史學上確爲顧頡剛的創舉，但以相同論點和方法，用以研究歷史或神話傳說的，則非只有顧氏所獨獲，在日本，江戶時代的學者富永仲基（1715～1746 年）於 1744 年出版了《出定後語》一書，提出了所謂「加上原則」，此一原則是作者基於古印度婆羅門教關於「天」的思想而出的，在婆羅門教早期的教義中，「天」是與人間相對應的理想王國，原只有一重，但後起的宗派爲了勝過原來的教派，以便獲得更多信徒，便在「天」之上創造了另一重新的「天」，隨時間推移，當教派分支愈多，則「天」也相應逐層加疊，最後有所謂的二十八重天、三十三重天的出現，故富永仲基這個過程，稱之爲「加上原則」。宮崎市定於 1965 年在一篇名爲〈獨創的支那學者内藤湖南博士〉一文中，提到顧頡剛的《古史辨》有可能受到内藤湖南所引用的「加上原則」的影響。其實，在時間上就不可能，顧氏提出「層累」說遠較内藤提出「加上原則」早三、四年，更何況内藤本人從未説他是以富永仲基的「加上原則」來考證中國古史，倒是 1909 年白鳥庫吉所發表的「堯舜禹非實在論」，所引起的日本漢學界的中國古史辨僞爭論，其中林泰輔反對白鳥氏的「堯舜禹抹殺論」這場爭論，代表著日本近代史學兩種不同傳承的對立，内藤對富永仲基的理解，是在顧頡剛提出「層累說」之後的事，反而是内藤對於崔述的理解，可以做爲與顧頡剛共同對話的起始點。關於這一論述，可參考錢婉約，〈「層累地造成說」與「加上原則」——中日近代史學上之古史辨僞理論〉，《顧頡剛學記》（北京：三聯，2002 年），頁 195～223，另見顧鑾齋，〈從比較中認識「層累」理論的學術價值〉，《齊魯學到》，第 1 期，2005 年，頁 41～49。此外「層累」說也可以用來説明詩文的形成與演變，如《古詩爲焦仲卿妻作》，便可以以此來解釋其成詩的大概，其詩可能自東漢（建安時期）至南朝（不早於宋少帝）的漫長時期中逐步形成，見章培恒，〈關於《古詩爲焦仲卿妻作》的形成過程與寫作年代〉，《復旦學報（社科版）》，第 1 期，2005 年，頁 2～9，27。

研究中國古史，爲最糾紛之問題。上古之事，傳說與史實混而不分。
史實之中，固不免有所緣飾，與傳說無異；而傳說之中，亦往往有
史實爲之素地。二者不易區別，此世界各國之所同也。……至於近
世，乃知孔安國本《尚書》之僞，《紀年》之不可信，而疑古之過，
乃並堯、舜、禹之人物而亦疑之。其於懷疑之態度及批評之精神，
不無可取，然惜於古史材料，未嘗爲充分之處理也。吾輩生於今日，
幸於紙上之材料，更得地下之新材料。由此種材料，我輩固得據以
補正紙上之材料，亦得證明古書之某部分全爲實錄，即百家不雅馴
之言亦不無表示一面之事實。此二種證據法，惟在今日始得爲之。
雖古書之未得證明者，不能加以否定，而其已得證明者，不能不加
以肯定，可斷言也。〔註55〕

在王國維對「二重證據法」下定義的同時，王氏反復的強調「事實」的存在，
不能因一部分不眞，而證其全部爲僞，對「事實」的判準要有更細緻的分析
與確立。因此不論材料的眞僞，皆有其存在的價值，端看史家如何利用。「二
重證據法」雖然強調地下之新材料與紙上之材料相互結合，但這種方式是有
學術傳承的，第一是利用近代大量的出土文物與考古資料來補強過去古史的
不足與缺失。第二是運用西方學術的資源，包括實證主義及其它思想家的觀
念，來強化其考證古史的能力。第三是以清代小學研究的成果，通過文字音
韵訓詁的手段來考證古史。王國維結合這三種方式，將地下新材料與紙上材
料聯繫起來，展現出他的個人學術風格。不過，王國維的方法，追本溯源，
走的仍是考據學的傳統，但其範圍及眼界早已超越前人，而有新意。〔註56〕

　　當然王國維此方法亦是有針對性的，由於他不滿當時學術界兩種對於古
史的態度，一種是輕於「疑古」，如胡適，他曾說：「我的古史觀是：現在先
把古史縮短二三千年，從《詩》三百篇做起，將來等到金石學、考古學發達
上了科學軌道以後，然後用地底下掘出的史料，慢慢地拉長東周以前的古史，
至於東周以下的史料，亦須嚴密評判，甯疑古而失之，不可信古而失之。」〔註
57〕胡適的這番說法，有些學術上的策略運用，不太像在討論學術該如何如何？

〔註55〕《古史新證——王國維最後的講義》（北京：清華大學，1996 年），頁 2。
〔註56〕見吳懷祺，〈中國近代考據學和王國維的「古史新證」〉，《北京師範大學報》，
　　　　第 1 期，1989 年，頁 40～41。
〔註57〕《古史辨·自述古史觀書》，頁 22～23。

倒像是政策指導。王國維對於「疑古」太過的「古史辨」諸人，持一救偏的心理；一是過於「信古」，如章太炎、黃侃等人，他們對《說文》和其它傳統文獻的崇信，導致他們不信出土的甲骨、金文等史料的價值。王國維的態度基本上是種折衷的形式，在「疑古」與「信古」的兩個極端中間來回，保有一種較爲靈活的彈性。陳寅恪在評價王國維史學的成就時，歸納出三點，他說：

> 先生之學博矣，精矣，幾若無涯之可望，轍跡之可尋。然詳繹遺書，其學術內容及治學方法，殆可舉三目以概括之者。一曰：取地下之實物與紙上之遺文互相釋證。……二曰：取異族之故書與吾國之舊籍互相補正。……三曰：取外來之觀念，與固有之材料互相參證。……此三類之著作，其學術性質固有異同，所用方法亦不盡符會，要皆足以轉移一時風氣，而示來者以軌則，吾國他日文史考據之學，範圍縱廣，途徑縱多，恐亦無以遠出三類之外。〔註58〕

其中第一目即是王國維所謂「二重證據法」，而陳寅恪亦視王國維之學爲考據學的延伸。王國維治史素以舉證事實爲重，他說：「吾儕當以事實決事實，而不當以後世之理論決事實，此又今日學者之所當然也。」〔註59〕這種「以事實決事實」的治史態度，充滿實證史學的意味，但王國維的實證化史學觀念較顧頡剛更深一步的是去考掘在歷史眞相背後的意義，他說：

> 欲知古人，必先論其世；欲知後代，必先求諸古；欲知一國之文學，非知其國古今情況學術不可也。近二百年來，瀛海大通，歐洲之人講求我國故者亦夥矣！而眞知我國文學者蓋鮮，則豈不以道德風俗之懸殊而所知所感亦因之而異歟？抑無形之情感固較有形之事物爲難知歟？〔註60〕

在王國維看來，歷史研究除掌握史料事實外，「無形之情感」最爲特殊，如果不能掌握，則有礙吾人正確認識歷史的可能，這種看法和陳寅恪所謂「對於古人之學說，應具瞭解之同情」，〔註61〕有著前後呼應的調性。

〔註58〕《陳寅恪集・金明館叢稿二編・王靜安先生遺書序》（北京：三聯，2001 年），頁 247～248。

〔註59〕《王國維遺書・觀堂集林・再與林博士論〈洛誥〉書》，（上海：上海書店，1996 年），第 1 冊卷 1，頁 63。

〔註60〕《王國維遺書・靜安文集續編・譯本〈琵琶記〉序》，第 3 冊，頁 639。

〔註61〕《陳寅恪集・金明館叢稿二編・馮友蘭〈中國哲學史〉（上冊）審查報告》，

　　受胡適史學科學化影響，而朝實證化史學觀念發展的還有傅斯年（1896～1950）。不論是顧頡剛疑古派之「辨僞史」，還是王國維之「證古史」，卻都有相同的目標，即實現史學的科學化與實證化，傅斯年也不例外。在胡適的影響下，從顧頡剛與王國維史學成就的基礎上，傅斯年走向另闢蹊徑的道路。在對顧頡剛的「層累說」的評價，傅斯年首先認爲此說合乎科學的準則，他說：

> 大凡科學上一個理論的價值，決於他所施作的度量深不深，所施作的範圍廣不廣，此外恐更沒有什麼有形的標準。這個古史論，是使我們對於周漢的物事一切改觀的，是使漢學的問題件件在他支配之下的，我們可以到處找到他的施作的地域來。〔註62〕

傅斯年所說的「古史論」便是顧頡剛的「層累說」，而此說具有科學普遍涵蓋特性，所以傅氏認爲可將之放諸四海。但有一點要注意的是，傅斯年對顧頡剛史學觀念的認同並不是前後一致的。傅氏於 1926 年自歐陸返國後，逐漸對顧氏的「層累說」有所質疑。在顧頡剛寫完〈秦漢統一的由來和戰國人對於世界的想像〉一文，並將文章寄給傅斯年指正，傅斯年提出了帶有批評的話語說：「因爲找出證據來者可斷其爲有，不曾找出證據來者亦不能斷其爲無。」〔註63〕在同一篇評論中，傅斯年從史料的掌握度去思考顧頡剛與《古史辨》的問題，他認爲如果沒有充份的材料，不宜妄下結論，當材料缺乏的地方，就應當讓它缺著，以傳疑。其後，在傅斯年的《性命古訓辨證》一書中，則對疑古派的主張採以貶抑的批評，他說：

> 古史者，劫灰中之燼餘也。據此燼餘，若干輪廓有時可以推知，然其不可知者亦多矣。以不知爲不有，以或然爲必然，既違邏輯之戒律，又蔽事實之概觀，誠不可以爲術也。今日固當據可知者盡力推至邏輯所容許之極度，然若以或然爲必然則自陷矣。〔註64〕

在傅氏看來，「層累說」最大的誤謬在於「以不知爲不有」，張蔭麟早在傅斯年之前已看出問題，但如何解決呢？在「疑古」與「信古」之間能否找到第三條道路。〔註65〕傅斯年發現了王國維，說發現，主要是王國維的學術成就

頁 279。

〔註62〕《傅斯年全集·與顧頡剛論古史書》（台北：聯經，1980），第 4 冊，頁 1508。

〔註63〕《古史辨·評〈秦漢統一的由來和戰國人對於世界的想像〉》，第 2 冊上編，頁 11。

〔註64〕《傅斯年全集·性命古訓辨證》（台北：聯經，1980），第 2 冊，頁 300。

〔註65〕有關於傅斯年與胡適、顧頡剛的互動情形，可參考杜正勝，〈從疑古到重建—

吸引了傅斯年，王氏的《人間詞話》與《宋元戲曲史》獲得傅氏的好評，〈殷卜辭中所見先今先王考〉被傅喻爲近年漢學中最大的貢獻之一，傅斯年對王國維能採用近代科學方法，重視異域成果的借鑑，將地下材料與書面材料相印證，重視開拓新的領域，能將死材料，變成活的，而實際的印證，便是傅斯年自己的〈夷夏東西說〉，若無王國維先前的諸考證爲依據，是不可能證成的。〔註66〕

傅斯年在學術上的轉變，和他 1919 年赴歐留學的學習有密切的關係，先赴英國倫敦大學攻讀心理學，1923 年進入德國柏林大學哲學系，主修心理學，後期轉到比較語言學、歷史語言學上面。〔註67〕傅斯年這一學習背景對日後他從

—傅斯年的史學革命及其與胡適、顧頡剛的關係〉，《當代》，第 116 期，1995年，頁 10～29。不過余英時認爲：傅斯年日後許多觀點，包括辨僞觀念，重建古史的看法等，無非是希望能在古史研究上超越顧頡剛的成就。見氏著〈學術思想史的創建及流變——從胡適與傅斯年說起〉，《學術史與方法學的省思》（台北：史語所，2000），頁 7。

〔註66〕關於傅斯年受王國維影響的分析，可參考許冠三，〈傅斯年：史學本是史料學〉，《新史學九十年（上冊）——1900～》（香港：中文大學，1989年），頁212～213，另見歐陽哲生，〈傅斯年一生的志業及其理想——《傅斯年全集》序言（上）〉，《傳記文學》，第 84 卷第 1 期，頁 19。

〔註67〕關於傅斯年留學時的學思狀態可藉由史語所的《傅斯年檔案》窺知大概。王汎森在利用《傅檔》的資料爬疏了一些有關傅斯年留學期間的學習過程，傅斯年初到英國念心理學，對弗洛伊德的學說下過功夫，轉赴柏林後，首先被馬赫（E. Mach）的《感覺的分析》所吸引，後期轉向比較語言學研究，開始大量購買有關楚文、藏文、緬文等方面的書籍，西人研究中國語言音韻的書，如高本漢亦大量搜閱，此時的傅斯年已轉向歷史語言學。傅斯年在歐陸學習方向的轉變，和歐陸史學的發展風氣有關，蘭克（Ranke）本人也是從歷史語言學轉向史學的，見王汎森，〈讀傅斯年檔案札記〉，《當代》，第 116 期，1995年，頁 30～33。另見劉桂生，〈陳寅恪、傅斯年留德學籍材料之劫餘殘件〉，《北大史學》，第 4 輯，1997 年，頁 308～316，在這一篇文章中我們得知傅氏曾選過「普通語音學」這門課程，但缺任課教師簽字，故無法得知是否真上過課，但不論如何，傅斯年的興趣早已從對自然科學的興趣轉到人文或社會學科的領域，在德文中指稱非自然科學的詞語是"Geisteswissenchaft"，可譯爲「精神科學」，於此有關的延伸義有"Geisteswissenchaften"（人文科學或社會科學），以及"Geschichtswissenschaft"（史學）。傅斯年轉向歷史語言學，吾人亦可用回溯的方式來探求，傅氏在回國後建立起歷史語言研究所，以及在三十年代後期至四十年代初完成的《性命古訓辨證》，都標榜著歷史與語言不分的研究方向，這完全是受西方語言學的直接影響（當然也有間接來自乾嘉考據一脈訓詁學的傳承），在近代西方語言學傳統來看，語言制約思維，是一個很重要的概念，德國的語言學家洪堡特（Karl Whilhelm von Humbold，1767～1835年），提出過一個「語言相關論」的說法，即語法和語義範疇與說話者的世界

事的學術工作有決定性的影響，他潛心學習自然科學和心理學的經歷，使他對於科學精神和方法的體驗有更深一層的認識；他對多種不同語言的學習，使他對歷史學與語言學的交涉有深一步的認識，這些學術上的資源，都成為日後他史學思想上的動力。然而導致傅斯年史學轉變的直接因素，和他籌建中央研究院歷史語言研究所及擔任所長有密切的關係。杜維運以為自晚清迄今百年間的「新史學」，所獲得的輝煌成績，不是梁啓超、何炳松所倡導的新史學，而是傅孟眞先生所實際領導的新史學。﹝註68﹞但傅氏的「新史學」同前輩學者有何不同呢？這就不得不從 1928 年 10 月傅斯年在《國立中央研究院歷史語言研究所集刊》創刊號上發表的《歷史語言研究所工作之旨趣》（以下簡稱《旨趣》）一文談起。﹝註69﹞這一篇《旨趣》如同梁啓超《新史學》在清末的翻版，只不過

觀有相關聯性。他認為語言具有主觀性，但不僅指涉個人的認識活動，也指向民族語言與民族精神的一致性。「語言主觀性」，主要體現在「語言的內部形式」，它的差異導致語言的差異，而人們認識外部世界的感知活動又離不開語言觀念，所以語言差異影響著思維的活動，從語言內部形式——語言差異——思維差異，造成了不同的世界現象，均是由於語言差異所造成的，傅斯年是否受過德國歷有語言學派的影響，恐無直接證據，但傅斯年在《性命古訓辨證》中強調自己是用語言學觀點來解決思想史中的問題的說法，則很難否認他在書中所說的「性」與「命」概念均受語言事實所制約的解釋。傅斯年在此一時期的思考，確實帶有「語言決定論」的特色，關於洪堡特語言學的特點可參閱胡明明揚主編，《西方語言學名著選讀‧論人類語言結構的差異及其對人類精神發展的影響》（北京：人民大學，2002 年），頁 25～50。有關洪堡特的史學觀念可參考李秋零，〈洪堡：歷史與歷史眞理〉，《德國哲人視野中的歷史》（北京：人民大學，1994 年），第 3 章，頁 238～259。

﹝註68﹞ 見杜維運師，〈傅孟眞與中國新史學〉，《當代》，第 116 期，1995 年，頁 55。

﹝註69﹞ 在這一篇揭示史語所方向的文章，獲得許多學者的高度評價，如吳相湘將它與胡適所撰的北京大學《《國學季刊》發刊宣言》並論，稱它們為：「近代五十年中國文化史研究的兩大重要文獻，亦爲奠定中國現代歷史學之兩大柱石。而傅文之號召比較胡適更具積極性。」見氏著，《民國百人傳》（台北：傳記文學，1982 年），第 1 冊，頁 221。許冠三則認爲：「即令長達兩百頁的《性命古訓辨證》不算『巨著』，僅僅是《歷史語言研究所工作旨趣》一文和準此而推行的現代研究事業，正足夠令他名垂史林後。」見氏著，《新史學九十年（上冊），1900～》（香港，中文大學，1989 年），頁 214。傅斯年的《旨趣》之所以重要，不單是做為一篇「宣言」式的揭示，而是循此《旨趣》發展起來的學術群體，對中國現代史學所造成不可抹滅的印記。不過，當一個學術機構或團體與現實政治太接近時，對學術而言有其負面的影響，史語所在這當中，如何保持學術的獨立，又如何依違在政府的干涉，主其事的人能否在兩者間取得平衡，傅斯年似乎做到了。關於史語所及中央研究院的建立經過可參考陳時偉，〈中央研究院與中國近代學術體制的職業化，1927～

傅斯年將宣言口號轉化成實際的執行。在民國以來「疑古」與「信古」的對峙間，傅斯年終於找到了第三條可行的道路，那就是對傳統價值重新評估的「考古」，在《旨趣》中，傅斯年一開始便明確的說明史學的性質，只是「史料學」，他說：「歷史學不是著史；著史每多多少少帶點古世中世的意味，且每取倫理家的手段，作文章家的本事，近代的歷史學只是史料學，利用自然科學供給我們的一切工具，整理一切可逢著的史料。」〔註70〕傅斯年的這一句話許多人都認爲傅氏只看重史料，其實，若不尊重史料如何在「疑古」與「信古」之間殺出一條血路，也唯有史料才能調和這兩者間的爭議。對於不信史料的人，他舉了章太炎，他說：「坐看章炳麟君尸一流人學問上的大權威。章氏在文字學以外是個文人，在文字學以內做了一部文始，一步倒退過孫詒讓，再步倒退過吳大澂，三步倒退過阮元，不特自己不能用新材料，即是別人已經開頭用了的新材料，他還抹殺著，至於那部新方言，東西南北的猜去，何嘗尋楊雄就一字因地變異作觀察？這麼竟倒退過二千年了。」〔註71〕傅氏這段對章太炎的評語有「謝本師」的意味，但也正標示著他史學觀念上的轉變。

　　章太炎不信甲骨出土文字的價值，傅斯年當然覺得不可思議，認爲章太炎等「文人」只願坐在書齋前校書，而不願用雙眼雙腳走實際的田野考古，如此也罷，但經科學證明的史料，怎麼能忽視呢？歐陽哲生認爲《旨趣》的這一段話是傅斯年與章太炎一派的徹底決裂，也是對前此「整理國故」的超越。〔註72〕既然有超越，那麼傅斯年的主張爲何？他提出了三條宗旨，他說：

1937〉，《中國學術》，第 4 卷第 3 期，2003 年，頁 173～213。陳氏在文中認爲，中央研究院的出現結束了中國沒有科學研究院的歷史」，成爲中國近代學術職業化和科學體制制度化的開始，但其體制比較接近當時蘇聯的國家科學院，與國家保持著密切的依附關係，故在生存與發展受制於國家財政和政府支持的態度，所以不同於在「公共領域」中與國家權力構成的二元對立的英美模式，也不同於用國家權力對市場實施壟斷和競爭的德國模式，它是民國時期政治鬥爭，國家的建設的產物，在職業化的研究範式中比較符合共生原則，而帶有中國自己的特色。這一職業化的學術群體，畢竟仍帶有較濃厚的自由主義色彩，故他們對國家通過行政手段干預學術研究，學術獨立的行爲極爲反感，在「學述自由」的口號下與國家保持著相互間的依存關係。

〔註70〕傅斯年，〈歷史語言研究所工作之旨趣〉，《歷史語言研究所集刊》，第 1 本，1928 年，頁 3。
〔註71〕同前註，頁 4。
〔註72〕歐陽哲生，〈傅斯年的「價值重估」〉，《新文化的傳統——五四人物與思想研究》，（廣州：廣東人民，2004 年），第 3 輯，頁 408。

> 我們宗旨第一條是保持亭林、百詩的遺訓，這不是因爲我們震懾於
> 大權威，也不是因爲我們發什麼「懷古之幽情」，正因爲我們覺得亭
> 林、百詩在很早的時代已經使用最近代的手段，他們的歷史學和語
> 言學都是照著材料的分量出貨的。……宗旨第二條是擴張研究的材
> 料，第三條是擴張研究的工具。〔註73〕

傅斯年將顧亭林（1613～1682）與閻百詩（1636～1704）視爲中國近代歷史
語言學的開山，恐怕是比附大過事實的推論，而這三條宗旨反復的指陳「材
料」的重要性，以及如何發掘新材料的工具，那麼「材料」的有無與多寡，
代表著建立「新史學」的關鍵，他也說過中國近代學術的落後，是因爲不重
視材料，不重視的結果，便是退步，他說：

> 凡能直接研究材料，便是進步，凡間接的研究前人所研究或前人所
> 創造之系統，而不繁豐細密的參照所包含的事實，便是退步。上項
> 正是所謂科學的研究，下項正是所謂書院學究的研究，在自然科學
> 是這樣，在語言學和歷史學亦何嘗不然？舉例說，以《說文》爲本
> 體，爲究竟，去作研究的文字學，是書院學究的作爲，僅以《說文》
> 爲材料之一種，能充量的辨別著去用一切材料，如金文、甲骨文等，
> 因而成就文字學，乃是科學的研究。〔註74〕

在這段話中，傅斯年很明白的指出，將材料科學的運用就是進步，亦是科學
的研究，因此史學本是史料學，代表著與傳統史學的區隔，亦代表著史學科
學化後實證化史學的走向。〔註75〕傅斯年在確立「史語所」的宗旨後，很

〔註73〕同註70，頁 7。

〔註74〕同前註，頁 4。

〔註75〕有關傅斯年所說「歷史學只是史料學」這句話，幾成現代學術公案，許多論
　　　　者皆以他留德時受史學大家蘭克（Leopold von Ranke, 1795～1886年）的影
　　　　響，尤其蘭克那句「如實直書」（wie es eigentlich gewesen）強調史料在史學
　　　　研究的重要性宣示而迷惑，認爲傅斯年必受蘭克史學的影響。其實，若要嚴
　　　　格的認定，傅氏受蘭克史學的影響，只是間接的，在傅氏遺留下來的書籍中
　　　　並無有關蘭克的史學著作，留德期間也不見修習過相關課程，更重要的是傅
　　　　氏本人絕少提及蘭克對他有何影響。王汎森在研究傅斯年時，亦覺得傅氏「可
　　　　能」受了蘭克作品的某些影響，但令人驚訝的是卻沒有任何蘭克的著作在傅
　　　　斯年的檔案中被發現，唯一可牽扯上關係的，便是伯倫漢（Ernst Bernhlleim）
　　　　的《史學研究法》一書，據王汎森說，這本書被傅斯年讀到「韋編三絕」，伯
　　　　倫漢的這本書當然包含了蘭克的史學觀點，但傅斯年絕對不是直接接受蘭克
　　　　史學的啓發，而最有可能的解釋便是私淑蘭克學派的某些論點，否則傅斯年

快的區隔了與其他史學主張的不同,他說:「我們反對"國故"一個觀念。」
〔註 76〕這是針對當時史界流行的兩種文化史觀而發的,一為「國粹學派」,
北大國學門所倡導的「整理國故」運動,以及清華大學國學研究院等學術組
織對「國學」的認識的誤導。在傅斯年看來,中國文化遺產不是放進博物館
被保存、研究的對像,而是活生生,仍持續散發生命力的文化。中國文化要
在世界上發光發熱,一定要和世界接軌,而傅氏所處的時代,西方漢學或東
洋的支那學正以全新的姿態理解中國;另一為傅斯年所擔憂的,若不斷強調
「國粹」、「國學」、「國故」會不會產生一種「夜郎自大」的心理,而昧於世
界的潮流呢?其次他說:「我們反對疏通,我們只是把材料整理好,則事實
自然顯明了。」〔註 77〕傅斯年之所以「反對疏通」主要是見到史學研究中
的盲點,在實際的歷史研究中,有許多議題在史料和證據上常表現出不足的
情況,在有限的史料下,歷史研究往往在問題上懸而不斷,但敢於下論斷的
人,很容易遠離歷史的真相,顧頡剛的「疑古」,被批疑過了頭,傅斯年已
看出這一點,故他反對疏通,並不是反對歷史解釋所下的結論,而是在史料
證據不足時,不宜輕率下斷語。可是有一個難解的矛盾,如果始終沒有足夠
的史料,那史學能成立嗎?滿坑滿谷的材料,在重建的過程中,總有失落的
環節,如果不用帶有歷史想像的「疏通」方式,我想史學無以為繼,堆砌更
多的史料,卻使人望之怯步。其實,傅斯年本人也沒有做到他所反對的「疏
通」,他平生最得意的作品《性命古訓辨證》不也是一部充滿歷史想像力的
著作嗎?〔註 78〕《旨趣》的末尾,傅氏帶有昭告世人的三句口號,他說:

走的路線應該是近現代的外交史,而非古史了。關於這方面的研究可參考
Wang Fang-Sen, *Fu Ssu-nien: A Life in Chinese History and Politics*(New York:
Cambridge University Press, 2000),pp.62～63, 90。另見楊志遠,〈蘭克的史學
及其影響〉,《吳鳳學報》,第 11 期,2003 年,頁 35～42。
〔註 76〕同註 70,頁 8。
〔註 77〕同註 70,頁 8。
〔註 78〕關於這一點,可參考余英時,〈學術思想史的創建及流變——從胡適與傅斯年
說起〉,《學術史方法學的省思》(台北:史語所,2000),頁 9～12。余英時認
為:「《性命古訓辨證》不是關於訓詁學的研究,而是一部思想史研究。傅氏將
這個研究投射到整個中國學術傳統之中,在講宋儒清儒理學時,企圖對「宋學」
的地位重新估定,他對宋儒有許多同情的瞭解。從這一層意思上理解,傅斯年
所強調的歷史學只是史料學便很難成立了,這樣說吧,傅斯年以史料的充足與
否來制約歷史解釋(疏通)的泛濫,並不是真的反對疏通,只是把史料當成一
種方法工具,其後的人未能理解此一層涵意,錯把手段看成了目的。

一、把些傳統的或自造的「仁義禮智」和其他主觀，同歷史學和語
言學混在一氣的人，絕對不是我們的同志！二、要把歷史學語言學
建設得和生物學地質學等同樣，乃是我們的同志！三、我們要科學
的東方學之正統在中國！〔註79〕

這三句口號標示著「史語所」未來發展的方向，那便是將解釋歷史的權力從
西方人的手中奪回，這是一種帶有民族主義特色的宣示，而且是以科學為本
位的文化民族主義，不是一種放任民族主義情緒的史學研究。〔註80〕

　　把傅斯年的史學視為實證化史學觀念的一種體現，有幾點考量：一是傅
斯年對用科學方法來研究歷史的主張，他說：「現代的歷史學研究，已經成了
各種科學的方法之匯集。地質、地理、考古、生物、氣象、天文等等，無一
不供給研究歷史問題者之工具。」〔註81〕他這句話是說，欲究史學，不可僅
在故紙堆裏找材料，現代科學的種種學科，都能輔助史學的研究，這是一種
「科學整合」的想法。但科學的方法，畢竟是工具，能正確得知歷史事實的
工具，都是歷史學應當接受的，傅斯年對科學的認知是從「實用理性」的角
度切入的，可是以不斷搜集史料為號召，卻不輕下解釋的態度，形成一種「存
而不補，證而不疏」的學風，在日後史語所或受其學風影響的史學工作者間，
出現了兩難的困境，面對堆積如山的史料，卻無法完成任何宏偉的史著，多
的只是如「待訂稿」一類的著作。〔註82〕錢穆（1895～1990）在分析中國近
世史學時，將其分為三派，他說：

〔註79〕同註70，頁10。

〔註80〕傅斯年及其同時代的學人，都有著非常強烈的民族主義情緒，只是表現的方
式深淺不同，比如九一八事變後，傅斯年寫的《東北史綱》便是企圖以著書，
表達書生報國的理想。王汎森在《傅檔》中尋得不少有關傅斯年民族主義的
表現，如有關鄭成功的資料，欲替張自忠撰寫年譜，反對教會學校，亦反對
如燕京大學畢業的學生入史語所，耗巨資購買明清內閣大庫檔案，擔心被日
本人購得，甚至在用人的考量上，民族的情操也成為考慮的重點。見氏著，〈讀
傅斯年檔札記〉，《當代》，第116期，1995年，頁47～49。

〔註81〕同註70，頁6。

〔註82〕逯耀東在〈傅斯年與《歷史語言研究所集刊》〉一文中指出了這個困境，傅斯
年在導正民初史學風氣的確有其貢獻，但其開創的以史料為基礎論述的史學
方法，卻有其潛在的危機，當資料都齊全了，接下去怎麼辦？這個問題傅斯
年沒有直接回答，倒是傅氏的後輩學者，以及並不是那麼同意他的歷史學就
是史料學觀點的學院派史家，有了修正。見氏著，刊於《台大歷史學報》，第
20期，1996年，頁57～88。

略論中國近世史學，可分爲三派述之。一曰傳統派（亦可謂「記誦派」），二曰革新派（亦可謂「宣傳派」），三曰科學派（亦謂「考訂派」）。「傳統派」主於記誦，熟諳典章制度，多識前言往行，亦間爲革校勘輯補。此派乃承前清中葉以來西洋勢力未入中國時之舊規模者也。其次曰「革新派」，則起於清之季世，爲有志功業，急於革新人士所提倡。最後曰「科學派」，乃承「以科學方法整理國故」之潮流而起。……至「考訂派」則震於「科學方法」之美名，往往割裂史實，爲局部窄狹之追究。以活的人事，換爲死的材料。治史譬如治岩礦，治電力，既無以見前人整段之活動，亦於先民文化精神，漠然無所用其情。〔註83〕

錢穆對迷戀科學方法的人，點出了他們所面臨的窘境，即「窄化研究，割裂史實」，欲以史料的充足與否，換取不辨自明的歷史，這是一種追求客觀歷史的態度，然而材料是死的，解釋的人才是活的，主體與客體之間該如何交涉，過去與現在有著永恒的對話關係。杜維運在總結《旨趣》所代表的意義時，他說：

史學不是著史；史學只是史料學；史學的工作是整理史料，比較史料，就史料以探史實，不作藝術的建設，不做疏通的事業；史料以直接史料爲貴，上窮碧落，下及黃泉，皆爲尋找直接史料；史料的研究，經具備工具學問，地質、地理、考古、生物、氣象、天文等等，都是相關的工具學問；文詞、倫理、空論、史觀，皆不足道。〔註84〕

杜維運用傅斯年在《旨趣》文中所用的話語，覆述了傅斯年的史學觀念，說明傅氏所欲闡明的史學理想，是一種新史學，較梁啓超、何炳松所提倡者，尤值注目。

歐陽哲生也認爲《旨趣》一文，是普遍主義史學的進一步強化，它不僅強調了史學研究的客觀性，實證性（自然）科學方法，而且張揚了史學的非國別性和西方東方（漢學）的學術正統意義。他認爲傅斯年所提倡的新史學是與世界接軌的起點，引導後輩的學者找到進入「全球化」的一條途徑。〔註85〕不過

〔註83〕錢穆，《國史大綱·引論》（台北：商務，1995年），上冊，頁3～4。
〔註84〕杜維運師，〈傅孟眞與中國新史學〉，《當代》，第116期，1995年，頁58。
〔註85〕歐陽哲生，〈傅斯年的「價值重估」〉，《新文化的傳統——五四人物與思想研究》，頁414～415。

　　傅斯年所走的自己的路，並沒有帶給他學術上傲人的成就，而是他一手創建的「史語所」，所形成的新的歷史研究團隊，以及以史料當證據，證明一切史學的治史態度，開啓民國以迄於今史學的主流——「新歷史考據學派」。〔註86〕杜維運所言，意並不在貶抑史語所研究歷史的成就，而是提出一個反思，何以如此講究科學方法的研究機構或史家，沒有能成就一部充滿柔美歷史的史學巨著。從梁啓超而下，多少史家不斷追求「史學方法」，方法之精莫如傅斯年，然而卻沒有足供史家完成佳作的助力，所謂方法愈精，著史的能力愈差，這是何道理？但問題仍懸在那裏，對傅斯年實證化史學觀念所引出的科學治史法，視歷史學爲史料學的態度，要到 1950 年代的後期才有人提出質疑，更全面性的批判，則要晚到 1960 年代了，至此，史學又經歷了另一次轉化。〔註87〕

〔註86〕「新歷史考據學派」是杜維運師提出來的，他在〈民國史學與西方史學〉一文的提要，開頭便說明了此派爲民國以來史學的主流，他說：「此派由蔡元培、胡適、傅斯年等倡導，大本營在中央研究院歷史語言究所，影響力則及於全國。"史學本是史料學"、"沒有史料、便沒有史學"，是他們的基本主張；「尊重事實，尊重證據」，「大膽的假設，小心的求證」，是他們治史方法；重視直接史料，擴充史料的範圍，增加批評史料的工具，是他們的積極主張；於是治史不重著史，衹重考史，……這是十分極端的史學。從事者，自中央研究院史語所擴及全國，因此新歷史考據學派之名，可以成立。」見該文，刊於《孫中山先生與近代中國學術討論集》（台北：中央文物，1995 年），第 2 冊，頁 344。在論文的討論中，宋晞先生說他是第一次看到有人用「新歷史考據學派」來指稱傅斯年及史語所。（見該文頁 388）；張玉法不同意把所有加小註的歷史研究都列在「新歷史考據學派」，因爲考據主要是考證史料眞僞，以及歷史中的人物、地點、時間等因素，如果涉及歷史大變遷及歷史大方向的論述，不能稱爲考據（見頁 389）。許冠三則把傅斯年與陳寅恪同歸「史料學派」，見氏著《新史學九十年（上冊）——1900～》（香港：中文大學，1989 年），第 4 卷〈史料學派〉，頁 123～259。另外焦潤明在一篇名爲〈傅斯年與「科學史學」派〉文章中，則主張將圍繞在史語所周圍的史家統稱爲「科學史學派」，刊於《史學理論研究》，第 2 期，2005 年，頁 44～53。我不反對用「科學史學派」來說明傅斯年的史學及其研究團隊，但按傅斯年所標榜的科學方法來從事研究，其本質仍是實證主義史學，用「實證化史學觀念」來說明此一時期不同史家史學的主張與學派的觀點，似有較爲寬廣的定義。

〔註87〕關於傅斯年對台灣史學教育的影響，以及台灣史學界對傅斯年史學的批判，可參考李恩涵，〈傅斯年對台灣史學教研的影響〉，《傳記文學》，第 85 卷第 3 期，2004 年，頁 28～49。另一篇有些火氣的文章，王爾敏，〈當代學者追求史學理論之蕪濫〉，《清史研究》，第 4 期，2003 年，頁 88～97。該文提到一個看法，中國近代史學不斷追求史法方法的翻新，卻沒有能建立起解釋的理論，除了以唯物史觀爲主導的馬列科學派，其餘都是學者的個別理論，他舉出十大家：1.梁啓超領導中國史學新的轉向。2.傅斯年的〈夷夏東西說〉。3.

徐旭生所解說的上古民族文化三集團說。4.顧頡剛的疑古史學理論。5.郭沫若的殷人祀帝敬鬼，周畏天重人的創說。6.陳寅恪在中古史上所提示的兩個治史管鑰，即關中本位政策和隋唐士大夫的社會升降。7.雷海宗所特創的中國歷史兩周論。8.沙學浚的歷史重演的論文示範。9.全漢昇的《唐宋帝國與運河》。10.蔣廷黻所提中國近代化一個歷史動向。他認爲這十家在史學理論上有顯著的特色，具有獨創的卓識。在文章的末尾，王爾敏先生說到：「二十世紀後半期的中國史學界，如果不能拿出理論騙人，什麼研究資源也到不了手。自然有人更上一層，因爲大談理論而掌握控制研究資源。這一趨勢愈是後期，就愈爲強烈。直到二十世紀最後十年，這如同宗教符籙。請你翻看這時期史學論著，那一種不托理論以自重。我看全是人工制造廢紙，全然不能傳之後世。」（見該文，頁 97）

第五章　結　論

　　中國近百年來史學的發展，經歷了一個從否定到肯定的過程，然而促成此一發展的重要因子，即是史學觀念。構成「史學觀念」的要項：歷史意識、歷史知識、歷史解釋三者間有著極爲複雜的網絡。歷史意識的生成，離不開我們所生息的時間與空間，時、空的改變，也意味著歷史意識的轉化，而這種變化會導致我們對於歷史知識的建立，所有的歷史知識都是被建構出來的，因爲已死去的過往——之所以能復活，並影響著我們活著的人，正是透過此一被建構的歷史解釋，來連結彼此。中國近代史學觀念中，有三個頗具代表的類型：儒化史觀、進化史觀、實證化史觀，以此三類型做爲代表，並不表示中國近代史學觀念中，只能抽離跟分析出這三者。無疑的，這是一種「理念型」的呈現。儒化史觀是以儒家做爲思考主軸的考量，至於道家與釋家，當然有其對歷史的另類看法，但自明清以來，儒、釋、道三教合一的現象，其具體史學觀念的體現，依然是以儒家化的史學觀念最具代表性。

　　儒化史觀可以說是十分具有代表性的傳統史學觀念，主要集中於變易觀和義理觀。變易觀起於對時間變動的感知，從對自然時間的觀察，到歷史時間的確立，中國上古史學有了突破性的發展，當人們開始追問我從何處來，又將往何處去時，這來去之間便有著對歷史的無限猜想。史學（或歷史學）何以可能？正是我們在時間之流中，給了自己一個定位，一個可以將過去與未來連接起來的「現在」，人在「現在」這個定位上去思索自己所創出的歷史，並且能領會自身存在的價值與意義。儒化史觀中變易觀點的呈現，正是在這樣的思考之下形成的。孔子是一位十分具有歷史意識的「史家」，當然稱孔子爲史家並不一定符合歷史的實際，但中國的史學確實是在他那裏有了轉

化（如果我們承認孔子與《春秋》發生了那麼一點關係的話）。孟子對於歷史
的理解主要是接續孔子而來的，不過孟子對歷史的變化，帶有「一治一亂」
的歷史循環論，更明白的說，是一種封閉式的歷史循環論。司馬遷對於歷史
變動的觀察，不同於先秦諸子將自己限定在有限的時、空中做封閉式的思考，
司馬遷的變易史觀，是透過對先秦長達千百年的歷史發展，所做出的史學的
歷史解釋，是具有較開放式的歷史螺旋循環。不論是封閉式的歷史循環或開
放式的歷史螺旋循環，基本上，都是一種線性時間的展現。此一線性時間的
觀點支配了中國史學很長的時間，尤其是今文經學中「三世說」，便是典型的
封閉式歷史循環，但到了清末，則又有了另一次的轉化。劉逢祿仍是封閉式
的歷史循環，龔自珍則為開放式的螺旋循環，到了魏源卻成為一種開放式的
曲線循環，康有為和譚嗣同的變易觀已受到西方進化論的影響，康有為的「大
同三世進化說」，帶有明顯的歷史終結的目的論，是一種融合傳統歷史循環與
西方進步觀點的線性變易史觀，不過康有為把時間的跨度拉長，將原本循環
的終點，看成是下一個循環的起點，並安置在一個烏托邦的終點上。譚嗣同
的「順逆三世說」也是帶有明顯目的論的線性變易史觀。王韜的變易史觀，
最重要的是他打破了道器與體用的二元對立，這對西學的傳播，尤其是對進
化論原理中進步觀點的輸入，提供了契機。

　　義理觀具有超時間的特性，故其特色是「價值判斷」先於「事實判斷」，
這是因為歷史中所呈現出來的史事，未必是吾人心中所願，心中所願者常以
一種道德的或倫理的判斷來執行對「客觀事實」的驗證。朱熹便是很好的例
子，在歷史之上還有一個「天理」——即「三綱五常」的價值，以此做為義
理化史觀的黃金律，正也是儒化史觀的特點之一。不論章學誠或崔述對於史
學，始終存有一個遠過事實的標準，那便是的「道」的追求，以史來明道，
是章、崔二氏史學的特色，可是他們也都具有一種「先見」（或成見）的歷史
認識，故往往以強烈的價值判斷介入，為歷史終極關懷的目的打上儒家倫理
道德意義上的烙印。晚清龔自珍、魏源的史學觀念中，雖說包含了變易史觀
在其中，但也同時展現了義理史觀的看法。龔自珍所謂「出乎史，入乎道」
的說法，正是表明他欲藉史來做為明道的工具的表現。魏源對道的追求，是
將治經、明道、政事三者相結合，其目的是「經世致用」，而此一理想同樣是
義理化史觀所標榜的。

　　進化史觀是在西方進化論影響之下形成的一種史學觀念，它具有三個明

顯的特徵，一是線性的時間觀；二是進步的觀念；三是目的論。線性的時間
觀在西方文化中有其漫長的歷程，但進步的觀點，卻是十分近代的，將此二
種觀念與猶太教、基督教的宗教目的論相結合，「進化」的意義被導向朝「美
好的世界」前進，這是西方近代史學樂觀主義的表現，任何人，任何群體，
乃至任何民族國家，只要掌握了此一歷史發展的規律，都可達到某種最終的
「救贖」（或目的）。嚴復有條件的引入了進化論的學理，但其中已非達爾文
最初「天演」學說的理解，而是混雜了赫胥黎、斯賓塞，再加上一個嚴復自
己的論述，這其中的取捨，充滿了實用理性的特點。〔註1〕受到嚴復對進化論
解釋影響的人，在晚清形成一種看法，那便是「優勝劣敗」與「生存競爭」，
在不斷的屈辱中，如何才能殺出一條血路，成為當時士大夫或知識份子心中
時刻縈繞於心的心結。梁啓超曾大聲疾乎：「史界革命不起，則吾國遂不可救。」
何以救？以一種進化史學觀念來重估國史，並造新史，梁啓超「新史學」的
概念，不是單純的以進步的理念加諸在傳統史學的論述之中，而是有所為而
作，即欲以新史造新民也。史學在他的手裏，最初只是一種工具，用來改造
國民性，塑造新政體的手段。當然晚年的梁啓超已漸漸沈浸在史海之中，那
是對傳統史學對「道」追求的回歸。夏曾佑和劉師培對於歷史教科書的編寫，
正反映出此時對新史需求的饑渴，夏曾佑的《最新中學中國歷史教科書》，首
次將進化史學觀念融入歷史解釋之中，但從傳統史學中義理化史觀的認知
裏，在歷史作品中安置某種特定的價值觀，不論是道德的、進化的、或是退
化的，似乎也都說明了在引進西方或外來文化思想時，我們在做相對適應的
過程中，只能是——在傳統的根基上去調整，而沒有所謂全盤推翻的可能。
章太炎的「俱分進化」是對進化論的一個反思，章太炎認為進步是要付出代
價的，進化的終點，絕不可能達到盡善盡美的境界，因為那是對物質進化的
解釋。人性呢？人類的道德是否也隨此一進化而必有所增長呢？這是很難去

〔註1〕　「實用理性」是一種落實在經驗認知範疇的概念，它重視自己在人際關係上的
工具性的實用性能，缺少純粹思辨的想法，這和中國以人事關係所開展的文化
傳統，有著契合的地方。進化論觀念在中國的傳播，和中國文化中「陰陽化生」
的觀念有關係，它不同於西方二元的對立觀點，而是落實在活生生人的生存之
中，順此而有所謂「相生相克」的五行反饋系統，具有循環的特性，但這並沒
有阻礙中國傳統中所具備的某種「進化」觀念，變易史觀正是具有此一特性，
近代以來我們之所以易於接受西方進化論觀念，除了實用理性重視經驗的傳統
外，也是和變易史觀中的循環觀及線性時間有關。關於「實用理性」可參考李
澤厚，《實用理性與樂感文化》（北京：三聯，2005 年），頁 27～34。

衡量的，進化必帶來苦與樂；必引來善與惡，他透過佛學中唯識學的理解，認爲人性的進化有其根本的不可能性，故進化不可能僅朝善和美好前行，但這也不表示，章太炎對人性悲觀，而是認爲該如何擺脫那種因進化所帶來的惡果。同章太炎一樣，梁啓超晚年的回歸傳統，當然不是回復到一種保守或守舊的心理上去，而是在接受西方文化洗禮之後的沈澱，這種思考有著更深一層的內涵。梁啓超以佛學唯識的「因緣」來說明先前進化史學觀念中的「因果律」，而提所謂「互緣」的歷史解釋，這是一種超越。〔註2〕

　　進化史學觀念的盛行，在於它提供一種便捷的理論，一種指向未來充滿樂觀希望的史學理論，只要順此而下一切美夢都將成眞。這對當時中國全體國民具有致命的吸引力，很少人認眞去對待它，並從理論上去批判。整體來說，進化史學觀念也是近代史學發展之下的產物。當西方的「科學女神」已穩坐聖殿之上時，其後的學習者似乎僅能虔誠的膜拜。中國近代對西方科學的引入，並沒有受到太大的阻力，我的意思是，就科學應用的技術層面而言，很少人排斥新奇有用的「科學」，但深一層去思考，建立起科學大廈的理論，卻不是一開始便是如此便宜，而是一條抗拒與調適的漫漫長路，遠從明末開始，西學（或新學）已有點的滲透，到晚清，全面對西方科學文化的理解，形成一股運動，有人稱之爲「啓蒙」，但在接受西方文化洗禮的同時，我們發現了什麼？又失落了什麼？科學被抬昇至一個無以名之的地位，可這又符合歷史的實際嗎？嚴復推崇西方的科學歸納法，認爲此種「實測內籀」，是中國所缺乏的，但他是否遺忘了乾嘉漢學中考據法的利用，不正也是歸納法的具體表現嗎？不是遺忘，而是忽略了。在那個求新的年代，談傳統的學術，是不能引人入勝的。胡適對科學的信仰，終其一生未變，可是其史學，則是擷取實用主義的方法論，來說明他自己的實驗主義立場。「大膽的假設」，造就了顧頡剛勇於大膽的提出「層累地造成的中國古史」的論說，開啓疑古史學

〔註2〕 林毓生在〈問題意識的形成與理（或理想）型的分析〉一文中指出，人文科學研究的成果可概爲三類：1.提出重大、原創及涵蓋面廣的問題，並對這些問題提出系統性理解的理論研究。2.研究者自己並未提出眞正最具原創性的問題，而是對於研究者所屬研究範圍之內大家公認的或被別人已經發現的重大問題，做出了別人未曾看到的、言之成理、持之有故的系統性理論或論述。3.首先研究者以流行的問題爲問題，或是以傳統的問題爲問題，但卻能擴大研究的範圍，根據新材料修正或精緻化原問題；其次是對材料的整理，分類與摘要式的敘述，不以問題爲導向。該文見《中國文哲研究通訊》，第14卷第4期，2004年，頁5～7。梁啓超的超越應該介於林毓生所說的第1、2類中間。

的方向，可是膽子大到因史料不足，而否定古史，則不免偏離了史學的正道；「小心的求證」則促成了傅斯年對於史料的執著，在沒有充份把握史料的時候，不宜妄下結論。其實，傅斯年本人也沒有完全做到，史料的排比和堆砌並不能保證史實的自明性，有太多隱諱和曲折，需要史家的疏通。歷史解釋並不保證走向客觀歷史的呈現，但史家主觀的理解，卻有可能凸顯史學客觀的完成，這不是相對主義（relativism），而是人文科學領域中，史學獨特的審美觀。在歷史的研究中，以理智追求歷史的眞實可信，是許多史家疲於此途的原動力，但可信並不能帶給人感情上的滿足，它反而使人充滿無力感，所以歷史在許多人那裏並不能獲取感動。如何以可信求史之感動呢？這是兩難的困境，王國維遇見了，我想傅斯年也碰到了。求可信之史料，作不感動之史，恐怕是許多人對傅斯年一手建立的史語所，及用其史學方法所建立起來的「新歷史考據學派」的最大印象吧！何以如此？司馬遷筆下令人爲之動容的史學敘述，至今仍震撼人心，難道方法愈科學，方法愈精密，偉大的史學作品便隨之出現嗎？可惜，事實告訴我們，方法的新與舊僅是策略上的考量，做爲目的性的排除手段，否則如何解釋這種「弔詭」呢？

　　梁啓超在《新史學》中對「舊史」的批判，多的是情緒性的聲明，而非認眞嚴肅的面對傳統史學，傳統史學至今仍持續發揮自身的影響力，不過這是一種經過轉化的結果，從龔自珍、魏源、王韜、嚴復、譚嗣同、康有爲、劉師培、章太炎、梁啓超、夏曾佑、王國維、胡適，顧頡剛、傅斯年等人身上，仍可清晰看到傳統的血脈。西方史學的方法與理論的移入，首先是從進化史學觀念開始的，但以「優勝劣敗，生存競爭」之法去揭示歷史發展的過程，在講求天人關係的中國而言，總有削足適履的感覺，故在理論和方法的引進時，往往是有選擇性的，不是完整的理論體系開展，而是局部的使用。近代早期西方史學的引入，確有做爲「觸媒」的效用，促成中國史學內部的轉化，可是這種轉化都不是很完整的，常受到近代史學內外部環境的挑戰，所以形成一種多元論述的史學風潮，許許多多的理論方法，在仍未成型之際便轉身消逝在另一波方法理論的史海中。中國近代史學觀念的轉化，最重要的並非結果，因爲至今仍在持續當中，而其過程，是擺脫了過去經學意識型態的支配，而出現更爲自由的撰史空間，史家的身份由史官轉化成史學工作者，我們擁有更多思維的方法，去嘗試對歷史理解的可能性。新與舊是時間先後的分法，而非傳統史學與新史學之間截然不同的區隔。當西方史學的聖

火被中國史學先行者盜來後，這「火」該如何持續的、不斷的燃燒呢？言至
於此，回顧這百來年中國的傳統史學，是否有太多的東西失落在被人遺忘的
記憶裏？過去中國傳統史家對「道」的追求，以史明道的終極關懷，至今沒
有人再提起，可是「道」代表著什麼呢？「道」可以幻化出無限的可能，故
史學亦有無限的可能，「道」可以不是指向特定價值觀的論述，但卻可以代表
整個中國史學傳承的精神象徵。

參考書目

一、古籍與基本史料（依筆劃順序）

1. 王韜，《弢園文新編》，北京：三聯書店，1998年。
2. 王韜，《弢園文錄外編》，上海：上海書店，2002年。
3. 王國維，《王國維文集》，北京：中國文史，1997年。
4. 王國維，《王國維遺書》，上海：上海書店，1996年。
5. 王夫之，《船山全書》，北京：北京出版社，1999年。
6. 王夫之，《思問錄內外篇》，台北：廣文書局，1970年。
7. 王夫之，《讀通鑑論》，台北：里仁書局，1985年。
8. 王先謙編，《皇清經解續編》，台北：藝文印書館，1965年。
9. 孔子，《十三經注疏·論語》，台北：藝文印書館，1997年。
10. 左丘明，《十三經注疏·左傳》，台北：藝文印書館，1997年。
11. 朱熹、黎靖德編，《朱子語類》，台北：正中書局，1982年。
12. 朱熹、陳俊民校訂，《朱子文集》，台北：德富文教基金會，2000年。
13. 司馬遷，《史記》，台北：鼎文書局，1995年。
14. 阮元編輯，《皇清經解》，台北：藝文印書館，1960年。
15. 杜佑，《通典》，北京：中華書局，1996年。
16. 孟子，《十三經注疏·孟子》，台北：藝文印書館，1997年。
17. 胡適，《胡適文存》，台北：遠東書局，1990年。
18. 《胡適之先生年譜長編初稿》，台北：聯經出版社，1984年。
19. 班固，《漢書》，台北：鼎文書局，1995年。
20. 徐光啟，《徐光啟著譯集》，上海：上海古籍，1983年。

21. 夏曾佑，《中國古代史》，石家莊：河北教育，2000 年。

22. 凌廷勘，《續修四庫全書‧校禮堂文集》，上海：上海古籍，2002 年。

23. 莊周，《書韻樓叢刊‧莊子》，上海：上海古籍，2003 年。

24. 馬端臨，《文獻通考》，上海：上海古籍，1988 年。

25. 梁啓超，《梁啓超文集》，北京：北京出版社，1999 年。

26. 梁啓超，《清代學術概論》，台北：中華書局，1989 年。

27. 梁啓超，《飲冰室文集》，台北：中華書局，1989 年。

28. 梁啓超，《中國歷史研究法》，台北：里仁書局，1994 年。

29. 梁啓超，《新史學》，台北：里仁，1994 年。

30. 《梁啓超哲學思想論文選》，北京：北京大學，1984 年。

31. 康有爲，《康有爲全集》，上海：上海古籍，1987 年。

32. 康有爲，《康南海先生遺著彙刊》，台北：宏業書局，1987 年。

33. 康有爲，《萬木草堂遺稿》，台北：成文書局，1978 年。

34. 章學誠，《章學誠遺書》，北京：文物出版社，1985 年。

35. 章太炎，《章太炎全集》，上海：上海人民，1985 年。

36. 陳黻宸，《陳黻宸集》，北京：中華書局，1995 年。

37. 陳寅恪，《陳寅恪集》，北京：三聯書店，2001 年。

38. 焦循，《雕菰集》，台北：商務印書館，1966 年。

39. 崔述，《考信錄》，台北：世界書局，1989 年。

40. 崔述，《崔氏遺書》，台北：世界書局，1963 年。

41. 傅斯年，《傅斯年全集》，台北：聯經出版社，1980 年。

42. 《張蔭麟先生文集》，台北：九思出版社，1977 年。

43. 《新民叢報》，台北：藝文印書館，1966 年。

44. 熊公哲注譯，《荀子今註今譯》，台北：商務印書館，1988 年。

45. 趙翼，《廿二史箚記》，北京：中華書局，2001 年。

46. 鄭光祖，《續修四庫全書‧醒世一斑錄》，上海：上海古籍，2002 年。

47. 歐陽哲生編，《胡適文集》，北京：北京大學，1998 年。

48. 劉師培，《劉申叔先生遺書》，台北：華世出版社，1975 年。

49. 劉知幾、浦起龍釋，《史通通釋》，台北：里仁書局，1980 年。

50. 魯賓孫著、何炳松譯，《新史學》，北京：商務印書館，1997 年。

51. 劉逸生等注，《龔自珍編年詩注》，杭州：浙江古籍，1995 年。

52. 魏源，《魏源集》，台北：漢京出版社，1984 年。

53. 魏源，《海國圖志》，台北：成文書局，1967 年。

54. 魏源，《老子本義》，台北：世界書局，1955 年。

55. 魏源，《增廣海國圖志》，台北：珪庭書局，1978 年。

56. 譚嗣同，《譚嗣同全集》，北京：中華書局，1998 年。

57. 嚴靈峰編輯，《無求備齋‧易經集成》，台北：成文書局，1976 年。

58. 嚴復，《天演論》，台北：商務印書館，1987 年。

59. 嚴復，《嚴復集》，北京：中華書局，1986 年。

60. 龔自珍，《己亥雜詩》，北京：中華書局，1999 年。

61. 龔自珍，《龔自珍全集》，台北：河洛圖書，1975 年。

62. 《續修四庫全書》編纂委員會，《續修四庫全書》，上海：上海古籍，2002 年。

63. 《顧頡剛學記》，北京：三聯書店，2002 年。

二、近人論著及論文

（一）論著（依筆劃順序）

1. 王煜，〈章太炎進化觀評析〉，《明清思想家論集》，台北：聯經出版社，1984 年。

2. 王家儉，《清史研究論藪》，台北：文史哲，1994 年。

3. 王汎森，《古史辨運動的興起——一個思想史的分析》，台北：允晨出版社，1987 年。

4. 王汎森，〈晚清的政治概念與「新史學」〉，《學術史與方法學的省思》，台北：史語所，2000 年。

5. 王中江，《嚴復》，台北：東大圖書，1997 年。

6. 王中江，〈歷史與社會實踐意識：章學誠的經學思想〉，《經學今詮續編》，瀋陽：遼寧教育，2001 年。

7. 王中江，《進化主義在中國》，北京：首都師範大學，2002 年。

8. 王曾才，〈歷史的解釋〉，《王任光教授七秩嵩慶論文集》，台北：文史哲，1988 王明蓀，〈從學術史著作之淵源看學案體裁〉，《中西史學史討會論文集》，台中：中興歷史系，1986 年。

9. 王巍，《相對主義：從典範、語言和理性的觀點看》，北京：清華大學，2003 年。

10. 王道還編譯，《科學革命的結構（修訂新版）》，台北：遠流，1989 年。

11. 王葆玹，《今古文經學新論》，北京：社會科學，1997 年。

12. 王樾,〈晚清思想的批判意識對五四反傳統思想的影響——以譚嗣同的變法思想爲例〉,《五四精神的解咒與重塑》,台北:學生,1992 年。

13. 王學典,《歷史主義思潮的歷史命運》,天津:天津人民,1994 年。

14. 王斑,《歷史與記憶——全球現代化的質疑》,香港:牛津大學,2004 年。

15. 王德威,《被壓抑的現代性——晚清小說新論》,台北:麥田出版社,2003 年。

16. 江素卿,〈論章實齋之準經衡史〉,《第五屆清代學術研討會》,高雄:中山中文系,1997 年。

17. 呂謙舉,〈宋代史學的義理觀念〉,《中國史學史論文選集(一)》,台北:華世,1979 年。

18. 朱維錚編,〈五十年來中國之新史學〉,《周予同經學史論者選集(增訂本)》,上海:上海人民,1996 年。

19. 杜維運,《與西方史家論中國史學》,台北:東大圖書,1981 年。

20. 杜維運,〈西方史學輸入中國考〉,《聽濤集》,台北:弘文館,1985 年。

21. 杜維運,〈夏曾佑傳〉,《歷史的兩個境界》,台北:東大圖書,1995 年。

22. 杜維運,《孫中山先生與近代中國學術討論集》,第 2 冊,台北:中央文物,1995 年。

23. 杜維運,《史學方法論(增訂新版)》,台北:三民書局,1999 年。

24. 杜維運,《中國史學史(第 3 冊)》,台北:三民書局,2004 年。

25. 汪榮祖,《晚清變法思想論叢》,台北:聯經出版社,1983 年。

26. 汪榮祖,《五四研究論文集》,台北:聯經出版社,1985 年。

27. 汪榮祖,《史學九章》,台北:麥田出版,2002 年。

28. 余英時,《論戴震與章學誠》,台北:東大圖書,1996 年。

29. 余英時,《中國近代思想史上的胡適》,台北:聯經出版社,1998 年。

30. 余英時,《論士衡史》,上海:上海藝文,1999 年。

31. 余琛(Jörn Rüsen),《中國學術》,北京:商務印書館,2002 年。

32. 何兆武,〈歷史有意義嗎?——評波普爾的《歷史主義的貧困》〉,《歷史與歷史學》,香港:牛津,1995 年。

33. 何兆武、陳啓能主編,《當代西方史學理論》,北京:中國社會科學,1996 年。

34. 何炳松,〈增補章實齋年譜序〉,《何炳松論文集》,北京:商務印書館,1990 年。

35. 何澤恆,《焦循研究》,台北:大安,1990 年。

36. 李長之,《司馬遷的人格與風格》,台北:開明書店,1995 年。

37. 李澤厚，〈章太炎剖析〉，《中國近代思想史論》，台北：風雲出版社，1990年。

38. 李澤厚，〈說儒學四期〉，《歷史本體論・己卯五說》，北京：三聯書店，2003年。

39. 李澤厚，《實用理性與樂感文化》，北京：三聯書店，2005年。

40. 李秋零，〈洪堡：歷史與歷史真理〉，《德國哲人視野中的歷史》，北京：人民大學，1994年。

41. 李進，《錢鍾書與現代西學》，上海：上海三聯，2002年。

42. 邵東方，《崔述與中國學術史研究》，北京：人民出版社，1998年。

43. 周樑楷，《歷史學的思維》，台北：正中書局，1993年。

44. 周文玖，《中國史學史學科的產生和發展》，北京：北京師大，2002年。

45. 周祖怡，《史學纂要》，台北：正中書局，1981年。

46. 周質平，〈評胡適的提倡科學與整理國故〉，《胡適與近代中國》，台北：時報出版社，1991年。

47. 周質平，〈評胡適的提倡科學與整理國故〉，《胡適與近代中國》，台北：時報出版社，1991年。

48. 周予同，〈五十年來中國之新史學〉，《周予同經學史論著選集（增訂本）》，上海：上海人民，1996年。

49. 林載爵，《譚嗣同評傳》，台中：東海歷史所，1975年。

50. 林載爵，《中國文化新論——根源篇》，台北：聯經出版社，1981年。

51. 林載爵，《中國文化新論——思想篇二》，台北：聯經出版社，1987年。

52. 林正弘，〈胡適的科學主義〉，《胡適與近代中國》，台北：時報出版社，1991年。

53. 洪漢鼎，《詮釋學——它的歷史和當代發展》，北京：人民出版社，2001年。

54. 胡昌智，《歷史知識與社會變遷》，台北：聯經出版社，1988年。

55. 胡明揚主編，《西方語言學名著選讀・論人類語言結構的差異及其對人類精神發展的影響》，北京：人民大學，2002年。

56. 吳懷祺，《宋代史學思想史》，合肥：黃山書社，1992年。

57. 吳懷祺主編、陳鵬鳴，《中國史學思想通史——近代前卷（1840～1919）》，合肥：黃山書社，2002年。

58. 吳懷祺主編、洪認清，《中國史學思想通史——近代後卷（1919～1949）》，合肥：黃山書社，2002年。

59. 吳懷祺，《易學與史學》，北京：中國書店，2003年。

60. 吳展良，〈嚴復「天演論」作意與內涵新詮〉，《中國現代學人的學術性格與思維方式集》，台北：五南出版社，2000 年。

61. 吳自勤等主編，〈混沌：未來世界可預測嗎？〉，《物理學與社會學》，新竹：凡異，1994 年。

62. 吳相湘，《民國百人傳》，台北：傳記文學，1982 年。

63. 吳國盛，《時間的觀念》〈希臘傳統：測度時間與循環時間觀〉，《時間的觀念》，北京：中國社科，1996 年。

64. 吳汝鈞編著，《佛教大辭典》，北京：商務印書館，1995 年。

65. 胡訓正，〈道德判斷的客觀性〉，《詮釋與創造——傳統中華文化及其未來發展》，台北：聯經出版社，1995 年。

66. 胡楚生，〈方東樹《漢學商兌》書後〉，《清代學術史研究》，台北：學生書局，1988 年。

67. 胡志宏，《西方中國古代史研究導論》，鄭州：大象出版，2002 年。

68. 姜義華，〈《斯賓塞爾文集》與章太炎文化觀的形成〉，《辛亥革命與中國近代思想文化》，北京：人民大學，1991 年。

69. 俞旦初，〈二十世紀初年中國的新史學〉，《愛國主義與中國近代史學》，北京：中國社科，1996 年。

70. 桑兵，《清末新知識界的社團與活動》，北京：三聯書店，1995 年。

71. 桑兵，《國學與漢學——近代中外學界交往錄》，杭州：浙江人民，1999 年。

72. 桑兵，《晚清民國的國學研究》，上海：上海古籍，2001 年。

73. 袁保新，《老子哲學之詮釋與重建》，台北：文津出版社，1997 年。

74. 耿雲志主編，《胡適遺稿及秘藏書信》，合肥：黃山書社，1994 年。

75. 唐德剛譯注，《胡適口述自傳》，上海：華東師大，1993 年。

76. 狹間直樹編，《梁啓超、明治日本、西方——日本京都大學人文科學研究所共同研究報告》，北京：社科文獻，2001 年。

77. 高達美著、洪漢鼎譯，《真理與方法——哲學詮釋學的基辭特徵（上）》，上海：上海譯文，1999 年。

78. 徐復觀，《中國人性論史》，台北：商務印書館，1987 年。

79. 許冠三，《新史學九十年（上、下）——1900～》，香港：中文大學，1989 年。

80. 黃俊傑，〈中國古代儒家歷史思維的方法及其運用〉，《中國古代思維方式探索》，台北：正中書局，1996 年。

81. 黃俊傑、古偉瀛，〈中國傳統史學與後現代主義的挑戰——以「事實」與「價值」的關係為中心〉，《當代儒學與西方文化（歷史篇）》，台北：中

研院文哲所，2004 年。

82. 黃克武，《一個被放棄的選擇：梁啓超調適思想之研究》，台北：中研院近史所，1994 年。

83. 黃克武，〈思議與不可思議：嚴復的知識觀〉，《科學與愛國——嚴復思想新探》，北京：清華大學，2001 年。

84. 黃季陸主編，《中華民國史料叢編》，台北：黨史會，1969 年。

85. 黃彰健，《經今古文學問題新論》，台北：史語所集刊 79，1982 年。

86. 黃文江，〈王韜史著中的現代世界〉，《王韜與近代世界》，香港：香港教育，2000 年。

87. 陳祖武，《中國學案史》，台北：文津出版社，1994 年。

88. 陳以愛，《中國現代學術研究機構的興起——以北京大學研究所國學門為中心的探討（1922～1927）》，台北：政大史學，1999 年。

89. 陳榮華，《葛達瑪詮釋學與中國哲學的詮釋》，台北：明文書局，1998 年。

90. 陳其泰，《清代公羊學》，北京：東方出版社，1997 年。

91. 陳寅恪，《金明館叢稿二編》，北京：三聯書店，2001 年。

92. 陳志明，《顧頡剛的疑古史學——及其在中國現代思想史上的意義》，台北：商鼎，1993 年。

93. 陳建華，《「革命」的現代性——中國革命話語考論》，上海：上海古籍，2000 年。

94. 習近平主編，《科學與愛國——嚴復思想新探》，北京：清華大學，2001 年。

95. 孫春在，《清末的公羊思想》，台北：商務印書館，1985 年。

96. 孫秉瑩等譯，《歷史著作史》，北京：商務印書館，1992 年。

97. 郭朋等著，《中國近代佛學思想史稿》，成都：巴蜀書社，1989 年。

98. 曹仕邦，〈論《佛祖統紀》對紀傳體裁的運用〉，《中國佛教史學史論集》，台北：大乘出版社，1978 年。

99. 張哲郎，〈道德判斷與歷史研究〉，《中西史學史研討會論文集》，台中：中興歷史系，1986 年。

100. 張立文，《中國哲學範疇精選叢書（一）——道》，台北：漢興書局，1994 年。

101. 張巨青、吳寅華，《邏輯與歷史——現代科學方法論的嬗變》，台北：淑馨出版社，1994 年。

102. 張文杰編，《歷史的話語——現代西方歷史哲學譯文集》，桂林：廣西師範大學，2002 年。

103. 張德勝，《儒家倫理與秩序情結——中國思想的社會學詮釋》，台北：巨

流，1989 年。

104. 張麗珠，《清代義理學新貌》，台北：里仁，1999 年。

105. 張壽安，《以禮代理——凌廷堪與清中葉儒學思想之轉變》，台北：中研院近史所，1994 年。

106. 張壽安，《龔自珍學術思想研究》，台北：文史哲，1997 年。

107. 張舜徽，《中國歷史要籍介紹》，武昌：湖北人民，1955 年。

108. 張灝著，崔志海、葛夫平譯，《梁啓超與中國思想的過渡（1890～1907）》，南京：江蘇人民，1995 年。

109. 張朋園，《梁啓超的清季革命》，台北：中研院近史所，1964 年。

110. 傅大爲，〈「Ad Hoc」假設與「局部理性」——以達爾文演化論與古生物學者的近代關係發展史爲例〉，《異時空裡的知識追逐——科學史與科學哲學論文集》，台北：東大圖書，1992 年。

111. 傅大爲、朱元鴻主編，《孔恩評論集》，台北：巨流出版社，2001 年。

112. 傅偉勳，〈關於緣起思想形成與發展的詮釋學考察〉，《佛教思想的現代探索》，台北，東大，1995 年。

113. 蕭聿譯，《創造進化論》，北京：華夏出版，2003 年。

114. 黑格爾，王造時譯，《歷史哲學》，上海：上海書店，1999 年。

115. 賀廣如，《魏默深思想探究——以傳統經典的詮說爲討論中心》，台北：台大文史叢刊，1999 年。

116. 湯用彤，〈論「格義」——最早一種融合印度佛教和中國思想的方法〉，《理學、佛學、玄學》，台北：淑馨出版社，1992 年。

117. 雷家驥，《中古史學觀念史》，台北：學生書局，1990 年。

118. 彭明輝，《疑古思想與現代中國史學的發展》，台北：商務印書館，1991 年。

119. 鄭匡民，《梁啓超啓蒙思想的東學背景》，上海：上海書店，2003 年。

120. 蒙文通，《經史抉原‧中國史學史》，第 3 卷，成都：巴蜀書社，1995 年。

121. 楊國榮，《實證主義與中國近代哲學》，台北：五南出版社，1995 年。

122. 《科學主義：演進與超越》，台北：洪業書局，2000 年。

123. 葉嘉瑩，《王國維及其文學批評》，石家莊：河北教育，1998 年。

124. 劉龍心，《學術與制度——學科體制與現代中國史學的建立》，台北：遠流出版，2002 年。

125. 劉笑敢，《老子》，台北：東大圖書，1997 年。

126. 蔣廣學，《梁啓超和中國古代學術的終結》，南京：江蘇教育，2001 年。

127. 鮑紹霖編，〈西方史學東行歷程及其在中國的反響〉，《西方史學的東方回

響》，北京：社會科學，2001 年。

128. 錢穆，《國史大綱》，台北：商務印書館，1995 年。

129. 錢鍾書，《管錐篇》，北京：中華書局，1990 年。

130. 錢婉約，〈「層累地造成說」與「加上原則」──中日近代史學上之古史辨偽理論〉，《顧頡剛學記》，北京：三聯書店，2002 年。

131. 鄧輝，《王船山歷史哲學研究》，長沙：岳麓書社，2004 年。

132. 謝金美，《崔東壁學述（上、下）》，台北：國立編譯館，1998 年。

133. 魏格林、施耐德主編，《中國史學史研討會：從比較觀點出發論文集》，台北：稻香，1999 年。

134. 韓震、孟鳴岐，《歷史哲學──關於歷史性概念的哲學闡釋》，昆明：雲南人民，2002 年。

135. 藍吉富，〈從《佛祖統紀》一書對隋煬帝之評價談志磐的佛教史觀問題〉，《中國佛教史學史論集》，台北：大乘出版社，1978 年。

136. 嚴平，《高達美》，台北：東大圖書，1997 年。

137. 羅志田主編，《20 世紀的中國──學術與社會（上、下）》，濟南：山東人民，2001 年。

138. 羅志田，〈送進博物館：清季民初趨新士人從「現代」裏驅除「古代」的傾向〉，《裂變中的傳承──20 世紀前期的中國文化與學術》，北京，中華書局，2003 年。

139. 顧頡剛，《當代中國史學》，香港：龍門書店，未印出版年年。

140. 顧頡剛，《古史辨》，台北：明倫書局，1970 年。

141. 顧頡剛，《我與〈古史辨〉・我是怎樣編寫〈古史辨〉的？》，上海：上海藝文，2001 年。

142. 艾波（Michael W. Apple），Ideology and Curriculm 《意識型態與課程》，台北：桂冠出版社，2002 年。

143. John Briggs and F. David Peat，《渾沌魔鏡》，台北：牛頓出版社，1993 年。

144. 葛雷易克（James Gleick），《混沌──不測風雲的背後》，台北：天下文化，1995 年。

145. 易・加迪（Louis Gardet）等，〈希臘思想中的時間觀〉，《文化與時間》，台北：淑馨出版社，1992 年。

146. 莫里斯・哈布瓦赫（Maurice Halbwachs），《論集體記憶》，上海：上海人民，2002 年。

147. 恩斯特・波佩爾（Ernst Pöppel），《意識的限度──關於時間與意識的新見解》，台北：淑馨出版社，1997 年。

148. Laurence A. Schneider 著、梅寅生譯，《顧頡剛與中國新史學》，台北：華

世出版社，1984年。

（二）論文（依筆劃順序）

1. 王爾敏，〈當代學者追求史學理論之濫觴〉，《清史研究》，第 4 期，2003 年。

2. 王汎森，〈讀傅斯年檔案札記〉，《當代》，第 116 期，1995 年。

3. 王汎森，〈中國近代思想文化史研究的若干思考〉，《新史學》，第 14 卷第 4 期，2003 年。

4. 王汎森，〈歷史研究的新視野〉，《當代》，台北：當代雜誌，2004、4 年。

5. 王天根，〈《天演論》的早期稿本及其流傳考析〉，《史學史研究》，第 3 期，2002 年。

6. 王晴佳，〈中國近代「新史學」的日本背景——清末「史界革命」和日本的「文明史學」〉，《台大歷史學報》，第 32 期，2003 年。

7. 王晴佳，〈章學誠之史學觀與現代解釋學〉，《書寫歷史》，第 1 輯，2003 年。

8. 王健文，〈一個寂寞的史家——典範變遷中的崔述〉，《成大歷史學報》，第 18 期，1992 年。

9. 王宏斌，〈歷史考據法探源〉，《史學理論究》，第 3 期，2002 年。

10. 王中江，〈進化論在中國的傳播與日本的中介作用〉，《中國青年政治學院學報》，第 3 期，1995 年。

11. 王中江，〈進化主義原理、價值及世界秩序觀——梁啟超精神世界的基本觀念〉，《浙江學刊》，第 4 期，2002 年。

12. 王家范，〈中國通史編纂百年回顧〉，《史林》，第 3 期，2003 年。

13. 王俊中，〈救國、宗教抑哲學？——梁啟超早年的佛學觀及其轉折（1891～1912）〉，《中國歷史學會集刊》，第 31 期，1999 年。

14. 方志強，〈「進步」的理念：內涵與定義〉，《思與言》，第 39 卷第 3 期，2001 年。

15. 白雲濤，〈社會達爾文主義的輸入及其對近代中國社會的影響〉，《北京師範學院學院（社科版）》，第 4 期，1990 年。

16. 田默迪，〈嚴復天演論的翻譯之研究與檢討〉，《哲學與文化月刊》，第 2 卷第 9 期，1975 年。

17. 朱仲玉，〈中國史學史書錄〉，《史學史研究》，第 2 期，1981 年。

18. 朱仲玉，〈中國史學史書錄續篇〉《史學史研究》，第 4 期，1997 年。

19. 朱本源，〈詩亡然後春秋作論〉，《史學理論研究》，第 2 期，1992 年。

20. 〈詩亡然後春秋作論（續）〉，《史學理論研究》，第 3 期，1992 年。

21. 朱本源,〈司馬遷的史學原理本於《六經》〉,《陝西師範大學學報(哲社版)第 26 卷第 1 期,1997 年。

22. 米辰峰,〈馬比榮與西方故獻學的發展〉,《歷史研究》,第 5 期,2004 年。

23. 杜維運,〈梁著《中國歷史研究法》〉,《史語所集刊》,第 51 本,1980 年。

24. 杜維運,〈清盛世的學術工作與考據學的發展〉,《大陸雜誌》,第 28 卷第 9 期年。

25. 杜維運,〈傅孟眞與中國新史學〉,《當代》,第 116 期,1995 年。

26. 杜正勝,〈從疑古到重建——傅斯年的史學革命及其與胡適、顧頡剛的關係〉,《當代》,第 116 期,1995 年。

27. 杜正勝,〈學術思想史的創建及流變——從胡適與傅斯年說起〉,《學術史與方法學的省思》,史語所,2000 年。

28. 杜正勝,〈舊傳統與新典範〉,《當代》第 200 期,2004 年。

29. 汪榮祖,〈嚴復的翻譯〉,《中國文化》,第 9 期,1994 年。

30. 汪榮祖,〈「吾學卅歲已成」:康有爲早年思想析論〉,《漢學研究》,第 12 卷第 2 期,1994 年。

31. 汪榮祖,〈嚴復新論〉,《歷史月刊》,1995 年 6 月號年。

32. 汪榮祖,〈論歷史闡釋之循環〉,《燕京學報》,新 7 期,1999 年。

33. 汪榮祖,〈章太炎對現代性的迎拒與文化多元的表述〉,《近史所集刊》,第 41 期,2003 年。

34. 汪榮祖,〈論梁啓超史學的前後期〉,《文史哲》,第 1 期,2004 年。

35. 汪高鑫、董文武,〈朱熹的歷史觀及其易學思維特徵〉,《河北師範大學學報(哲社版)》,第 25 卷第 4 期,2002 年。

36. 汪子春、張秉倫,〈達爾文學說在中國初期的傳播與影響〉,《中國哲學》,第 9 輯,1983 年。

37. 余英時,〈學術心想史的創建及流變——從胡適與傅斯年說起〉,《學術史方法學的省思》,史語所,2000 年。

38. 李春雷,〈史學期刊與中國史學的現代轉型—以 20 世紀二三十年代爲例〉,《史學理論研究》,第 1 期,2005 年。

39. 李貴生,〈錢鍾書與洛夫喬伊——兼論錢著引文的特色〉,《漢學研究》,第 22 卷第 1 期,2004 年。

40. 李約瑟,〈中西時間觀與變化觀的比較〉,《思與言》,第 21 卷第 5 期,1984 年。

41. 李恩涵,〈傅斯年對台灣史學教研的影響〉,《傳記文學》,第 85 卷第 3 期,2004 年。

42. 李淑珍,〈「經學式」、「科學式」與「理學式」的歷史詮釋學〉,《當代》,

第 178 期，2002 年。

43. 李勇，〈魯濱遜《新史學》的學術淵源〉，《史學理論研究》，第 1 期，2004年。

44. 李洪岩，〈歷史學也是一門藝術——詳張蔭麟的一個史學觀點〉，《學術研究》，第 5 期，1991 年。

45. 李洪岩，〈夏曾佑及其史學思想〉，《歷史研究》，第 5 期，1993 年。

46. 李洪岩、仲偉民，〈劉師培史學思想綜論〉，《近代史研究》，第 3 期，1994年。

47. 李學勇，〈「進化論」及其對中國的影響〉，《歷史月刊》，第 111 期年。

48. 李斌，〈清代鄭光祖的生物進化觀〉，《大陸雜誌》，第 87 卷第 1 期，1993年。

49. 李天綱，〈17、18 世紀的中西「年代學」問題〉，《復旦學報（社科版）》，第 2 期，2004 年。

50. 宋斌整理，〈章炳麟、嚴復致夏曾佑函札〉，《中國哲學》，第 6 輯，1981年。

51. 邵東方，〈崔述在清代儒學定位之重新考察〉，《中國文哲研究集刊》，第 11 期，1997 年。

52. 邢義田，〈變與不變〉，《當代》，第 200 期，2004 年。

53. 宋道發，〈試論南宋志磐的佛教史觀——以《佛祖統紀》爲中心〉，《普門學報》，第 11 期，2002 年。

54. 阮忠仁，〈中國近代思想史上的「格義」——以譚嗣同《仁學》中的佛學爲例〉，《嘉義師院學報》，第 11 期，1997 年。

55. 林時民，〈「文史通義」的通與義〉，《東吳歷史學報》，第 11 期，2004 年。

56. 林毓生，〈問題意識的形成與理念（或理想）型〉，《中國文哲研究通訊》，第 14 卷第 4 期，2004 年。

57. 金觀濤，〈觀念起源的猜想與証明——兼評《「革命」的現代性——中國革命話語考論》〉，《近史所集刊》，第 42 期，2003 年。

58. 尚小明，〈論浮田和民《史學通論》與梁啓超新史學思想的關係〉，《史學月刊》，第 5 期，2003 年。

59. 范廣欣，〈「懷柔遠人」的另一詮釋傳統——從郭嵩燾的進路談起〉，《當代》，第 177 期，2002 年。

60. 周曉瑜，〈編年體史籍的時間結構〉，《文史哲》，第 1 期，2004 年。

61. 房德鄰，〈康有爲和廖平的一樁學術公案〉，《近代史研究》，第 4 期，1990年。

62. 胡昌智，〈什麼是歷史意識〉，《思與言》，第 21 卷第 1 期，1983 年。

63. 胡昌智，〈韋伯論歷史學的客觀性及其檢討〉，《東海學報》，第 25 卷，1984年。

64. 胡昌智，〈時間壓力──「民報」（1905～1908）試讀〉，《台大歷史學報》，台北：台大歷史系，1990，第 15 期年。

65. 胡逢祥，〈中國現代史學的制度建設及其運作〉，《鄭州大學學報（哲社版）》，第 2 期，2004 年。

66. 胡衛清，〈近代來華傳教士與進化論〉，《世界宗教研究》，第 3 期，2001年。

67. 吳懷祺，〈中國近代考據學和王國維的「古史新證」〉，《北京師範大學報》，第 1 期，1989 年。

68. 吳莉葦，〈明清傳教士中國上古編年史研究探源〉，《中國史研究》，第 3 期，2004 年。

69. 胡逢祥，〈二十世紀初日本近代史學在中國的傳播和影響〉，《學術月刊》，9 月號，1984 年。

70. 韋春景，〈梁啓超關於歷史因果律的論述〉，《史學史研究》，第 2 期，1984年。

71. 袁行霈，〈逝川之嘆──古代哲人和詩人對時間的思考〉，《中國文化研究》，秋之卷，2002 年。

72. 夏曉虹，〈梁啓超與日本明治文化〉，《文化：中國與世界》，第 5 輯，1988年。

73. 晉榮東，〈李凱爾特與梁啓超史學理論的轉型〉，《天津社會科學》，第 3 期，2002 年。

74. 桑兵，〈教學需求與學風轉變──近代大學史學教育的社會科學化〉，《中國社會科學》，第 4 期，2001 年。

75. 桑兵，〈梁啓超的東學、西學與新學──評狹間直樹《梁啓超・明治日本、西方》〉，《歷史研究》，第 6 期，2002 年。

76. 桑兵，〈橫看成嶺，側成峰：學術視差與胡適的學術地位〉，《歷史研究》，第 5 期，2003 年。

77. 桑兵，〈二十世紀前半期的中國史學會〉，《歷史研究》，第 5 期，2004 年。

78. 孫有中，〈當代西方精神史研究探析〉，《史學理論研究》，第 2 期，2002年。

79. 郭燦，〈嚴復、康有爲與近世兩大進化史觀述論〉，《史學理論研究》，第 4 期，1997 年。

80. 郭正昭，〈社會達爾文主義與晚清學會運動（1895～1911）──近代科學思潮社會衝擊研究之一〉，《近代史研究所集刊》，第 3 期，下冊，1972年。

81. 郭正昭，〈從演化論探析嚴復型危機感的意理結構〉，《近代史研究所集刊》，第 7 期，1978 年。

82. 黃克武，〈清代考證學的淵源——民初以來研究成果之評介〉，《近代中國史研究通訊》，第 11 期，1991 年。

83. 黃敏蘭，〈梁啓超《新史學》的真實意義及歷史學的誤解〉，《近代史研究》，第 2 期，1994 年。

84. 黃晏妤，〈四部分類是圖書分類而非學術分類〉，《四川大學學報（哲學社會科學版）》，第 2 期，2000 年。

85. 黃俊傑，〈傳統中國歷史思想中的「時間」與「超時間」概念〉，《現代哲學》，第 1 期，2002 年。

86. 陳時偉，〈中央研究院與中國近代學術體制的職業化（1927～1937）〉，《中國學術》，第 15 輯，2003 年。

87. 陳啓雲，〈從東西文化、學術、思想看「易學」的意義和特色〉，《周易研究》，第 1 期，1994 年。

88. 陳啓雲，〈中國古代歷史意識中的人與時〉，《開放時代》，第 3 期，2003 年。

89. 陳介英，〈從韋伯實質研究的角度論其理念類型（ideal type）在知識建構上的意義〉，《思與言》，第 31 卷第 4 期，1993 年。

90. 陳立柱，〈百年來中國通史寫作的階段性發展及其特點概說〉，《史學理論研究》，第 3 期，2003 年。

91. 陳其泰，〈夏曾佑對通史撰著的貢獻〉，《史學史研究》，第 4 期，1990 年。

92. 馬朝軍，〈《四庫全書總目》考據法則釋例〉，《史學史研究》，第 1 期，2003 年。

93. 馬歌東，〈訓讀法：日本受容漢詩文之津橋〉，《陝西師範大學（哲社版）》，第 5 期，2002 年。

94. 賀廣如，〈論譚嗣同的變法與復古〉，《人文學報》，第 22 期，2000 年。

95. 徐善偉，〈想像史研究述評〉，《學術研究》，第 7 期，2002 年。

96. 梁乃崇，〈時間起於變易〉，《第四屆佛學與科學研討會論文集》，1996 年。

97. 焦潤明，〈傅斯年與「科學史學」派〉，《史學理論研究》，第 2 期，2005 年。

98. 章培恒，〈關於《古詩爲焦仲卿妻作》的形成過程與寫作年代〉，《復旦學報（社科版）》，第 1 期，2005 年。

99. 傅斯年，〈歷史語言研究所工作之旨趣〉，《歷史語言研究所集刊》，第 1 本，1928 年。

100. 羅志田，〈西方學術分類與民初國學的學科定位〉，《四川大學學報（哲學

社會科學版）》，第 5 期，2001 年。

101. 葛兆光，〈「新史學」之後——1929 年的中國歷史學界〉，《歷史研究》，第 1 期，2003 年。

102. 逯耀東，〈傅斯年與《歷史語言研究所集刊》〉，《台大歷史學報》，第 20 期，1996 年。

103. 歐陽哲生，〈傅斯年一生的志業及其理想——《傅斯年全集》序言（上）〉，《傳記文學》，第 84 卷第 1 期，2004 年。

104. 張越、葉建，〈近代學術期刊的出現與史學的變化〉，《史學史研究》，第 3 期，2002 年。

105. 張光前，〈章學誠關於「道」的理論〉，《輔大中研所學刊》，第 2 期，1992 年。

106. 張蔭麟，〈龔自珍「漢朝儒生行」本事考〉，《燕京學報》，第 13 期，1933 年。

107. 張蔭麟，〈與陳寅恪論「漢朝儒生行」書〉，《燕京學報》，第 15 期，1934 年。

108. 張志哲，〈晚清史學史上的一盞明燈—夏曾佑與《中國古代史》〉，《江海學刊》，第 2 期，1987 年。

109. 張書學，〈梁啓超晚年史學思想再認識〉，《山東大學（哲社版）》，第 4 期，1996 年。

110. 湯志鈞，〈大同「三世」和天演進化〉，《史林》，第 2 期，2002 年。

111. 湯志鈞，〈康有爲的「大同三世」說和天演進化的關係〉，《史林》，第 3 期，2002 年。

112. 雷家驥，〈中國史家的史德修養及其根源〉，《鵝湖》，第 7 卷第 2 期，台北：鵝湖，1981 年。

113. 鄧志峰，〈義法史學與中唐新史學運動〉，《復旦學報（社科版）》，第 6 期，2004 年。

114. 蔣俊，〈梁啓超早期史學思想與浮田和民的《史學通論》〉，《文史哲》，第 5 期，1993 年。

115. 陸寶千，〈章太炎對西方文化之抉擇〉，《近史所集刊》，第 21 期，1992 年。

116. 盛邦和，〈廿世紀初中國史學現代化與日本〉，《日本學刊》，第 2 期，1999 年。

117. 都重萬，〈論辛亥革命前劉師培的新史學〉，《中國文化研究》，秋之春，2002 年。

118. 賈鶴鵬，〈柯林武德進步思想研究〉，《史學理論研究》，第 3 期，2003 年。

119. 楊向奎,〈再論時間與空間〉,《中國社會科學院研究生學報》,第 3 期,1994 年。

120. 楊義,〈中國敘事時間的還原研究〉,《河北師院(社科版)》,第 3 期,1996 年。

121. 楊志遠,〈章學誠的史論及其影響〉,《吳鳳學報》,第 3 期,1995 年。

122. 楊志遠,〈章學誠論「道」〉,《中國文化月刊》,第 219 期,1998 年。

123. 楊志遠,〈泛歷史認識網絡試論〉,《吳鳳學報》,第 7 期,1999 年。

124. 楊志遠,〈晚清公羊學者的歷史解釋〉,《吳鳳學報》,第 8 期,2000 年。

125. 楊志遠,〈章學誠與浙東學派〉《吳鳳學報》,第 10 期,2002 年。

126. 楊志遠,〈蘭克的史學及其影響〉,《吳鳳學報》,第 11 期,2003 年。

127. 劉連開,〈理學和兩宋史學的趨向〉,《史學史研究》,第 1 期,1995 年。

128. 劉桂生,〈陳寅恪、傅斯年留德學籍材料之劫餘殘件〉,《北大史學》,第 4 輯,1997 年。

129. 劉龍心,〈七十年來對於「現代中國史學史」的研究回顧與評析(1902～1949)〉,《民國以來的史料與史學》,1998 年。

130. 劉述先,〈從發展觀點看《周易》時間哲學與歷史哲學之形成〉,《台大歷史學報》,第 27 期,2001 年。

131. 蔣大椿,〈龔自珍歷史認識思想略探〉,《近代史研究》,第 1 期,1995 年。

132. 蔣重躍,〈試論道法兩家歷史觀的異同〉,《文史哲》,第 4 期,2004 年。

133. 鄭吉雄,〈論章學誠的「道」與經世思想〉,《台大中文學報》,第 5 期,1992 年。

134. 鄧曉芒,〈中國百年西方哲學研究中的八大文化錯位〉,《福建論壇》,第 5 期,2001 年。

135. 戴景賢,〈章實齋「道」與「理」之觀念及其推衍〉,《清代學術研討會──思想與文學(第一屆)》,1989 年。

136. 羅炳良,〈18 世紀中國史學理論的新成就──論章學誠關於史學性質的認識〉,《哈爾濱工業大學學報(社會科學版)》,第 2 卷第 3 期,2000 年。

137. 羅檢秋,〈從魏源《老子本義》看清代學術的轉變〉,《近代史研究》,第 1 期,1995 年。

138. 羅檢秋,〈從清代漢宋關係看今文經學的興起〉,《近代史研究》,第 1 期,2004 年。

139. 顧昕,〈中國史學的意識形態化傳統──從道德主義的目的論到科學主義的歷史決定論〉,《當代》,第 80 期,1992 年。

140. 顧鑾齋,〈從比較中認識「層累」理論的學術價值〉,《齊魯學到》,第 1 期,2005 年。

三、學位論文（依時間先後）

1. 崔小茹，《清末民初的達爾文進化論》，新竹：清華史研所，1989 年。
2. 金鍾潤，《近代中國的近化思想研究》，台北：台灣師範大學歷史所，1991 年。
3. 鄭之書，《清末民初的歷史教育（1902～1917）》，台北：師範大學歷史所，1991 年。
4. 劉龍心，《史料學派與現代中國史學之科學化》，台北：政大史研所，1992 年。
5. 方淑妃，《魏源史學研究》，高雄：高雄師範大學國文所，1995 年。
6. 周傳瑛，《章太炎及其史學精神研究》，高雄：高雄師範大學國文所，1997 年。
7. 黃錦樹，《近代國學之起源（1891～1927）——一個相關個案研究》，新竹：清華大學中文所，1998 年。
8. 許松源，《梁啓超對歷史的理解及其思考方式》，新竹：清華史研所，1998 年。
9. 高美芸，《王韜及其史學思想研究》，高雄：高雄師範大學國文所，1998 年。
10. 鍾榮峰，《文化民族主義與中國現代的歷史書寫》，台中：東海史研所，2000 年。
11. 張錫輝，《文化危機與詮釋傳統——論梁啓超、胡適對清代學術思想的詮釋與意義》，台北：台灣師範大學國文所，2001 年。
12. 賴溫如，《晚清新舊學派思想之爭論——以『翼教叢編』爲中心的討論》，台北：台灣師範大學國文所，2003 年。

四、外　文

（一）英文（依作者字母順序）

1. R.G. Collingwood, *The idea of History*（London : Oxford University Press，1961）
2. Paul Connerton, *How Societies remember*（London : Cambridge University Press，1989）
3. Hao Chang, *Liang Chi-chao and Intellectual Transition in China*，1890～1907.（Cambridge：Harvard Universify press，1971）
4. W.J.van der Dussen, "*Collingwood and the Idea of Progress*", History and Theory, Beiheft 29，1990.

5. William H. Dray, *Philosophy of History*（New Jersey : Prentice Hall，1964）

6. Stephen W. Durrant, *The Cloudy Mirror : Tension and Conflict in the Writing's of Sima Qian*（Albany : State University of New York Press, 1995）

7. Patrick Gardiner, *The Nature of Historical Explanation*（New York : Oxford University Press，1961）

8. Richard Hofstadter, Social Darwinism in American Thought（Boston : Beacon Press，1992）

9. Grand Hardy, "Can an ancient Chinese Historian contribute to modern western Theory ? The multiple narratives of Ssu-Ma Chien", History and Theory, vol.33, no.1，1994

10. Philip C. Huang, *Liang chi-chao and Modern Chinese Liberalism*（Seattle : University of Washington press，1972）

11. George G. Iggers and Q. Edward Wang, "Western Philosophy of History and Confucianism"，《台大歷史學報》，第 27 期，2001

12. Barry Keenan, The Dewey Experiment in China : Educational Reform and Political Power in the Early Republic（Cambridge : Harvard University Press，1977）

13. Joseph R. Levenson, *Liang chi-chao and the Mind of Modern China*（Massachusetts: Harvard University Press，1953）

14. David Lowenthal, The Past is A Foreign Country（New York : Cambridge University Press，1985）

15. O. Lovejoy,The Great Chain of being—A study of the History of an idea（Cambridge : Harvard University Press，1964）

16. Robert Nisbet, *History of the Idea of Progress*（New Brunswick : Transaction Publishers，1994）

17. James R. Pusey, *China and Charles Darwin*（Cambridge : Harvard University Press，1983）

18. Jörn Rüsen, "*Making Sense of Time : Towards a Universal Typology of Conceptual Foundations of Historical Consciousness*"，《台大歷史學報》，第 29 期，2002

19. David Schaberg, A Patterned Past : Form and Thought in Early Chinese Historiography（Cambridge : Harvard University Press, 2001）

20. Benjannin Schwartz, *In Search of Wealth and Power : Yen Fu and the West*（Cannbridge : Harvard University Press，1964）

21. Xiaobing Tang, Global Space and the Nationalist Discourse of Modemity—

The Historical Thinking of Liang Qichao（Stanford：Stanford University Press，1996）

21. Tu Wei-Ming, Confucian Thought : Selfhood as Creative Transformation（Albany : State University of New York press，1985）

22. Wang Fan-Sen, *Fu Ssu-nien －A Life in Chinese History and Politics*（Cambridge : Cambridge University Press, 2000）

23. W. H. Walsh, *Philosophy of History : An Introduction*（New York : Harper Torchbooks，1960）

（二）日　文（依筆劃順序）

1. 大久保利謙，《日本近代史學史》，東京：白揚社，1940 年。

2. 佐藤正幸，〈近代日本における中國史學と西洋史學の邂逅〉，《歷史學研究》，第 618 號，1991 年。

3. 桑原隲藏，〈梁啓超の《中國歷史研究法》を讀む〉，《支那學》，第 2 卷第 12 號，1923 年。

附錄一　晚清公羊學者的歷史解釋

一、前　言

　　經今、古文學的爭論，長久以來一直是經學史研究的重要課題。〔註1〕其中經今文學的發展，在經歷西漢時期的全盛階段後，到了東漢末年卻消沉千餘年，直到清代中葉常州學派的興起，才再度形成學術的風潮，並伴隨晚清政治的發展，對近代中國產生極爲深遠的影響。關於清代經今文學的研究目前多集中在三個方向：一、較集中討論常州學者詩文的創作和對《公羊傳》等著作的專門研究。二、多強調常州學派與考據學風之間的對立關係。三、突出常州學派透過對《公羊傳》的解釋進行政治改革的學風。這三個方向各有所重，卻也各有所偏，如常州學者彼此間學術的差異性被忽略了，常州學派同考據學者間選擇性的親近亦不容忽視，乃至於常州學派的政治傾向是否屬於激進的批判態度，也要更深一層的分析。

　　做爲經今文學一支的公羊學，同樣是在長期歷史發展中，逐漸形成本身特質的。自戰國起至東漢末，以《公羊傳》爲基礎，經董仲舒（176～104B.C.）《春秋繁露》的發展，到何休（129～182）《春秋公羊解詁》有系統的總結，才建立起公羊學的體系，並成爲經今文學中最富時代特性的一門學說。其主要的特性有三：即政治性、變易性和解釋性。公羊說中「以經議政」的傳統，對傳統政治改革而言具有一定程度的影響，公羊學說中的「三世說」則體現

　　〔註1〕　有兩本比較集中討論此一問題的專書，可爲參考。黃彰健，《經今古文學問題新論》，（台北：史語所集刊79，1982年）以及王葆玹，《今古文經學新論》，（北京：社會科學，1997年）。

出變易的歷史觀來，而講「微言大義」則給予學者更多解釋性的空間，基於上述的這些特性，公羊學說在晚清時期，顯得特別的重要，並引導了晚清社會改革的新潮流。有人認爲公羊學說促成了維新變法的展開，其餘波更影響了近代「新史學」的發展。〔註2〕且不論這種說法是否符合歷史的事實，但不可否認的是，公羊學在晚清時期的確影響了那一個時期的一批知識份子，並展開政治改革的運動。然而本文的主旨不在前述的範圍中，主要集中在《春秋》三傳之一的《公羊傳》，及其衍生而來的公羊學，〔註3〕尤其是公羊學者對歷史的解釋，才是本文討論的重點。

二、公羊學的特質及其在清代的演變

　　公羊學研究的核心主要是以春秋經的《公羊傳》爲主體，但受到清代經今文學者對《公羊傳》研究的影響，學者常以所謂的「三科九旨」做爲探討西漢公羊學的核心。就上述的「三科」而言，西漢公羊學主要是以「三統」爲重心，並輔以「受命改制」、「五行生剋」、「符讖災異」等理論，晚清公羊學者則將重心放在「三世」及「內外」兩旨，有別於西漢的公羊學。談公羊學便不得不提董仲舒，因爲公羊學在他那裏進一步體系化了，歸納其公羊學的基本命題，有大一統、張三世、通三統、以《春秋》作新王、紐夏、故宋、新周等，今就「張三世」及「通三統」說明。

　　董仲舒將《公羊傳》中的「三世異辭」，即「所見異辭，所聞異辭，所傳聞異辭」加以引申爲：

> 《春秋》分十二世爲三等，有見，有聞，有傳聞。有見三世，有聞
> 四世，有傳聞五世。故哀、定、昭，君子之所見也；襄、成、文、

〔註2〕　陳其泰，〈晚清公羊學的發展軌跡〉，《歷史研究》，1996年，No.5，頁18～29。
陳氏的另一本專書《晚清公羊學》，（北京：東方出版社，1997年），則強調了前文的看法，並認爲中國近代早期的改革主張和向西方學習的最早提出，或是戊戌維新的發動，乃至清朝統治的覆亡，都與這一主張變易、革新的學統有直接的關係，甚至本世紀初西方進化論的迅速傳播，以及「新史學」的思潮，都與晚清公羊學者密不可分。見該書〈後記〉，頁348。

〔註3〕　關於「公羊學」的定義及範圍，可參考蔡長林，〈清代經今文學派發展的兩條路向〉，《經學研究論叢》，（台北：聖環圖書，1994年），第一輯，頁227～256。蔡氏的論點爲，他認爲清代經今文學不可侷限在對《公羊傳》的解釋所形成的「公羊學」上面，因爲這樣會模糊清代經今文學者對其它儒家經典的認識和觀點，所以不可視清代經今文學即爲公羊學。

宣，君子之所聞也；僖、憫、莊、桓、隱，君子之所傳聞也。所見
六十一年，所聞八十五年，所傳聞九十六年。於所見微其辭，於所
聞痛其禍，於所傳聞殺其恩。〔註4〕

董仲舒將春秋二百四十二年，依歷史時間的先後區分成三個階段，「所見世」
在時間上最貼近自身，故記載書法忌諱多，所以用詞隱晦。「所聞世」在時間
上去古未遠，故對事件所造成的禍害仍能真切感受。至於「所傳聞世」，在時
間上距離最遠，故在情感上對事件的感受最薄弱，這樣的分法包含了「變」
的歷史觀點。至於「通三統」對於歷史變易的認識和改制的主張則更為深刻，
董仲舒有言：

王者必受命而後王。王者必改正朔，易服色，制禮樂，一統於天下，
所以明易姓非繼仁，通以己受之於天也。王者受命而王，制比月以
應變，故科以奉天地。〔註5〕

按董氏的意思說，當新王朝代替舊王朝後，為了表示自己是「受命而後王」，
即天命所歸，就必須「改正朔，易服色，制禮樂」，以有效地「一統於天下」。
其實「通三統」理論有其神秘的色彩，但在當時天命思想盛行的時代裏，若
要「改制」，這似乎是不得不然的手段。

　　公羊學的發展到了東漢何休的手裏有了更深刻的哲學內涵，依何休的說
法，孔子作《春秋》其微言大義便是「三科九旨」，前一科三旨是「新周故
宋，以春秋當新王」，此即「通三統」之所本，次科三旨是「張三世」之由
來，最後一科三旨是「內其國而外諸夏，內諸夏而外夷狄」，此即「異內外」
也。「通三統」係就新王而言，「張三世」係就時間而言，「異內外」係就空
間而言，不過何休影響後世最深的還是他對「三世說」有系統的闡述，何休
說：

所見者，謂昭、定、哀，己與父時事也；所聞者，謂文、定、成、
襄，王父時事也；所傳聞者，謂隱、桓、莊、閔、僖，高祖、曾祖
時事也。異辭者，見恩有厚薄，義有深淺。………，於所傳聞之世，
見治起於衰亂之中，用心尚麤觕，故內其國而外諸夏，先詳內而後

〔註4〕董仲舒，《春秋繁露‧楚莊王第一》，（台北：商務，1979年），四部叢刊經部，
　　　卷1，頁6。
〔註5〕董仲舒，《春秋繁露‧三代改制質文第二十三》，（台北：商務，1979年），卷
　　　7，頁37。

> 治外，……，於所聞之世，見治升平，內諸夏而外夷狄，……，至
> 所見之世，著治太平，夷狄進至於爵，天下遠近，小大若一，用心
> 尤深而詳，……所以三世者禮。爲父母三年，爲祖父母期，爲曾祖
> 父母齊衰三月，立愛自親始，故《春秋》據哀錄隱，上治祖禰，所
> 以二百四十二年者，取法十二公，天數備定，著治法式。〔註6〕

根據何氏的說法，再配合其「三科九旨」的內容，我們可以得到一個「變」
的歷史觀。「新周、故宋，以《春秋》當新王」是總結以往的歷史講「變」，「所
傳聞世，所聞世，所見世」本身是講春秋二百四十二年的「變」，而引申出來
的「據亂世，升平世，太平世」則是講包括未來在內的歷史的「變」，何休的
「三世說」是啓發清代公羊學者的重要概念。

常州學派所代表的經今文學的興起，是清代中葉學術發展的重要轉折，
但其興起的原因至今仍眾說紛云，未有定論。有從學術內部的演變來討論，
也有從外部政治環境來考量，梁啓超曾說：

> （經學）入清則節節復古，顧炎武、惠士奇輩專提倡注疏學，則復
> 於六朝唐，自閻若璩攻僞古文《尚書》，後證明作爲僞者出王肅，學
> 者乃重提南北朝鄭王公案，絀王申鄭，則復於東漢乾嘉以來，家家
> 許、鄭，人人賈、馬，東漢學如日中天矣。懸崖轉石，非達於地不
> 止，則西漢今古舊案，終必須翻騰一度，勢則然矣。〔註7〕

梁氏「以復古爲解放」的說法，來說明清代經今文學興起的原因，一直是其
後許多解釋者跟隨的方向。余英時則認爲是宋、明理學「尊德性」與「道問
學」兩派爭執的必然結果。〔註8〕余氏從這兩派的對立關係上出發，並認爲乾
嘉學術的主張考據學正是「道問學」的實踐，這樣的說法顯然忽略了經今文
學的存在，其實，經今文學者並不排斥考據學，只是將治學的手段變成目的，
這恐非充滿「經世致用」理念的常州學派所能容忍的。另一種說法則是從「大
一統」的觀念衍生出來的。王汎森認爲乾隆之所以看重公羊學，是因爲公羊
學強調「大一統」，而莊存與（1719～1788）所表現出強烈的「尊王」思想，
正符合乾隆的味口，所以公羊學在清代中葉興起，同政治的需求有著密切的

〔註6〕 何休，《春秋公羊傳何氏解詁・隱公元年》，（台北：中華，1970），卷1，四庫
　　　　備要，頁8。

〔註7〕 梁啓超，《清代學術概論》，（台北：商務，1985年），頁120～121。

〔註8〕 余英時，〈從宋明儒學的發展論清代思想史〉，《歷史與思想》，（台北：聯經，
　　　　1990），頁105～106。

關係。〔註9〕艾爾曼（B. A. Elman）則認爲清代經今文學的興起，絕非偶然的，而是常州學派在長江中、下游長期發展的結果。首先他強調明末東林書院在常州所建立的獨特學術傳統，其次是常州學者與考證學者在經今、古文學間的爭議上所衍生的對抗關係，最後以常州學者受和珅（1750～1799）的政治壓迫，進而透過公羊學寄託政治改革的企圖，發展出具有強烈經世意味的學術傾向，以此來說明清代經今文學興起的原因。他認爲要掌握清代經今文學的發展，必須將研究「康、梁」的重心轉爲研究「莊、劉」，因此除了常州學派獨特的學術傳統外，外在政治環境所帶來的影響不容忽視，此即乾隆朝宮廷內部權力鬥爭的呈現，故莊存與藉著經學的掩護，特別是公羊傳「以經議政」的特色，來間接的批判當時的政治。〔註10〕艾爾曼的說法是他凸顯出常州學派與考據學者間的對立面，以及建立一條從明末東林學派透過常州學派到晚清康、梁改革理論的脈絡。但常州學派與考據學者之間顯然不是艾爾曼氏所說的「對立」，而是一種「親近」，至於常州學者彼此間學術的差異性，他並未很清楚的區分。那麼該如何看待其興起的事實呢？我想有三個因素要考慮：一、十六世紀中葉后對王學末流的反動。二、十七世紀初東林書院在此地的影響。三、十七世紀中葉激起的實學思潮。這三個因素恰好是三個階段，清楚的展現常州學者「專精嚴謹」與「通達實用」相容不悖的傳統。十八世紀後，即清代中葉莊存與所開創的常州學派正是在此一傳統下一步步蘊釀而成。清代經今文學在許多方面與漢代的經今文學有著明顯的區別，在學術上，不是「復兩漢之古」，是因爲清代中葉以后得經今文學者不能完全與經古文學分裂，在目的上，漢代經師力圖使自己爲劉漢王朝來服務，故以孔子作《春秋》以當「新王」乃是「以漢制作」，這種行徑，是清代經今文學者所不恥的，故兩者的政治理想不同。在思想上，清代經今文學已大致擺脫了—「陰陽五行」學說的支配，而有自己的思路。下一節將藉劉逢祿（1776～1829）、龔自珍（1792～1841）、魏源（1794～1857）三人來說明晚清公羊學者對歷史的解釋。

〔註9〕　王汎森，《古史辨運動的興起——一個思想史的分析》，（台北：允晨，1987年），頁133～135。

〔註10〕　B. A. Elman, *"Classicism, Politics, and Kingship：The Ch'ang-chou School of New Text Confucianism in Late Imperial China."*（Berkeley, Univ. of California Press, 1990）.

三、晚清公羊學者的歷史解釋

　　莊存與雖然重新發現了公羊學說，但他似乎並不理解公羊學講變易，講改制的實質，到了他外孫劉逢祿的手裏，清代公羊說有了重大的突破。劉氏曾撰《春秋公羊何氏釋例》一書，在敘文中他提到：

> 昔孔子有言，吾志在《春秋》，又曰：知我者其惟《春秋》乎！罪吾者其惟《春秋》乎！蓋孟子所謂行天子之事，繼王者之跡也。〔註11〕

據此，劉氏強調《春秋》不僅體現出孔子經世之志，並為后世治國者制天下之法。至於《公羊傳》，他認為才是孔子的真傳，董仲舒對孔子學說的發揚則立了大功，故他說：

> 傳《春秋》者言人人殊。惟公羊氏五傳，當漢景帝時，乃與弟子胡母子都等記於竹帛。其時大儒董生下帷三年，講明而達其用，而學大興。故其對武帝曰：非六藝之科，孔子術皆絕之，弗使復進。漢之吏治經術，彬彬乎近古者，董生治《春秋》倡之也。〔註12〕

劉氏的這種觀點，正反映其公羊學說的特性，在《春秋公羊何氏解詁釋例》這一部書中，他發揮了董仲舒、何休的觀點，將《春秋公羊何氏解詁》的注文作一番有系統的整理，總結成三十例，即有關公羊學說的三十個問題，每一例都列出何休的原注，加上劉氏本人的「釋」或「序論」，進行分析，其中〈張三世例〉、〈通三世例〉為其核心所在。劉氏對「張三世」有進一步的發揮，我們可以從三個方面來理解：一、進一步發揮了公羊學「進化」發展的歷史觀。他說：

> 故分十二世以為三等，有見三世，有聞四世，有傳聞五世，於所見微其詞，於所聞痛其禍，於所傳聞殺其恩。由是辨其內外之治，明王化之漸，施詳略之文。〔註13〕

所謂「辨內外之治」是說三個不同歷史階段國家治理的程度，「明王化之漸」，是指隨歷史時間的發展而有新的變化，「施詳略之文」則指出不同歷史階段、記載的詳略和「書法」也有所不同。劉氏對歷史的解釋，有著歷史變動的影子。二、塑造孔子為政治預言家的形象。他說：

〔註11〕劉逢祿，〈春秋公羊何氏釋例敘〉，《皇清經解》，（台北：藝文，1960），卷1280，頁1725。

〔註12〕同前註。

〔註13〕同前註，頁1728。

至於西土亡，王跡息，鳴鳥不聞，河圖不出，天乃以麟告：文王旣
沒，文不在茲乎？愀然以身受百世之權，灼然以二百四十二年著萬
世之治。且曰：其或繼周者，雖百世可知也。〔註14〕

劉氏認爲《春秋》終篇麟的出現是有政治意義的，在春秋末年的亂世裏，「西
狩獲麟」象徵天意賦予孔子繼承文王功業的重任，並爲后世王者來制法。

　　三、從文字、哲學、社會生活上尋找證據，證明公羊學「三世說」是普
遍而正確的，其「變」即爲普遍適用的眞理。他說：

治不可恃，鳴隼猶獲麟也，而商正於是乎建矣。亂不可久，孛於東
方螽於十二月，災於戒社，京師於吳楚猶《匪風》、《下泉》也，而
夏正於是建矣。無平不陂，無往不復，以此見天地之心也。〔註15〕

在這裏我們可以理解到「歷史必變」的思考論述，故「治不可恃」、「亂不可
久」、「無平不陂，無往不復」是値得王朝統治者警惕。劉逢祿値得稱道的地
方是在他發揮了公羊學者的論點，將春秋時期擴大到自有古史以來的歷史時
期來觀察，強調朝代的變化即意味著正朔、服色、禮制和治國措施的變化，
因而得出「窮則必變」的觀點來。他在〈通三統例第二〉中說：

昔者顏子問爲邦，子曰：行夏之時，乘殷之輅，服周之冕。終之
曰：樂則韶舞。蓋以王者必通三統，而治道乃無偏而不舉之處。自
後儒言之，則曰：法後王。〔註16〕

劉氏講「法後王」，講「法後王」天下無久而不敝之道、「窮則必變」，這些觀
點對後來的龔自珍、魏源等公羊學者，具強有力的啓發性。

　　龔自珍繼劉逢祿後進一步闡述公羊三世的歷史觀點，並藉探求上古文明
的起源來說明上古歷史變易進化的事實。龔氏強調「三世說」不僅僅只能用
於《春秋》所涉及的年代，亦可用於古往今來的歲月，他說：

通古今可以爲三世，春秋首尾亦爲三世。……大橈作甲子，一日亦
用之，一歲亦用之，一章一部亦用之。〔註17〕

又說：

以一歲言，曰發時、怒時、威時。以一日言，曰早時、午時、昏時。

〔註14〕同前註。
〔註15〕同前註，頁1729。
〔註16〕同前註，頁1730。
〔註17〕龔自珍，〈五經大義終始答問八〉，《龔定盦全集》，（台北：新文豐，1975年），
　　　　卷2，頁27。

〔註18〕

此一新穎的「三世說」與論證古代社會「據亂、升平、太平」的三世演進的觀點，是龔自珍透過公羊學「三世說」的進一步引申。龔氏在〈五經大義終始論〉說：

> 昔者仲尼有言：吾道一以貫之。又曰：文不在茲乎！文學言游之徒，其語門人曰：有始有卒者，其惟聖人乎！誠知聖人之文，貴乎知始與卒之間也。聖人之道，本天人之際，臚幽明之序，始乎飲食，中乎制作，終乎性與天道。〔註19〕

在這裏他說明了上古文明起源是從先有經濟活動開始，然後才有各項制度的產生，最後才有思想形態的出現，可見龔氏公羊學重視歷史發展演進的特點。龔自珍對公羊學中「變易」、「進化」的觀點有很深的體認，前面曾提及龔氏的「三世」觀點並不侷限在《春秋》，較前輩公羊學者更有彈性，在〈壬癸之際胎觀第三〉中他說：

> 夫始變古者顓頊也。有帝統、有王統、有霸統。帝統之盛，顓頊、伊耆、姚。王統之盛，姒、子，姬。霸統之盛，共工，嬴、劉、博爾吉吉特氏。……帝有法，王有法，霸有法，皆異天，皆不相師，不相訾，不相消息。王統以儒墨進天下之言，霸統以法家進天下之前，霸之末矣，以雜家進天下之言。〔註20〕

龔氏把「三統」三世套在「三統」之上，將古史分為「帝統」、「王統」、「霸統」，這種看似「世愈古愈治，愈近愈亂」的歷史觀，後為晚清公羊學者所採用，在〈壬癸之際胎觀第五〉中他又說：

> 萬物之數括於三，初異中，中異終，終不異初。一飽三變，一棗三變，一棗核亦三變。……萬物一而立，再而反，三而如初。天用順教，聖人用逆教，逆猶往也。〔註21〕

這種思想揉合了公羊學「文質再而復」、「逆數三而復」的觀念，形成了龔自珍乃至晚清公羊學者相當一貫的「三世史觀」，藉著這種「三世」模式，去解釋歷史及描繪將來。龔氏曾提出「五經，周史之大宗」這樣的命題，因此有

〔註18〕 同前註，〈尊隱〉，卷1，頁32。
〔註19〕 龔自珍，〈定盦文集〉，《龔定盦全集》，（台北：新文豐，1975年），卷下，頁1。
〔註20〕 同註17，頁17。
〔註21〕 同註17，頁19。

人認爲龔氏此說是承繼章學誠「六經皆史」而來，但實際兩者是有區別的，章氏直接的著眼點在經書本身的性質，因其均爲「先王政典」，所以在本質上屬於史書。龔氏的經書爲「周史之大宗」，其著眼點則在經書的創制，因爲經書都與古代史官職事相關，他說：

> 周之世官，大者史。史之外無有語言焉，史之外無有文字焉，史之外無有人倫品目焉。史存而周存，史亡而周亡。……六經者，周史之宗子也，《春秋》也者，記動之史也。《風》也者，史所采於民，而編之竹帛，付之司樂者，《雅》《頌》也者，史所采於士大夫也，《禮》也者，一代之律令，史職藏之故府，而時以詔王者也。〔註22〕

在龔氏的觀點裏，全部經書，究其原始，或屬史官職事，或爲史官採編，或經史官錄存，或由史官職藏，無不出自史官。

魏源的公羊學，似乎偏重於考家法，辨眞僞，對於「文質再復」、「天道三復」等變化的思想，雖也強調，但對於公羊家「三科九旨」之義，卻少理會。魏氏談「三世」主要從歷史的發展的觀點來說明，即他所謂的「變」的歷史觀，他說：

> 三代以上，天皆不同今日之天，地皆不同今日之地，人皆不同今日之人，物皆不同今日之物。〔註23〕

正因爲天、地、人、物無不變，所以社會歷史必然經常在變化，因此他將公羊家的「三世」解釋爲「太古」、「中古」及「末世」。黃帝、堯、舜時代爲太古之世，夏商、周三代爲中古之世，春秋戰國時代爲末世。並認爲太古爲一「治世」，始於黃帝而成於堯、舜，中古爲一「亂世」，備於三代而盛極轉衰，末世爲一「亂世」衰世，起於春秋而極於嬴秦。可是物極必反，衰世之時正是治世來臨的前兆，所以至漢代又開始進入歷史的另一個治世，從漢到元是一個時代，明清又是另一個時代，到了鴉片戰爭後，道光之際，又重回衰世，可是促成這種歷史循環的主要動力是什麼呢？魏源認爲此乃「氣運」的變動不居所造成的，他說：

> 氣化無一息不變者也，其不變者道而已，勢則日變而不可復者也。
>
> 〔註24〕

〔註22〕同註17，〈古史鈎沉論二〉，頁2。

〔註23〕魏源，《魏源集・默觚下・治篇五》，（台北：鼎文，1978年），頁47。

〔註24〕同前註，頁48。

「氣運變化」的論點使他認爲歷史乃是不斷地向前發展進步的,因爲是基於自然演變的「勢」所得知的結論,所以他又說:

> 租、庸、調變而兩稅,兩稅變而條編。變古愈盡,便民愈甚,雖聖
> 王復作,必不捨條編而復兩稅,捨兩稅而復租、庸、調也。⋯⋯,
> 天下事,人情所不便者變可復,人情所群便者變則不可復,江河百
> 源,一趨於海,反江河之水而復之山,得乎!〔註25〕

在龔氏看來,任何社會的變革,要順應歷史的發展,卻不可違反自然演變所形成的「勢」,即不能復古,或違反時代的潮流。魏源透過氣運的歷史循環論,發展出極爲清晰的「變」主張,他說:

> 天下無數百年不弊之法,無窮極不變之法,無不除弊而能興利之法,
> 無不易簡而能變通之法。〔註26〕

自此公羊學從「微言大義」的闡述向實際的政治改革道路上前進。值得注意的是,魏源的「氣運說」,其來源十分複雜,受儒、道、佛三家思想交互影響很深,他不但用此觀點解釋中國歷史的發展,也以此說明南亞歷史的轉變,他說:

> 天地之氣,其至明而一變乎?滄海之運隨地圓體,其自西而東
> 乎?⋯⋯紅夷東駛之舶,遇岸爭岸,遇洲據洲。立城埠,設兵防,
> 凡南洋之要津已盡爲西洋之都會。地氣天時變,則史例亦隨世而變。
>
> 〔註27〕

或許是外在環境的影響,也可能是公羊學內部的演變,晚清公羊學者對外來的事務確實多了一份接納的胸懷,所以晚清公羊學者言變法改制,不拘泥於「王制」、「周官」,轉而向西方或日本來學習,其間的轉變,和公羊學本身的理路是有關係的,故能在接受外來的挑戰時,發揮出一種特殊的回應。魏源在撰《海國圖志》時,就其目的便很明白的指出:

> 是書何以作?曰:爲以夷攻夷而作,爲以夷款夷而作,爲師夷長技
> 以制夷而作。〔註28〕

公羊學「變易」的觀點,推動了魏源在面對「千古未有之變」時,做出了回應。

〔註25〕 同前註。
〔註26〕 魏源,《魏源集・籌鹾篇》,頁432。
〔註27〕 魏源,《海國圖志・東南洋各國誌》,(台北:成文,1967年),卷3,頁274〜275。
〔註28〕 同前註,頁5〜6。

四、結　論

　　基本上公羊學是一種歷史觀。歷代公羊傳者對歷史的解釋仍不能脫「以史為鑑」的傳統史觀，藉歷史變化過程中的治亂循環，來說明政治改革的重要性，而其中「三世說」在公羊學者的手中有了一次逆轉，即將政治的理想寄託在未來，而非美好的古代。清代中葉興起的經今文學將「三世說」中所隱含的演化因子凸顯出來，其后為龔自珍、魏源等人用來解釋古史，配合著時代的需要。當歷史現象複雜到無法再以單純的「三世說」來解釋時，他們很自然地將「三世說」模式複雜化，以求能有效的解釋晚清的變局。從劉逢祿的「變易歷史觀」到龔自珍的「循環歷史觀」，乃至於魏源「進化循環歷史觀」，其脈絡是清楚的，這也正足以說明，何以公羊學者在晚清時期能激起學術與政治的風潮，進而影響到近代學術與政治的發展。

　　※本文〈晚清公羊學者的歷史解釋〉曾發表於《吳鳳學報》（嘉義：吳鳳技術學院，2000），第 8 期，頁 297～309。

附錄二 德國歷史主義的發展及其對中國近代史學的影響

一、前　言

　　關於「歷史主義」一詞的定義，十分的複雜，至今仍無確切的定義。然而實際上，它是十八世紀末西方近代史學從神學、哲學、文學中分離出來后，逐步形成的，是一種帶有注重事件敘述和直觀的思想方法，強調歷史世界與自然世界的區分。維科（G. B. Vico）於 1725 年所寫的《新科學》一書中，將歷史視爲一循環進化的過程，並強調一國的觀念、制度、價值係深受其自己歷史發展所決定，其后德國人評價維科時，便採用「歷史主義」（Historismus）一詞，到了蘭克（L. Ranke，1795～1886），他被認爲是第一個歷史主義者，其著作包含了德、奧、法、英各國的歷史,可是每個國家只寫其中某些主要的事件，類似傳統中國史學的「紀事本末體」，他認爲每個國家皆有其獨特的個性，並代表一種「精神」，彼此沒有共同的歷史，而其後續德國史家如特洛奇（E. Troeltsch）、邁乃克（F. Meinecke）等，一再強調歷史的不可重復性，不能同自然科學一樣採取普遍規律或模式來進行研究，於是形成了德國歷史主義學派，〔註1〕其影響一直要到二十世紀三、四年代,才逐漸受到挑戰。然而此一發展的過程，並不侷限在德國，隨著蘭克及其追隨者，此一歷史主義的研究態度，向世界散播。本文擬就德國歷史主義的發展做一回顧性的說明，次就歷史主義對中國近代史學的影響提出看法，最后並就錢穆《國史大綱》的內容，同德國歷史主義做比較性的分析。

〔註1〕 吳承明，〈論歷史主義〉，《中國經濟史研究》，1993 年，No.2，頁 1～2。

二、德國歷史主義的發展

　　談德國歷史主義,就必須對歷史主義的開山祖師──蘭克（Leopold Von Ranke,1795～1886）進行瞭解，1795 年，生於德國圖林根小鎮，根據蘭克的回憶說：「我父親起初擔心利奧波爾德（蘭克）會受到希臘悲劇的影響；但他把它們完全當作藝術品看待，對之讚賞，但不因之而激動。」〔註2〕顯然的，蘭克對古典文學的喜愛，為他日后的學術研究打下了紮實的基礎，且能不受情緒的起伏，而呈現出一種平靜，超然的氣質，蘭克對歷史的興趣，是得益於德國歷史學家尼波爾（B. G. Niebuhr，1776～1831），因為他主張歷史必須依靠原始的史料証據，不論多麼細微的問題，都要有極為精詳的考証，1824年，蘭克寫成了《拉丁和條頓民族史》，書后的附錄〈近代史家批判〉，則表達了蘭克對「史料」的批判態度，他說：「有人抄襲古人，有的人為未來的時代尋求歷史教訓，有的人攻擊某些，或為某些人辯護，有的人只願記錄事實。對於每個人必須分別加以研究。」〔註3〕因此蘭克著手對近代史家進行重新評價，並進一步說明，只有依靠可靠的「原始資料」，才能寫出真實的歷史。1827年，受普魯士政府的資助，在歐洲各地遊歷，並寫成了《塞爾維亞革命史》，且認識了奧地利首相梅特涅。1831 年，他主編政府出版的《歷史政治評論》，並捲入了政治的風潮中，該雜誌主要是為了抵抗 1830 年法國民主革命對德國的衝擊，但蘭克一方面不滿封建特權；一方面又害怕法國自由思想傳入德國，所以就在這種兩難的情況下，他試著想找一條「折衷」的途徑，可惜並未成功。1834～1836 年，他陸續出版了《教皇史》，並受到極高的推崇，1839～1847年，出版了《宗教改革時期的德國史》，1841 年蘭克被任命為「普魯士國家史官」，1847～1848 年，則出版了《普魯士史》，在本書中，他是第一個被允許使用國家文件的歷史家，1853 年后有《十六、十七世紀的法國史》及《英國史》，從這兩個國家同世界的關係來編寫，1865 年，普魯士國王授與他貴族的稱號，1871 年蘭克從柏林大學退休，1886 年以九十二歲的高齡過逝，生前以歷史家身份在學術界贏得至高的榮譽。

　　我們要瞭解，蘭克只是一個開端，在其漫長的人生歲月中，透過他在柏林大學「專題研究班」（seminar）所培養出的大批學生，漸漸形成那個時代歷

〔註2〕　古奇，《十九世紀歷史學與歷史學家（上冊）》,（北京：商務印書館，1989 年），頁 176。

〔註3〕　同註2，頁 180。

史學的主流，也是后來我們通稱的「蘭克學派」。在他的研究班裡，蘭克將其完整的史學理論和方法傳授下來，並指出任何文獻中所含的「主觀因素」，須要歷史家將它同「客觀因素」加以分離。在他長達 46 年的柏林大學歷史講座中，他實際上控制了德國大學教師的任用，而國外也有不少蘭克的弟子，及其再傳弟子，更擴大了「蘭克學派」的研究陣容，如瑞士史家布克哈特（Jacob Burckhardt，1818～1897），英國史家阿克頓（Lord Acton，1834～1902）等，蘭克學派影響後世最大的是其史學方法，他在《拉丁和條頓民族史》中說：「歷史指定給本書的任務是：評判過去，教導現在，以利未來，可是本書並不敢期望完成這樣崇高的任務，它的目的只不過是說明情況。」〔註4〕為說明事情的「真實情況」，首先蘭克特別重視當事人原始陳述等檔案資料，其次是強調對史料進行嚴格的考証，並對作者的心理進行分析，最后是所謂超然事外，客觀主義的敘事態度。可是上述的主張並不容易做到，因為史家主觀的願望，在客觀上有其難以達到的地方，蘭克本人也不例外，在選擇和運用史料時，蘭克主張要有所「取捨」，此一取捨便牽涉到整體的價值判斷，因此伊格爾斯（G. G. Iggers）批評他，認為蘭克此一取捨的標準是俱有「神秘性」的東西，即「發視上帝」。〔註5〕而德國史家邁乃克更明白的指出蘭克的史學方法是「批判和直覺」的兩相結合。〔註6〕柯林武德（R. G. Collingwood，1889～1943）曾指出，十九世紀的歷史學家大多覺得自己正在進行著確定新的事實，而可供發現的領域是無窮無盡的，而他們所要求的也莫過於去挖掘他們。〔註7〕柯林武德是從「實証主義」的角度來觀察十九世紀的史家，但是以實証主義史學來給「蘭克學派」定位，並不妥當，因為蘭克學派屬於傳統闡釋學類型，強調歷史不同於自然科學，歷史研究的目的在於如實地說明俱體個別的歷史，而要實現此一目的，不能依靠抽象的方法，只能通過闡釋學方法，透過史料考証來呈現。實証主義史學屬於傳統科學法則型，強調歷史學是一門與自然科學相類似的學科，因此歷史研究的目的，在尋求人類歷史的發展規律，欲實現此一目的，便要依靠史料的搜集與考証，並通過抽象的方法完成。〔註8〕不過實証

〔註4〕　同註2，頁178。

〔註5〕　見伊格爾斯，〈美國和德國歷史思想中的蘭克現象〉，《歷史譯叢》，1963 年，No.2，頁 34。

〔註6〕　金重遠等編：《現代西方史學流派文選》（上海，上海人民，1982 年），頁 16。

〔註7〕　柯林武德，《歷史的觀念》（北京：中國社科，1986 年），頁 144。

〔註8〕　徐善偉，〈略論實証主義史學與蘭克客觀主義史學的異同〉，《齊魯學刊》，1991

主義史學，在進入二十世紀后，有逐漸取代「歷史主義」的趨勢。

三、歷史主義對中國近代史學的影響

　　近代西方史學傳入中國，主要有二個途徑，一是西方近代來華傳教士的史書編譯活動；一是近代前中國人所編寫的外國史地著作。但如果說要找一個確切的時間，恐怕有困難，因爲一開始便是漸進的方式，而非全面性的展開，不過，在二十世紀初，中國史學中有著愛國主義思潮下所形成的「亡國史鑒」的著作，如丁文江所譯的《亞西亞西南部衰亡史》，以及 1903 年在《杭州白話報》連載的《世界亡國之小史》，其它如《朝鮮亡國史學略》、《越南亡國史》、《緬甸滅亡小史》、《印度亡國史》、《菲立賓亡國慘狀記略》、《波蘭衰亡戰史》等，皆以近代淪爲殖民國家的例子，做爲宣傳的題材，其目的便是要激發整個民族的愛國主義精神。〔註9〕然而較有系統的影響者，則非梁啓超莫屬，1902 年，梁氏在《新民叢報》發表了〈新史學〉一文，標示著中國傳統史學的革新風貌，可是梁氏對西方史學的理論和方法的認識，主要是透過翻譯，尤其是留日學生從日文的翻譯，如浮田和民的《史學原論》等。而日本史學原係深受中國傳統史學的影響，但在明治維新后，大量西方的科技文化源源不斷輸進日本，1886 年，日本東京大學聘請了蘭克的再傳弟子利斯（Ludwing Riess，1861～1928）來日本講學，接著坪井九馬三於 1891 年從德國留學回來，並一起完成了《史學研究法》一書，此書成爲日本近代史學的指標之一。〔註10〕此外，1902 年留日學生汪榮寶，在《譯書匯編》中的「歷史」專欄，發表編譯的《史學概論》，主要是以坪井九馬三的《史學研究法》爲主，配合參考浮田和民的著作，以及一些雜誌編輯的論文而成。此一階段仍是依賴翻譯來吸收（主要是日文的翻譯），此一現象一直要到民國以后才有改善，因爲隨著留歐、美學生的增加，在語言的掌握上，已能直接面對原著作者，所以有了新的發展，在眾多派別中，以傅斯年爲主的「史料學派」，成爲民國以來中國史學的主流。

　　1919 年傅斯年畢業於北京大學，並考取山東省的官費留學，1920 年夏，

　　　年，No.6，頁 66～70。

〔註9〕 俞旦初，〈中國近代愛國主義的「亡國史鑒」初考〉，《世界歷史》，1984 年，No.1，頁 23～31。

〔註10〕 嚴紹璗，《日本中國學史》（南昌：新華書局，1993 年），頁 242～245。

進入倫敦大學研究院，1923 年到德國，進入柏林大學哲學院與陳寅恪、俞大維相識，1926 年返回中國，任中山大學教授，並創辦「歷史語言研究所」，後來則主持中央研究院歷史語言研究所的籌備，在史語所發刊中，他發表〈歷史語言研究所工作之旨趣〉一文，極力推崇清代學者顧炎武、閻若璩的治學方法，並強調所謂「新問題、新材料、新方法」的主張，其中「史料即史學」的觀點，是其理論的主要核心，這顯然是受到蘭克學派的影響，但有不少人質疑和反對這種說法，如蔣祖怡說：「史學便是史料學的話，這種說法我不敢承認，但我卻不能否認史料與史學關係之密切，因為史料實是研究史學者所必須取資的材料。」〔註 11〕楊鴻烈也批評"史料派"走入極端。〔註 12〕「史料學派」的形成，反映了民國初年以來的社會風潮，是一種「泛科學主義」。王爾敏說：「由於近代西方知識技術之衝擊，使中國產生了西方優越觀念，跟著來了慕趨西方力求西化觀念，……五十餘年來所表現科學之史學，也反映複雜之心理狀態，或是一種提倡，希望史學走上科學之路，或者是一個學派宗旨，奉為一門師法，發展而成為科學派之史學家。」〔註 13〕不過亦有人指出傅斯年並不懂蘭克，甚至誤解或曲解了蘭克。〔註 14〕但不論誤解有多深，以傅斯年為首的「史料學派」，卻在學術資源上有相當大的影響力，比如由史語所所主持的大規模殷墟的考古發掘，凝聚了一批學者，形成了堅強的學派陣容，則是不能否認的事實。「史料即史學」的觀點，有其侷限性和消極性，因為史料的搜集，整理是任何一門學科的基本工作，在史料的解釋上，史料學派很難自圓其說，他們的解釋是純粹客觀的，主觀的作用，無時無刻不滲入史家的解釋之中，為避免主觀性而強調「史料」本身即是客觀，是否有些本末倒置呢？而其消極面，在於史家不能無視其所處時代的環境變化，不可能完全不受外在的干擾，一旦涉入現實社會之中，歷史的「實用性」恐怕不是「史料即史學」所能包含的了。

四、歷史主義與《國史大綱》

錢穆的史學觀點，在中國近代史學中可以稱得上是一個「異數」，和多數受

〔註 11〕蔣祖怡，《史學纂要》（上海：正中書局，1947 年），頁 149。
〔註 12〕楊鴻烈，《歷史研究法》，頁 60。轉引自馬金科、洪享陵編，《中國近代史學發展敘論》（北京：中國人民，1993 年），頁 352，註 4。
〔註 13〕王爾敏，《史學方法》（台北：東華書局，1983 年），頁 212。
〔註 14〕同前註，頁 218～222。

西方史學影響的近代史家不同,他在《國史大綱》引論中將中國近代史學分爲三派,一曰傳統派,二曰革新派,三曰科學派。〔註15〕可是他認爲這三派皆有不足之處,傳統派在面對現代的變化,已經不合時宜了,革新派將史實和史學相結合,容易造成對事實的歪曲,科學派則是割裂史實,是一種死的材料。因此他認爲中國史學的新道路是從政治、經濟、學術和社會組織的不同層面尋找關聯性,並表現出「民族精神」,是故在《國史大綱》的最後一章他說到:「文化與歷史之特徵。曰連綿,曰持續。惟其連綿與持續,故以形成個性而見爲不可移易,惟其有個性而不可移易,故亦謂之有生命,有精神,……可稱之爲,歷史文化生命。」〔註16〕很明顯的,錢穆認爲,所謂歷史就是民族精神的演進過程,其本體是民族的文化生命。他以中國傳統的哲學智慧,即本末體用的方法,解釋了中國文化生命(民族精神)與歷史現象的關係。錢穆的「文化生命史觀」在那個時代或現今整體的學術裡,是多麼的與眾不同。然而他和德國歷史主義有何關係,我想可以從歷史敘述的內容上去比較,先來看看德國歷史主義的內容,誠如伊格爾斯所言,歷史主義有三個核心問題,即政治思想、價值觀、和知識理論,而歷史主義是俱有"政治性"的思潮。〔註17〕它代表著反對啓蒙思想,不願接受啓蒙思想蘊釀出來的法國大革命及革命前後的法國政治思潮,那一種放之四海皆準的思想,對德國而言,是難以接受的,換句話說,那是一個「文化危機」的時代。在德國的歷史主義中,他們認爲每一個民族都有它的個別性,這種個別性則在歷史中發展,形成「文化民族」,當然這種思想有其社會的背景,可代表十九世紀德國知識份子在各邦分裂局面下對民族國家的渴望。因此德國歷史主義所表現出來的是一種以「文化民族」做爲結合國家與社會各階層民眾思想的一個原動力。

《國史大綱》若放在前述「文化危機」與抵抗一種放之四海皆準的外來文化標準下來看,他們之間有極爲相似的地方,1939年正是中國面臨民族存亡關鍵的時刻,因此《國史大綱》之作,是有其目的性的,首先他在〈序文〉中說明,他觀察國史所用的原則是採「個別性」的,因爲每個文化的發展,皆有其特色,並在一個國家民族內部求其「獨特精神」,〔註18〕這和德國歷史主義中所

〔註15〕 錢穆,《國史大綱》(台北:商務印書館,1995年),頁3。

〔註16〕 同前註,頁911。

〔註17〕 胡昌智,〈錢穆的「國史大綱」與德國歷史主義〉,《史學評論》,1983年,No.6,頁19,註10。

〔註18〕 同註15,頁5~19。

強調個別性是相同的，錢穆的個別性觀點，也有它的政治目的，尤其是對西方馬克思主義對傳統社會的分析，他始終採反對的態度，不單僅止於此，有關西方民主式的代議制，在錢穆看來，未必是唯一的政治態度。〔註19〕此外在整本書中，他提出了很多不同於時人的觀點，他認爲中國歷史發展的結果早已經形成一個沒有「階級」的社會，而是以知識份子爲中心，以文化爲結合民族的主要力量，所形成的「文化民族」，此外中國歷史中所發展出完整的「參政體系」，是由知識份子所組成的菁英代替了整個社會份子行使決策及行政的功能，諸如此類的解釋，國史在錢穆看來，其個別性是不言而喻的，這個「個別性」觀點的政治意義與德國歷史主義是相同的。同樣的也和新儒家的歷史觀是相契合的，不過錢穆是否爲新儒家的一員，仍有待商榷。新儒家認爲歷史乃一有生命的機體，是一個民族終極關懷的精神之土，是連接「此」與「彼」的精神大道，因此歷史就是民族文化、精神的本身。所以在錢穆那裡，史學不可能被抽離出生硬的規律，而是一種「情感」上的交流，正如他所言，對本國已往的歷史要有一種「溫情」與「敬意」。〔註20〕胡昌智《歷史知識與社會變遷》一書中曾提出德國歷史主義的敘述結構是一種動態的、演化式的歷史意識，而錢穆在《國史大綱》中所表現的也是一種不同過去傳統史學例証式歷史意識的形式，在他看來這和歷史主義的演化式歷史意識是一致的，因爲錢穆在《國史大綱》中不斷表露出國史自身前進的動力，此一推動歷史的動力，在他而言即爲「精神」，是一種俱有理性的精神，而不是如當時史家所說，中國歷史二千多年來是停滯而無變化的。胡昌智係利用余森（Rüsen）的歷史敘述的四個類型來分析，此一分析的好處在於容易處理在歷史上眾多的歷史敘述方式，缺點則是不同時間裡，可否生硬的將其切割成兩個不同的類型，每一個時代可能同時兼俱了四個類型的其中幾個或全部，更何況此四個類型乃西方史學發展過程中的總結，若硬套在錢穆的作品中，恐怕會失去錢穆歷史觀中“個別性”的原則。

五、結　語

　　歷史主義在進入二十世紀時，已飽受人們的評擊，不過代表一個時代的歷史主義浪潮，的確有其重大的影響。歷史主義是一種以方法爲主的歷史研究，不同於歷史哲學，它有幾項特徵：一是歷史主義史學是敘述的，缺乏分

〔註19〕同註15，頁 20。
〔註20〕同註15，頁 1。

析。二是歷史主義者強調歷史事件、人物和國家的特殊性和個性。三是歷史
主義者在考察史料時，採用歸納法和實証論。四是歷史主義者乃根據倫理、
道德來評議是非，或是認為一切皆受時間、地點、環境來決定，而無善惡可
言。五是歷史主義者脫離自然科學和社會科學來研究歷史，認為歷史學的唯
一目的是眞實地再現和理解這些特徵，不是一個時代所特有，而是西方史學
發展至某階段的累積和創新。此外歷史主義有被視為「相對主義」的詬病，
其實德國歷史主義者，並沒有這種困擾，因為他們相信有一「絕對眞理」，因
此相對主義之批評，乃是二十世紀以後在懷疑論及不可知論者中形成的，因
此在討論德國歷史主義時，要避免「時空錯置」。德國歷史主義向外傳播的速
度非常快，蘭克及其弟子，所形成的「蘭克學派」對中國近代史學的發展佔
有舉足輕重的地位，當然在方法上，乾嘉考據學派的考証方法和德國歷史主
義所使用的方法，有其「同構性」，不過一個學派要成為社會中主流的團體，
卻和外緣的政治有密切的關係，蘭克如此，傅斯年也是如此。錢穆早年在學
術上的聲望，也是從「考証」開始的（如《先秦諸子繫年》），這和歷史主義
的氣味是相近的，不過一般人對歷史主義的觀點是以「史料學派」為主的，
錢穆所標榜的國史的個別性與文化生命的精神，同德國歷史主義所主張的內
容，倒是有極為相似的地方。

＊本文〈德國歷史主義的發展及其對中國近代史學的影響〉曾發表於《吳
鳳學報》（嘉義:吳鳳工商專校，1998），第 6 期，頁 309～319。

附錄三　蘭克的史學及其影響

摘要：

　　十九世紀德國史學的發展，對近代西方史學有著極其深遠的影響。就史學內部的發展而言，近代史學對史料的批判態度，以及對原始資料和檔案的重視與運用，是在十九世紀德國史學發展的基礎上建立起來的。當然十九世紀之前的人文主義及啓蒙史學對近代西方史學也有著相當的貢獻，但就「歷史」這一門學科而言，仍不夠「專業化」，一直要到十九世紀後半，「史學的專業化」（Professionalization of History）才逐漸形成。十九世紀八十年代開始，伴隨蘭克（Leopold Von Ranke，1795～1886）史學影響的不斷擴大，人們對蘭克史學的瞭解也開始產生分歧，在德國，他被視爲「新觀念論」的繼承者，在國外，他卻成了「科學歷史學之父」。〔註 1〕這兩種矛盾的形象一直在西方學術界中存在著，甚至影響到非西方學者對蘭克的看法。全面性對蘭克史學的探討非本文的目的，但是蘭克究竟是不是「科學歷史學之父」有必要加以釐清，今僅就近代 「科學革命」後對歷史思維所產生的衝擊談起，說明蘭克是如何被塑造成 「科學歷史學之父」或「客觀主義史學家」，次就蘭克的史學及其影響來說明近代史學的變化，最後爲結論。

關鍵詞：蘭克、客觀性、史學觀、如實直書、神學、上帝、梁啓超、傅斯年

〔註 1〕 G. G. Iggers，*The Image of Ranke in American and German Historical Though*，
History and Theory，1962 年，No.2，p.8。

一、科學革命對歷史思維的衝擊

近代西方科學的發展，對「歷史」這一門古老的學科有著「革命性」的影響，「歷史」不再被某些人視爲「藝術」的一個分支，而被賦予新的生命，即企圖以「科學」的方法來研究歷史，「實證主義史學」便是最佳的例子。源於法國哲學家和社會學家孔德（Auguste Comte，1789～1857 ）所創立的「實證主義」（Positivism），其基本思想是把科學從形上學和神話中區分出來，因此孔德將人類歷史區分爲神學、形上學和科學三個階段，即神學的社會、形上學的社會和實證的社會，而孔德所強調的「實證的」卻有五種意義：（1）現實的而不是幻想的；（2）有用的而不是無用的；（3）可靠的而不是可疑的；（4）確定的而不是含糊的；（5）肯定的而不是否定的。〔註 2〕實證主義者通常認爲，只有現象和事實才是實證的東西，也是一切認識的根源，只有透過經驗而不是透過理性才能把握和感覺材料，科學知識才是「實證的」。因此，他們認爲一但用此一方法發現制約人類社會的規律，就能夠使國家掌握歷史的方向，並預知歷史的進程，希望同自然科學一樣有一套有效的規律來解釋歷史。法國的實證主義史學取代了「浪漫主義史學」，其影響正如柯林武德（R.G. Collingwood， 1889～1943 ）所說：

> 實證主義在它那工作的這一方面所留給近代歷史編纂學的遺產，就是空前的掌握小型問題和空前的無力處理大型問題這二者的一種結合。同時，不對事實進行任何判斷，反對判斷事實，就逐漸意味著歷史只能是外界事件的歷史，而不是產生這些事件的思想的歷史。
>
> 〔註 3〕

柯林武德的看法頗爲中肯，實證主義史學深受十九世紀科學革命所導致的科學觀念的變化影響，史學家開始精細地研究史料和史實，和十八世紀相比，大量考古資料被發現，歷史知識不斷累積，爲近代歷史學的發展提供了良好的條件，但實證主義史家過份重視精確性與細節，反而忽略了史家在解釋歷史時感情的表露，而有負面消極的結果。

最早將蘭克與「科學歷史學之父」的形象聯繫在一起的是美國歷史學家。

〔註 2〕 轉引自于沛，〈科學革命和歷史思維〉，《歷史理論研究》，1993 年，No.2，頁 30～31。

〔註 3〕 柯林武德，《歷史的觀念》，（北京：中國社會科學，1986 年），頁 149。

這些歷史學家有些是在德國曾師事蘭克的門徒，但他們一開始對蘭克的理解即是片面的，只是一昧的強調蘭克對史料的考証方法以及歷史研究班（seminar）制度對於培養專業人才的意義，對他們而言，蘭克史學的精神在於以客觀的態度探求歷史的眞實性，對歷史事實不作任何解釋，並極力的將歷史與哲學分開，因此，蘭克成爲做一個「科學的」歷史學家所效法的對象。大約在同時，歐洲史學界也掀起了一股蘭克熱，蘭克的史料考証方法經過德國史家伯倫漢（或班漢穆 Ernst Bernheim，1854～1937）的整理，在 1889 年寫成《史學方法論》一書，對歐洲產生巨大的影響，但是歐洲史家所認知的蘭克，一樣也是片面的，蘭克被視爲是一個客觀主義史家，進而成爲實證主義史學的實踐者，雖然他深受實證主義的影響，卻不能說蘭克是十九世紀實證主義的代表，他的史學思想極富個人特色，但一般人僅注意到他的史學方法所採用的實證主義方式。但是蘭克的史學與實證主義史學是有區分的，首先是對史料考證的態度。蘭克認爲歷史研究中史料的「眞實性」判斷是關鍵，因此在史料的運用上，特別強調史料的搜集、整理與研究，但在史料的運用上，蘭克拒絕分析史料的深層結構，以及其所包含的歷史現象與動機，強調在史料的考證之後，必須衣賴「直覺」。實證主義史家則強調觀察與推理的結合，並拋棄不可知論及先驗論，進而探求事實與事實之間的因果律。其次是強調撰寫歷史時史家的「客觀性」。蘭克以爲只要在撰述的過程中「消滅自我」，並保持「價值中立」，及能達到所謂的客觀。此一「高貴的夢」（noble dream）一直支配著蘭克的史學觀，〔註4〕然而問題是史家在面對歷史時，總不免帶上有色的眼鏡及偏見。〔註5〕實證主義史家面對此一問題時，則仍強調歷史研究

〔註4〕　關於此一「高貴的夢」及其衍生的諸問題可參考 Peter Novick，*That Noble Dream──The Objectivity Question and the American Historical Profession*（Cambridge：Cambridge University Press，1994 年）

〔註5〕　對於歷史解釋中有無「客觀性」的問題，是相當複雜的論述。筆者以爲在諸多理論中，伽達默耳（高達美或葛達瑪 Hans *Georg Gadamer*，1900～）所提出的「效果歷史」（Wirkungsgeschichte）可以說明此一現象。何謂「效果歷史」，即在解釋學中，認爲理解具有一定「歷史的有效性」，歷史研究的對象即非主體，亦非客體，而是二者的統一。人類在面對歷史時，最難克服的便是「時間間距」（Zeitenabstand），它包含了過去、現在與未來，此一時間性的距離，成爲我們理解古代文物或文獻的障礙，要克服便要採用一種「視界融合」（Horizontverschmelzung）的方式，將過去與現在，主體與客體，自我與他者均融爲一體，並構成一無限的統一整體，如此歷史就在視界不斷運動和相互融合中成爲「效果歷史」。關於此一說法可見伽達默耳著，洪漢鼎譯，《眞理

中「倫理道德」的功能，否則歷史將失去權威與尊嚴。

二十世紀初蘭克的史學已被質疑，「如實直書」（wie es eigentlich gewesen）被視爲是一種理想。〔註6〕1915 年黑格爾主義哲學家克羅齊（Benedetto Croce，1866～1952）發表《歷史學的理論與實際》一書，將蘭克視爲反對歷史哲學的史家，他認爲：

> 這群史家具有如下的共同特徵：偏愛特殊事實，不願涉足理論領域，推崇可以從細節方面充分地加以研究的民族史和其他專題史，強調歷史學家的領域是事實的實在性而不是它的價值，對史實不偏不倚等等，他把他們稱爲實證主義的歷史學家。〔註7〕

視蘭克爲「實證主義」者並非克羅齊如此，柯林武德也將蘭克視爲實證主義史學的一部分，認爲他代表的歷史編纂學接受了實證主義綱領的第一部份，即「收集事實」，並把他們當作分別獨立或原子式來加以研究。〔註8〕不過，柯林武德並未將蘭克直接視爲「科學歷史學之父」，但一直到二十世紀五十年代，蘭克的此一形象才開始崩解，可是究竟蘭克對科學的概念是如何？我想伊格爾斯（G. G. Iggers， 1926～）的說法可爲參考，他說：

> 蘭克的科學概念，其特點是明顯地要求實事求是地進行研究，嚴格拒絕一切價值判斷和形上學的思辨以及與事實上是在決定著這一研究

與方法──哲學詮釋學的基本特徵（上卷）》（上海：上海譯文，1999 年），頁 385～394。另可參考嚴平，《高達美》（台北：東大圖書，1997 年），頁 125～150；陳榮華，《葛達瑪詮釋學與中國哲學的詮釋》（台北：明文書局，1998 年），頁 91～144。

〔註6〕 這是一句被簡化的說法，被用來概括蘭克史學的全體，甚至形成口號，其出處是蘭克在《拉丁和日耳曼民族史》序言中所提到的，該文的中譯可參考何兆武編，《歷史理論與史學理論──近代西方史學著作選》（北京：商務印書館，1999 年），頁 221～224。此外劉昶，《人心中的歷史》（台北：谷風出版社，1989 年），頁 37～39，也有對此一問題的論述。再者王琪，〈對蘭克史學觀點的再思考〉，《人文及社會學科教學通訊》，1992 年，Vol.2，No.5，頁，128～143。王氏文中指出，蘭克史學的爭議往往已偏離其本意，而國內研究又受限於資料及語文的能力，故對蘭克的認知是有限的。據筆者的瞭解，蘭克史著的中譯，似乎僅有施子愉根據英譯本翻譯的《教皇史》選，收錄在吳于廑主編，《外國史學名著選（下冊）》（北京：商務印書館，1978 年），頁 241～294。另有一篇評論性的文章，蘇世杰，〈歷史敘述中的蘭克印象──蘭克與台灣史學發展〉，《當代》，2001 年，No.163，頁 48～77。不過蘇文強調台灣史學受到日本殖民政府的部份影響這一說法值得商榷。

〔註7〕 克羅齊，《歷史學的理論與實際》（北京：商務印書館，1986 年），頁 230～232。

〔註8〕 柯林武德，《歷史的觀念》（北京：中國社會科學，1986 年），頁 148。

的那種隱含的哲學背景和政治背景的假設之間的緊張關係。對蘭克來
說，科學研究與批判方法是極其緊密相聯繫著，每一項研究的前題條
件是語言學批判方法上一次徹底的展開。對於作為科學家的歷史學家
來說，這種對事實的嚴謹陳述，……乃是最高的準則。〔註9〕

從嚴格的意義上說，蘭克所指稱的科學，不是一般的科學，倒像是維科（G.
Vico，1668～1744）的《新科學》用以區別人文與自然科學的不同，我想過去
對「科學」的崇拜，在今天看來顯然是有偏頗的，也正是如此，蘭克被誤為
「科學歷史學之父」也是有脈絡可尋的。

二、蘭克的史學觀

　　蘭克很早就把歷史方法與哲學方法區分開，他的理由是，哲學企圖將現
實壓縮成一個系統，犧牲了世界的獨特性，而歷史是尋求在個別中理解普遍，
因此對他來說不管是每一個單獨的個人，還是每一個凌駕於個人之上的機
構，如國家、民族、教會和文化，都是一個具體的有意義的整體，互相組成
為符合神意的龐大集合體，所以歷史研究的目的不僅是為了對過去的事實加
以重新敘述，而且是為了掌握聯結過去的歷史背后的一致性。〔註10〕什麼是
「符合神意」的龐大集合體呢？這恐怕要從蘭克的宗教信仰中去理解。過去
討論蘭克的史學思想，往往忽略其史學觀中所包含的濃厚宗教思想，雖然他
是虔誠的路德派教徒，但對於正統路德教中佔主導地位的理性神學感到不
滿，和路德一樣，蘭克渴望排除個人與上帝間直接溝通的任何障礙，在他看
來，宗教是一種通過內省感受到無窮真理，它不能通過先驗的觀念加以理解，
人類追求真理的目的就是接近上帝，只有上帝才是一切的創造者，所以要追
求永恆的真理，只有通過了解上帝在所有事物上的體現才有可能，此即歷史
研究的真正目的。在蘭克看來，整體歷史是上帝的作品，具體的和個別的歷
史現象同樣是上帝的作品，上帝創造一切，而且體現於每一個個體之中，整
個一部人類發展史，都體現著上帝創造的奇功，歷史學家的任務，只有通過
對具體和個別的歷史現象的研究，去感知上帝的神諭。〔註11〕這是蘭克終身

〔註9〕　伊格爾斯，〈二十世紀的歷史科學——國際背景評述〉，《史學理論研究》，1998
　　　　年，No.1，頁145。

〔註10〕　伊格爾斯，〈歷史主義的由來及其含義〉，《史學理論研究》，1998年，No.1，
　　　　頁73。

〔註11〕　啓良，《史學與神學——西方歷史哲學引論》（長沙：湖南出版社，1992年），

堅持的信念和所謂的科學的史學觀是有差別的。此外，蘭克所標榜的客觀性
原則與科學歷史學的治史原則是有所不同的，蘭克的客觀性原則以及由之而
發展出來的一整套歷史資料的考証方法是總結歷史批判方法和當時語文學家
的考據方法的結果，與科學的影響並無直接的關係。他強調要「消滅自我」
使主體「匯入客體」之中，但並不否認歷史學家作爲主體的創造作用，他曾
說：

> 既然每一件事都來自上帝，重要的不是存在的物質而是對物質的眼
> 光。當我們剝除事物的外殼，發現其本質的存在時，在我們自身，
> 上帝的本質、上帝的精神、上帝的靈魂、上帝的氣息開始如插上雙
> 翅般遨遊起來。……神聖的眞理不僅客體化於歷史過程中，而且主
> 體化於歷史學家。〔註12〕

由此可知，蘭克的客觀性原則包含兩種意思：一方面歷史學家的責任就是「匯
入客體」理解事物賴以表現自己的外在形式，並通過形式了解本質。在此，
歷史學家僅僅是一個發現者；另一方面，客觀的歷史眞象與其說存在於過去
所產生的行爲和觀念中，毋寧說是一種與歷史的表象不同類型的存在，只有
歷史學家才能從表象中將之提煉、鑑別出來。所以，蘭克認爲：「與眞理世界
相對，有一個表象的世界，它也有其根源，並發展了一種日益繁榮的表面形
象，直到虛無……。」爲了在這種虛假的「表象世界」之外去發現眞理，必
須通過最主觀的「預感」和「神入」。〔註13〕因此，在蘭克這裏，客觀和主觀
都只具有相對的意義。

　　在第一節中曾提到克羅齊對蘭克史學思想的批評，說他偏愛特殊的事
實，不願涉足理論領域，其實不然，蘭克認爲，理解人類事物有兩個途徑：
即抽象的精神概括與具體感知個體，而其方法，便是所謂的哲學的方法和歷
史的方法。蘭克經常攻擊黑格爾（G. W. F. Hegel，1770～1814）是因爲他認爲
哲學只是從抽象的概念出發，並無解決人類的問題，就如同黑格爾、費希特
（J. G. Fichte，1762～1814）等哲學家用理念或精神概括歷史發展，製造出歷
史規律，並用剪裁後的歷史事實來證明或填補哲學家們的理論架構，是把歷

　　　頁 208～209。

〔註12〕 Leonard Krieger，*Ranke：The Meaning of History*（Chicago ：Chicago University Press，1977 年）p.7。

〔註13〕 梅義徵，〈被誤解的思想──蘭克是怎樣成爲「科學歷史學之父」的〉，《史學理論研究》，1998 年，No.1，頁 58。

史降爲哲學的婢女的地位。蘭克曾這樣說：

> 確實存在一種崇高的理想目標，即寫出體現在歷史事件中的人類的
> 理性、統一性和多樣性，這是史家應達到的目標。……最重要的事
> 情是，如賈科比所說的，我們所面對的作爲人類事務一部分的個人
> 的生活，一代人的生活，乃至一個民族的生活，無論能否解釋，都
> 時時可以看見一隻高高在上的上帝之手。〔註14〕

將歷史解釋的事，交由「上帝之手」，這恐怕是一般進步史觀歷史學家所無法
認同的，所以蘭克在德國常被視爲同黑格爾（雖然他並不認同黑格爾）一樣
的唯心主義者，正因爲這種「神意」的觀點，蘭克治史的方向，變得只注重
傑出的人物的思想與行動，歷史等同於偉大人物的傳記或廣義的政治史，限
制了歷史研究的範圍，更何況作爲短時段的政治史最不穩定，是具特性與偶
然性的歷史現象，如此孤立的看待歷史，並不能達到蘭克自己主張的「客觀
性」的理想。由於蘭克史學中極爲強調歷史中具體、個別、特殊的性質，否
認抽象、普遍和一般的可能，這也形成歷史學發展走向不同於一般社會科學
的道路。也許正是處在一個摸索建立體制的階段，蘭克從未有系統的的闡述
他的史學思想，這一點正是造成日後對蘭克史學觀點的分歧所在。好比蘭克
想排斥哲學對歷史的主導地位，但他在論述歷史理論時，卻又不得不借用當
時流行的哲學概念與範疇，如個體（Individium）、特殊（Besonderhiet）、個別
（Einzelheit）、普遍（Universal）等。可惜他在使用這些概念時，不見得有清
楚的定義來說明，故容意產生混淆。比如有人認爲「個體」此一概念，在蘭
克本意中是指構成一個文化整體的歷史單元，絕非個別的事件，但常被誤解
爲「個別」，所以許多人認爲蘭克對個體的強調等同於對特殊事件的喜好。這
些說法的確值得詳細推敲，因爲在蘭克的概念裏，個別事件的存在必須與「個
體」的生命聯接在一起才有歷史意義。

　　蘭克史學中帶有唯心、神秘宗教色彩的歷史觀，往往爲人所忽視，其後
學者總認爲蘭克史學僅只是對史料的關注，其實這只是蘭克史學中方法論的
運用，不錯在其方法論中，重視史料考證及主張如實的、個別化的描述，但
對歷史過程和現象卻不斷強調「領悟」。蘭克視歷史爲某種「精神活動」，是
一種具有特殊精神的價值，在討論西方近代史家時，其個人的宗教信仰不能

〔註14〕轉引自徐浩，侯建新，《當代西方史學流派》（北京：中國人民，1996 年），頁
　　　　30～31。

忽略。現代西方史家對蘭克的批判，主要集中在兩方面，第一是其狹窄的研究領域。蘭克過份集中關注政治史，忽略社會史、經濟史、或文化史，有窄化史家視野的缺陷。第二是單一的史學方法。史料眞實與否的強調是史學的基礎，歷史工作者不能只是例舉事證，而要更進一步「解釋歷史」，證而不疏的歷史只是半解，〔註15〕難窺歷史全貌。

三、蘭克史學的影響

　　蘭克史學的影響莫過於對史學專業化的貢獻。蘭克本人並未刻意形成某種學派，但其漫長的人生，龐大的著作，以及蘭克在教學上所取得的巨大成就，卻在他身後形成所謂「蘭克學派」，這是他始料未及的。此一學派並無嚴格的定義，其最大的特點即是通過史料考證的方法，能如實的反映歷史，受此信念影響的人，主要來自蘭克在柏林大學歷史研究班所訓練的學生。研究班並不是蘭克首創，而是在 1825 年，蘭克仿自萊比錫大學語言研究班的模式，蘭克在柏林大學主持歷史講座達 46 年之久，透過此一制度，培養出許多的歷史學者，並任職於德國各主要大學。〔註16〕除此之外，蘭克也有許多的外國學生，並藉由他們將蘭克史學的觀點傳播至海外，美國的霍布金斯大學於 1872 年，設立歷史學博士學位制，英國的《歷史評論》（Historical Review）雜誌，在 1886 年創刊號刊載了由艾克頓爵士（Lord Acton）所寫的德國歷史學派專文，以及 1884 年成立的美國歷史學會，則聘請了蘭克爲第一位名譽會員，並授予其「歷史科學之父」（the father of historical science）的頭銜。〔註17〕當各國紛紛仿效德國的研究模式時，我們也不能忽略十九世紀的政治和社會環境對史學的影響，尤其是史學職業化過程中，國家所扮演的角色，幾乎所有的國家無不將其「意識形態」澆鑄在歷史著作中，繼蘭克之後的德國「普魯士學派」即爲一例。史家透過自身的政治利益來解釋過去，導致史學爲政治服

〔註15〕侯樹棟，〈二十世紀西方史學對蘭克史學的批判與繼承〉，《史學月刊》，1999年，No.2，頁 98～105。

〔註16〕關於蘭克弟子及載傳弟子，可參考 J.W.Thompsons，*A History of Historical Writing──The Eighteenth and Nineteenth Centuries*（New York ：MacMillan，1942 年）。中譯本有孫秉瑩譯，《歷史著作史（下卷）》（北京：商務印書館，1992 年），頁 259～260。

〔註17〕George G. Iggers，*Historiography in the Twentieth Century──From Scirntific Objectivity to the Postmodern Challenge*（Hanover： Wesleyan University Press ，1997 年）pp.27～28。

務的情形失控，進而走向極權的法西斯主義道路，因此有人用「歷史主義」
（historicism or Historismus）一詞來說明此一過程，這也使得歷史主義被賦予
了負面的觀感。〔註18〕

　　中國近代史學的發展亦受到蘭克史學的某種程度的影響，然而在轉介上
最早卻是來自日本，日本近代史學的發展，首先是受到「文明史觀」的影響，
1875 年福澤諭吉的《文明論概略》及 1877 年田口卯吉的《日本開化小史》可
做爲此一發展的代表。1887 年德國學者里斯或李司（Ludwing Reiss，1861～
1928）來到日本東京帝國大學擔任史學科教授，這位蘭克的再傳弟子開啓了
日本近代史學專業化的序曲，此外留學德國的坪井九馬三（1858～1936）對
於史學方法的提倡，加深了日本近代史學對於舊史的改造，進而成爲一種學
風。〔註19〕

　　1902 年留日學生汪榮寶（1878～1933）在《譯書彙編》發表編譯的《史
學概論》，稱其書所論乃本坪井九馬三《史學研究法》，並參以浮田和民（1859
～1945），久米邦武（1839～1931）諸人的著作，同年梁啓超發表《新史學》，
正式啓動中國近代的「史學革命」，然而除了傳統史學對梁氏的影響外，日本
史家浮田和民的《史學原論》（或《史學通論》）則深深的影響此時的梁啓超。
其中第二章〈新史之界說〉，基本上取材於《史學原論》的前三章，第四章〈歷
史與人種〉則襲自《史學原論》的第六章，當然梁氏史學自有所本，此刻借
用日本學者的觀點，梁氏不但在形式上改造，亦在觀點上繼續發揮。〔註 20〕

〔註18〕 Ibid.,pp.28～29。
〔註19〕 關於日本近代史學的發展可參考大久保利謙，《日本近代史學史》（東京：白
　　　　揚社，1940），頁 202～273。大久保氏認爲日本近代史學和西方近代史學的接
　　　　觸，由原本深受中國考證史學學風影響的日本史學轉向西方史學靠攏，但在
　　　　史料批判上，日本與西方有共通性，在此一關鍵上將成爲日本逐步消化吸收
　　　　西方史學的契機。中文著作可參考嚴紹璗，《日本中國學史》（南昌：江西人
　　　　民，1993 年），頁 242～245 另有一譯本沈仁安、林鐵森譯，《日本的修史與史
　　　　學》（北京：北京大學，1991 年），頁 175～180，188～218。
〔註20〕 關於西方史學輸入中國的過程有兩篇文章可參考杜維運師，〈西方史學輸入中
　　　　國考〉，《聽濤集》（台北：弘文館，1985 年），頁 137～192。俞旦初，〈二十
　　　　世紀初年中國的新史學〉，《愛國主義與中國近代史學》（北京：中國社會科學，
　　　　1996 年），頁 44～105。至於梁啓超《新史學》受浮田和民《史學原論》的影
　　　　響則可參考蔣俊，〈梁啓超早期史學思想與浮田和民的《史學原論》〉，《文史
　　　　哲》，1993 年，No.5，頁 28～32。大規模評估梁啓超在日本時期的思想則以
　　　　日本京都大學人文科學研究所的共同研究報告，由狹間直樹編，《梁啓超、明
　　　　治日本、西方》（北京：社會科學文獻，2001 年）一書的中譯本提供了相當完

梁氏對新史之提倡不遺餘力，惜梁氏史學多變，然其開啓之功不可沒。中國近代史學一直要到本世紀二十年代才有根本的轉變，此刻中國史學的專業化與學院化逐步形成，1921 年何炳松（1890～1946）譯介了美國史家魯賓孫（James Robinson，1863～1936）的《新史學》（New History），而魯賓孫氏所持的史學觀點不同於蘭克及其後的一些史家，他認爲史學不可能成爲像物理、化學那樣的科學，這樣的論點雖在二十年代的中國已出現，可是後來從英、德留學回來的傅斯年（1896～1950），卻不這樣認爲，傅氏在〈歷史語言研究所工作之旨趣〉一文中強調史學的科學性原則，認爲歷史學只是史料學，此語一出引發許多爭辯。〔註 21〕許多人認爲傅氏此語乃受蘭克史學影響，這恐怕是誤解大過理解，傅氏曾留學德國，但在德國時蘭克已過世，其後的蘭克學派已不同於蘭克，今天我們沒有任何證據，可以證明傅氏當年曾讀過蘭克的著作或接觸其學派，〔註 22〕傅氏同蘭克史學的關係，恐怕是想當然耳的印象。蘭克認爲史學非等同於科學，更何況德國科學一詞的用法是指一切有方法、有組織的學問，若照傅氏的說法，要把歷史建立成同自然科學一樣的生物化學或地質學，這已非蘭克史學的原意，又如何是傳人呢？傅氏史學是建立在民國期間學界對科學的廣泛理解上，加上傅氏在面對疑古派史家時，希望透過史料考證，強化歷史研究的可信度，其中仍有學者間彼此抗衡的意味，所以筆者以爲蘭克史學的種種，並未在傅氏的身上留下痕跡，倒是乾嘉一脈相承的考據方法，影響了幾個世代的學者，於今仍烈。

四、結　論

　　蘭克史學受實證主義的影響，但又不同於實證主義史家，實證主義史家將歷史視爲科學後，蘭克史學中的科學性被誤解了，然而其所謂的科學非一般的自然科學，而是具有特殊精神的人文科學，如果不辨此義，勢必將蘭克視爲科學歷史學之父。蘭克的史學觀首先區分歷史與哲學的方法，他認爲在歷史發展

　　整的論述，此外有一篇評論性的文章見桑兵，〈梁啓超的東學、西學與新學——評狹間直樹《梁啓超、明治日本、西方》〉，《歷史研究》，2002 年，No.6，頁 160～166，可提供做爲反向的思考。
〔註21〕見傅斯年，〈歷史語言研究所工作之旨趣〉，《中央研究院歷史語言研究所》（廣州：中央研究院歷史語言研究所集刊，1928 年），第一本，頁 3～10。
〔註22〕桑兵，〈近代學術轉承：國學到東方學——傅斯年〈歷史語言研究所工作之旨趣解析〉〉，《歷史研究》，2001 年，No.3，頁 38。

的過程中有一種符合神意的全體，是上帝的作品，史家的責任是去感知上帝的神諭，蘭克的宗教信仰對其史學有著極為深刻的影響。蘭克史學中對史料考證的重視，往往被誤認為是對客觀性的追求，其實蘭克史學的客觀性與科學的客觀性是有分別的，蘭克總結當時歷史批判方法和語言學者考據的方法，透過對史料的直覺領悟，希望能達到消滅自我，而呈現出客觀的歷史，這是一種堅定樂觀的理想，也難怪海登懷特（Hayden White，1928～）要稱蘭克為「喜劇式歷史寫實主義」（Historical Realism as Comedy）史家。〔註23〕蘭克史學的影響是廣泛的，尤其是對史學的專業化做出貢獻，歷史研究班所培養的歷史工作者大多奉行蘭克史學研究的方法，流風所及，不僅在歐美受到推崇，在亞洲，日本近代史學的建立，亦有賴蘭克史學及其傳人。在中國，近代史學的展開自日本轉介後，隨後又自歐美引進不同的史學方法與理論，而引介的過程中，對蘭克史學的印象，一轉再轉，不免人云亦云，或以己意揣度，恐早已遠離蘭克史學的本意，但不論學者對蘭克的論述正確與否，此一過程不正也顯示出，西方近代史學是如何透過各種渠道被引介進中國，然後史家又是如何調適，並加以吸收和解釋，這才是我們探究蘭克史學的真正意義。

　　＊本文〈蘭克的史學及其影響〉曾發表於《吳鳳學報》（嘉義:吳鳳技術學院，2003），第 11 期，頁 35～43。

〔註23〕 Hayden White，*Metahistory：The Historical Imagination in Nineteenth——Century Europe*（Baltimore：The Johns Hopkins University Press，1973 年），pp.163～190。